根据新矿产资源法编写

矿业权纠纷典型案例与法律实务

主　编　段俊茹
副主编　胡玉平　周　胜

MINING RIGHTS DISPUTES:
LANDMARK CASES AND LEGAL PRACTICE

法律出版社 LAW PRESS · CHINA

图书在版编目（CIP）数据

矿业权纠纷典型案例与法律实务 / 段俊茹主编 ; 周胜, 胡玉平副主编. -- 北京 : 法律出版社, 2025.
ISBN 978 - 7 - 5244 - 0551 - 1

Ⅰ. D922.624

中国国家版本馆 CIP 数据核字第 20259RK976 号

矿业权纠纷典型案例与法律实务
KUANGYEQUAN JIUFEN DIANXING ANLI YU FALÜ SHIWU

段俊茹 主 编
周 胜
胡玉平 副主编

策划编辑 张 珺
责任编辑 张 珺
装帧设计 汪奇峰

出版发行 法律出版社
编辑统筹 法商出版分社
责任校对 张翼羽
责任印制 胡晓雅
经　　销 新华书店

开本 710 毫米×1000 毫米 1/16
印张 21 **字数** 287 千
版本 2025 年 8 月第 1 版
印次 2025 年 8 月第 1 次印刷
印刷 固安华明印业有限公司

地址:北京市丰台区莲花池西里 7 号(100073)
网址:www.lawpress.com.cn
投稿邮箱:info@lawpress.com.cn
举报盗版邮箱:jbwq@lawpress.com.cn
销售电话:010 - 83938349
客服电话:010 - 83938350
咨询电话:010 - 63939796

书号:ISBN 978 - 7 - 5244 - 0551 - 1
定价:86.00 元

凡购买本社图书,如有印装错误,我社负责退换。电话:010 - 83938349

序　一

薛亚洲*

2025 年 7 月 1 日，新修订的《矿产资源法》正式施行，为行业发展构筑了全新的法律框架，标志着矿产资源管理服务迈入新阶段。正如法谚所云，法律的生命力在于实施。其终极目标，是在纷繁复杂的个案与交易中被准确理解、有效适用并妥善解决纠纷。在新旧规则转换、条文与实践磨合的关键节点，《矿业权纠纷典型案例与法律实务》的出版恰逢其时。结合个人观察与思考，分享几点体会。

一、新法落地，亟需实践指南

矿业权作为一种特殊的用益物权，既具备物权的排他性，又承载着国家矿产资源所有权的实现功能，更肩负着资源节约与环境保护的共同责任。这种复合属性决定了矿业权纠纷可能同时涉及物权权益保护、合同效力认定、行政许可审查、矿山生产监管、生态环境修复等多重法律问题。

新《矿产资源法》的突破性意义毋庸置疑——强调了对矿业权人合法权益的保护，将矿业权物权登记与勘查开采许可分离，构建了探采衔接的“直通车”机制，并将生态修复责任提升至前所未有的法定高度。然而，法律条款最终都要落脚于管理服务实践。新法条文如何具体适用？新旧规则如何平稳过渡？过往司法实践中形成的哪些共识被吸收固化？哪些又需在新语境下被重新诠释？这些问题是每一位矿业权人、投资者、法律从业者及管理服务者在新法实

* 中国自然资源经济研究院矿业权管理研究所所长。

施后必须直面的现实课题。

本书的核心价值在于搭建了从“法条”到“实践”的桥梁。它除了对新法条文进行必要诠释外，还从出让、转让、抵押到注销环节，聚焦于矿业权生命周期中纠纷高发、规则理解易生歧义的重点问题，通过剖析司法裁判，将抽象法条转化为具体实操，为读者勾勒出法律风险图谱，指明相对可行的纠纷化解路径。

二、本书精髓——案例为引，理性分析，要在实务

精选案例，聚焦热点、难点。书中的12个专题涵盖矿业权出让、转让、抵押实现、合同无效处理、压覆补偿、矿山关闭补偿等高频纠纷类型，聚焦矿业权法律实务中具有代表性、易引发争议的案例，映射了现实中的热点、难点。

理性分析，赋能实战应对。这是本书的核心亮点，针对每一组案例，作者并未满足于呈现裁判结果，而是进行“要点分析”，梳理制度沿革，揭示规则演变逻辑；界定法律行为性质，分析“转让”与“承包”等概念差异；聚焦风险环节，提供防控与解决策略；融入新法视角，探讨其对该类纠纷处理可能产生的深远影响及需考量的新因素。

矿业权纠纷复杂多变。书中典型案例及背后法律逻辑对减少纠纷和风险防范具有明显的启发作用。例如，在“矿业权出让管理”专题中，作者结合典型案例，以矿业权出让权限为切入点，梳理了矿业权出让管理制度的沿革脉络，即从最初的“依申请批准”的行政许可主导，到“以申请批准和招拍挂方式出让共存”“分类出让”的过渡模式，再到如今“全面竞争性出让”的市场化转型，指出贯穿矿业权出让方式变化背后的原因，是从新中国成立后70余年的地质矿产工作实践出发，把握历史逻辑、理论逻辑、实践逻辑，确立符合中国特色的地质矿产管理服务法律法规体系。

本书以实务问题为导向，以案例解析为方法，为读者提供了矿业法律务实指引，顺应了解决复杂法律问题的需求。

三、宣贯新法的重要参考

《矿业权纠纷典型案例与法律实务》一书立足我国矿业实践，直面现实问

题，凝聚一线法律思考。所选案例蕴含的司法理念，契合新法内容，案例解析、法律定性、风险防控等内容共同构成了一套实用的参考体系。这些案例及要点分析彰显了作者解决实际问题的务实精神，可以为领悟新法精神、把握适用要点提供实践路径。本书凡例、附录中的审批流程图、纠纷大数据报告及地方规章制度汇编增强了工具属性，提升了实用价值，具备“手册”与“指南”属性，可以为企业和法律服务机构提供矿业权法律风险防控的重要参考。

《矿产资源法》是矿业繁荣的守护者，也是权益维护的看门人。本书付梓之际，正值新法施行之初。期待本书能为广大法律专业人士提供指引，为矿产资源管理服务人员提供参考，为矿业权人维护合法权益提供支持，更为中国矿产资源法治现代化贡献力量。

是为序。

2025 年 7 月 29 日于北京

序　二

王　旭[*]

矿产资源法律制度作为国家资源治理体系的核心支柱,始终在法治与发展的动态平衡中演进。矿业权作为矿产资源开发利用的核心法律载体,其制度设计与实践应用始终是自然资源法治领域的重要课题。随着我国矿业权市场化改革的深化和生态文明建设的推进,矿业权法律关系的复杂性日益凸显,相关纠纷呈现出多元化、专业化的特征。2024 年公布了全面修订后的《矿产资源法》,该法以"保障国家矿产资源安全"为核心目标,重构了矿业权制度体系,强化生态修复责任,推动矿业向绿色化、智能化转型,标志着我国矿产资源治理迈入新阶段。本书立足新法框架,以实践问题为导向,系统解析矿业权全生命周期法律问题,既是对法律修订要旨的学理回应,亦为行业实践提供了精准的合规指引。

新法以"统筹发展和安全"为原则,首次将"矿区生态修复""矿产资源储备和应急"列为专章,并深化矿业权物权属性,确立了竞争性出让、探采衔接、生态修复全流程监管等制度。本书的专题设置与此高度契合:专题一至四围绕矿业权出让、转让及股权交易展开,精准对接新法"有偿取得""招拍挂竞争性出让"等核心制度,通过典型案例解析协议出让例外情形及股权转让与矿业权转让的边界;专题五至八聚焦矿山外包、挂靠等实务难点,回应新法对生态修复责任主体、技术设备升级的强制性要求,为中小矿企应对"全生命周期监管"提供风险防控路径;专题十一至十二关于压覆矿产与矿山关闭的论述,则与新法"矿产资源储备体系""行政补偿机制"形成深度呼应,为平衡资源开发与公共利益冲突

---

[*] 中国人民大学纪检监察学院院长、教授,教育部青年长江学者,第十届全国十大杰出青年法学家。

提供法理支撑。

就专题内容来讲，本书在以下三个方面具有显著学术价值：其一，深入辨析矿业权出让合同的性质争议，系统阐释行政协议与民事合同的区分标准，为破解“民行交叉”困境提供了理论指引；其二，创新性构建矿业权转让与股权转让的二元分析模型，通过权利义务穿透式分析方法，厘清了形式外观与实质权益变动的法律边界；其三，针对矿山挂靠、整体托管等实务难题，结合国家矿山安全监察局最新政策，提出兼顾合规要求与产业发展的平衡路径。特别值得关注的是，专题十二关于矿山关闭补偿赔偿的论证，创造性地引入比例原则与信赖利益保护理论，为破解行政补偿标准模糊的实务困境提供了方法论支持。

本书附录部分具有突出的工具价值。《矿业权纠纷案件大数据报告》通过可视化分析揭示近10年司法裁判趋势，为理论研究提供了数据支撑；矿业权审批流程图解与地方规范性文件索引，则为从业者搭建了快速检索政策法规的实用通道。这种“理论 + 数据 + 工具”的三维架构，彰显了作者团队解决实际问题的学术追求。

本书实现了三个突破：在研究方法上，开创了规范法学分析与经济分析、政策分析的多维融合；在知识体系上，填补了矿业权特别法与公司法、合同法交叉领域的系统性研究空白；在实践价值上，构建了可复制推广的矿业权纠纷类型化解决方案。本书既可作为矿业法学研究的进阶教材，也可为自然资源主管部门、矿业企业、法律服务机构提供权威实务指南，亦能作为完善我国矿产资源法律体系的参考。

当前，《矿产资源法》修订引发的行业震荡已然显现：现有的矿产资源配套政策亟需修改，中小矿企面临生态修复成本攀升、技术升级压力，大型企业则迎来资源整合机遇。本书恰逢其时，以“制度—案例—策略”三维视角，为从业者构筑风险防控与创新发展的知识图谱。期待本书的出版能推动矿业权理论研究走向纵深，更期盼更多学界同仁共同投身这片充满挑战与机遇的研究领域，为我国矿产资源治理现代化贡献法治智慧。

2025 年 8 月 1 日

前　言

在自然资源开发利用领域，矿业权作为基础性制度安排，占据着极为重要的地位，其不仅是国家资源管理战略的核心要素，也是企业投资经营的重要依托，更与国家矿产资源安全保障、生态环境保护的大局紧密相连，牵系着多方复杂且关键的利益。

伴随我国经济的迅猛发展，资源需求持续攀升，矿业领域的活跃度不断提升。与之相应的是矿业权纠纷案件数量不断增多，并且呈现出复杂多变、形式多样的态势。在此背景下，如何妥善化解矿业权纠纷，在保障国家资源得以合理开发利用的同时，切实维护矿业权人的合法权益，已然成为当下法律实务工作中亟待攻克的重大难题。

值得欣喜的是，2024 年 11 月 8 日，《矿产资源法》经第十四届全国人大常委会第十二次会议审议通过，自 2025 年 7 月 1 日起施行。这是《矿产资源法》自 1986 年颁布实施 30 多年来的首次“大修”，历时之长前所未有，修改力度之大前所未有，改革之全面深入前所未有，是一次整体性、系统性、重构性的修改，对保障国家矿产资源安全、推动矿产资源管理法治化、维护矿业权人合法权益、促进矿业高质量发展具有重要意义。

新《矿产资源法》共 8 章 80 条，坚定不移推进市场化改革，始终将矿业权竞争性出让摆在资源配置的主体地位；坚定不移实施矿业权管理新机制，始终将保护矿业权人合法权益作为底线约束。新《矿产资源法》的贯彻实施需要注重统筹处理好物权保护和行政管理、有效市场和有为政府、维护国家所有者权益和调动矿产资源勘查积极性、矿业用地和耕地保护、矿产资源勘查开采和生态保护这五对关键关系，其中第 3 条明确提出，矿产资源开发利用和保护工作要贯彻总体国家安全观,统筹发展和安全,统筹国内国际,坚持开发利用与保护并重,遵循保障安全、节约集约、科技支撑、绿色发展的原则。

面对矿业权纠纷这一复杂且紧迫的问题,我们深感有责任为法律实务工作者和矿业行业从业者提供一本具有实操性的参考书籍。于是,《矿业权纠纷典型案例与法律实务》应运而生。本书紧密结合新《矿产资源法》,旨在为读者提供精准且实用的指导。

在精心撰写本书的过程中,笔者团队凭借多年来的实务经验,深入研究新《矿产资源法》等一系列法律法规、部门规章和规范性文件,以及最高人民法院的司法解释与典型案例,尤其对新规定、新制度,如全面推进竞争性方式出让矿业权;改变长久以来勘查许可证、采矿许可证"一证载两权",既是物权证书,也是行政许可证书不利于保护矿业权人物权的规定,实行矿业权物权登记与矿产资源勘查开采行为许可相分离的制度;实行探矿采矿"直通车"制度;围绕保护矿业权人合法权益作出的多项制度安排;完善矿产资源压覆管理制度等进行了深度剖析。本书深入挖掘了矿业权纠纷案件中的重点、难点与疑点问题,精准归纳法律适用要点,全面系统地梳理矿业权出让、转让、租赁、承包、抵押等各个环节在新《矿产资源法》框架下的法律问题,为读者提供极具实操性的参考与指导。

本书以"解决矿业权纠纷实务痛点"为核心宗旨,体例结构和笔者团队2022年出版的《闲置土地认定与处置:典型案例与法律实务》一书一致,亦是精心规划了12个专题,紧密围绕矿业权纠纷常见争议焦点,涵盖矿业权出让、转让、租赁、承包、矿山挂靠、矿山外包、矿业权抵押、矿业权合同无效民事责任承担、压覆矿产资源纠纷、矿山关闭的行政补偿和行政赔偿等高频争议类型。在各专题的分析论述和探究中,充分融入新法的相关规定,如在矿业权出让专题中,详细解读新法规定的"矿业权应当通过招标、拍卖、挂牌等竞争性方式出让"这一重大制度;在矿业权人的法定义务尤其是矿区生态修复相关问题的讨论中,结合新法"加强矿产资源和生态环境保护"的立法目的,对生态修复责任主体等规定进行梳理总结;在压覆矿产资源专题中,就实践中大量存在的因矿产资源压覆产生的矛盾纠纷,对新《矿产资源法》第32条矿产资源压覆管理进行了分析。

此外，本书还包括三则附录。附录一为矿业权纠纷案件大数据报告，能帮助读者了解矿业权纠纷案件的整体情况；附录二的 12 个流程图是自然资源部官方网站公示的矿业权登记办理流程图，涵盖矿业权登记、矿业权变更登记、矿业权延续登记、矿业权转让登记等，虽然新法设立了矿业权物权登记和矿业权行政许可登记分别登记的新登记制度，但这些流程图在新的规定细则政策落地实操前仍有参考价值；附录三为各地关于矿业权出让、转让等矿业权交易、矿业权收益、矿业权登记的相关规定及文件汇总，这是笔者团队为方便读者使用，对近千件地方规定文件进行通读后剔除程序性的或通知、公告类的文件，而精心筛选出的对矿业权进行实质性规定的文件汇总。

我们衷心希望本书能成为广大法律实务工作者和矿业行业从业者处理矿业权纠纷的得力助手，为大家在新法背景下解决实际问题提供有益的参考和指导。本书得以出版，感谢周胜、胡玉平两位副主编的鼎力相助；感谢团队各位小伙伴的坚持不懈和努力付出；感谢薛亚洲所长、王旭院长为本书作序；感谢法律出版社在出版过程中给予的大力支持。由于时间仓促、笔者知识水平有限，书中难免有错漏，期待读者提出宝贵的意见和建议，以便我们不断完善和改进（联系邮箱：duanjunru@bjzhongzhou.com）。

凡　例

一、法律法规

1.《中华人民共和国宪法》(全国人民代表大会公告第1号,修正日期2018年3月11日,施行日期2018年3月11日),简称为《宪法》

2.《中华人民共和国民法典》(中华人民共和国主席令第45号,发布日期2020年5月28日,施行日期2021年1月1日),简称为《民法典》

3.《中华人民共和国矿产资源法》(2024年修订)(中华人民共和国主席令第36号,修订日期2024年11月8日,施行日期2025年7月1日),简称为《矿产资源法》(2024年修订)

4.《中华人民共和国矿产资源法》(2009年修正)(中华人民共和国主席令第18号,修正日期2009年8月27日,施行日期2009年8月27日),简称为《矿产资源法》(2009年修正)

5.《中华人民共和国矿产资源法》(1996年修正)(中华人民共和国主席令〔1996〕第74号,修正日期1996年8月29日,施行日期1997年1月1日),简称为《矿产资源法》(1996年修正)

6.《中华人民共和国矿产资源法》(中华人民共和国主席令第36号,发布日期1986年3月19日,施行日期1986年10月1日),简称为《矿产资源法》(1986年)

7.《中华人民共和国合同法》(中华人民共和国主席令第15号,发布日期1999年3月15日,实行日期1999年10月1日,已被《民法典》吸收),简称为《合同法》

8.《中华人民共和国物权法》(中华人民共和国主席令第62号,发布日期

1997 年 3 月 16 日,施行日期 2007 年 10 月 1 日,已被《民法典》吸收),简称为《物权法》

9.《中华人民共和国担保法》(中华人民共和国主席令第 50 号,发布日期 1995 年 6 月 30 日,施行日期 1995 年 10 月 1 日,已被《民法典》吸收),简称为《担保法》

10.《中华人民共和国公司法》(中华人民共和国主席令第 15 号,修订日期 2023 年 12 月 29 日,施行日期 2024 年 7 月 1 日),简称为《公司法》

11.《中华人民共和国中外合作经营企业法》(2017 年修正)(中华人民共和国主席令第 81 号,修正日期 2017 年 11 月 4 日,施行日期 2017 年 11 月 5 日,已被《中华人民共和国外商投资法》废止),简称为《中外合作经营企业法》

12.《中华人民共和国安全生产法》(中华人民共和国主席令第 88 号,发布日期 2021 年 6 月 10 日,施行日期 2021 年 9 月 1 日),简称为《安全生产法》

13.《中华人民共和国煤炭法》(2016 年修正)(中华人民共和国主席令第 57 号,发布日期 2016 年 11 月 7 日,施行日期 2016 年 11 月 7 日),简称为《煤炭法》

14.《中华人民共和国企业破产法》(中华人民共和国主席令第 54 号,发布日期 2006 年 8 月 27 日,施行日期 2007 年 6 月 1 日),简称为《企业破产法》

15.《中华人民共和国国家赔偿法》(中华人民共和国主席令第 68 号,发布日期 2012 年 10 月 26 日,施行日期 2013 年 1 月 1 日),简称为《国家赔偿法》

16.《中华人民共和国行政许可法》(2019 年修正)(中华人民共和国主席令第 29 号,发布日期 2019 年 4 月 23 日,施行日期 2019 年 4 月 23 日),简称为《行政许可法》

17.《中华人民共和国行政诉讼法》(中华人民共和国主席令第 71 号,发布日期 2017 年 6 月 27 日,施行日期 2017 年 7 月 1 日),简称为《行政诉讼法》

18.《中华人民共和国民事诉讼法》(中华人民共和国主席令第 11 号,发布日期 2023 年 9 月 1 日,施行日期 2024 年 1 月 1 日),简称为《民事诉讼法》

19.《中华人民共和国矿产资源法实施细则》(中华人民共和国国务院令第 152 号,发布日期 1994 年 3 月 26 日,施行日期 1994 年 3 月 26 日),简称为《矿

产资源法实施细则》

20.《矿产资源开采登记管理办法》(中华人民共和国国务院令第653号,发布日期2014年7月29日,施行日期2014年7月29日),简称为《矿产资源开采登记办法》

21.《矿产资源开采登记管理办法》(中华人民共和国国务院令第241号,发布日期1998年2月12日,施行日期1998年2月12日),简称为《矿产资源开采登记办法》(1998年)

22.《矿产资源勘查区块登记管理办法》(中华人民共和国国务院令第240号,发布日期1998年2月12日,施行日期1998年2月12日),简称为《矿产勘查区块登记办法》(1998年)

23.《矿产资源勘查区块登记管理办法》(中华人民共和国国务院令第653号,发布日期2014年7月29日,施行日期2014年7月29日),简称为《矿产勘查区块登记办法》

24.《探矿权采矿权转让管理办法》(2014年修订)(中华人民共和国国务院令第653号,修订日期2014年7月29日,施行日期2014年7月29日),简称为《探矿权采矿权转让办法》

二、党中央及国务院文件

1. 中共中央办公厅、国务院办公厅《关于进一步加强矿山安全生产工作的意见》(施行日期2023年9月6日),简称为《加强矿山安全生产工作的意见》

2. 国务院办公厅《关于进一步加强煤矿安全生产工作的意见》(国办发〔2013〕99号,发布日期2013年10月2日,施行日期2013年10月2日),简称为《加强煤矿安全生产工作的意见》

3.《国务院办公厅转发发展改革委关于加快推进煤矿企业兼并重组若干意见的通知》(国办发〔2010〕46号,发布日期2010年10月16日,施行日期2010年10月16日),简称为《煤矿企业兼并重组意见》。

三、部门规章

1. 自然资源部《关于推进矿产资源管理改革若干事项的意见(试行)》(自

然资规〔2019〕7号，发布日期2019年12月31日，施行日期2020年5月1日，已被自然资源部《关于深化矿产资源管理改革若干事项的意见》废止），简称为《推进矿产资源管理改革意见》

2. 自然资源部《关于深化矿产资源管理改革若干事项的意见》（自然资规〔2023〕6号，发布日期2023年7月26日，施行日期2023年7月26日，有效期五年），简称为《深化矿产资源管理改革意见》

3. 国土资源部《关于印发〈矿业权出让转让管理暂行规定〉的通知》（国土资发〔2000〕309号，发布日期2000年10月31日，施行日期2000年10月31日，被国土资源部关于停止执行《关于印发〈矿业权出让转让管理暂行规定〉的通知》第五十五条规定的通知修改），简称为《矿业权出让转让暂行规定》

4. 国土资源部《关于印发〈矿业权交易规则（试行）〉的通知》（国土资发〔2011〕242号，发布日期2011年12月31日，施行日期2012年3月1日，已于2017年9月6日被《矿业权交易规则》废止），简称为《矿业权交易规则（试行）》

5. 国土资源部《关于印发〈矿业权交易规则〉的通知》（国土资规〔2017〕7号，发布日期2017年9月6日，施行日期2017年9月6日，已于2023年1月3日被《自然资源部〈关于印发矿业权出让交易规则〉的通知》废止），简称为《矿业权交易规则(2017)》

6. 自然资源部《关于印发〈矿业权出让交易规则〉的通知》（自然资规〔2023〕1号，发布日期2023年1月3日，施行日期2023年1月3日，有效期五年），简称为《矿业权出让交易规则》

7. 自然资源部《关于进一步完善矿产资源勘查开采登记管理的通知》（自然资规〔2023〕4号，发布日期2023年5月6日，施行日期2023年5月6日，有效期五年），简称为《完善矿产资源勘查开采登记管理通知》

8.《非煤矿山外包工程安全管理暂行办法》（国家安全监管总局令第78号，发布日期2015年5月26日，施行日期2015年7月1日），简称为《非煤矿山外包暂行办法》

9. 国家矿山安全监察局《关于印发〈关于加强金属非金属地下矿山外包工程安全管理的若干规定〉的通知》（矿安〔2021〕55号，发布日期2021年7月5

日,施行日期 2021 年 10 月 1 日),简称为《金属非金属地下矿山外包管理规定》

10. 国家矿山安全监察局《关于开展矿山外包工程和资源整合煤矿安全生产专项整治的通知》(矿安〔2021〕43 号,发布日期 2021 年 7 月 5 日,施行日期 2021 年 5 月 7 日),简称为《矿山外包工程和资源整合煤矿整治通知》

11. 国家煤矿安全监察局(于 2020 年 12 月 20 日更名为“国家矿山安全监察局”)《关于印发〈煤矿整体托管安全管理办法(试行)〉的通知》(煤安监行管〔2019〕47 号,发布日期 2019 年 12 月 6 日,施行日期 2020 年 4 月 1 日),简称为《煤矿整体托管办法(试行)》

12. 国土资源部《关于进一步做好建设项目压覆重要矿产资源审批管理工作的通知》(国土资发〔2010〕137 号,发布日期 2010 年 9 月 8 日,施行日期 2010 年 9 月 8 日),简称为《压覆重要矿产资源管理通知》

四、司法解释

1. 最高人民法院《关于审理矿业权纠纷案件适用法律若干问题的解释》(法释〔2020〕17 号,发布日期 2020 年 12 月 29 日,施行日期 2021 年 1 月 1 日),简称为《矿业权纠纷案件司法解释》

2. 最高人民法院《关于审理行政协议案件若干问题的规定》(法释〔2019〕17 号,发布日期 2019 年 11 月 27 日,施行日期 2020 年 1 月 1 日),简称为《行政协议案件规定》

3. 最高人民法院印发《关于行政案件案由的暂行规定的通知》(法发〔2020〕44 号,发布日期 2020 年 12 月 25 日,施行日期 2021 年 1 月 1 日),简称为《行政案件案由暂行规定》

4. 最高人民法院《关于印发修改后的〈民事案件案由规定〉的通知》(法〔2020〕347 号,发布日期 2020 年 12 月 29 日,施行日期 2021 年 1 月 1 日),简称为《民事案件案由规定》

5. 最高人民法院《关于适用〈中华人民共和国民法典〉合同编通则若干问题的解释》(法释〔2023〕13 号,发布日期 2023 年 12 月 4 日,施行日期 2023 年 12 月 5 日),简称为《民法典合同编通则司法解释》

6. 最高人民法院《关于当前形势下审理民商事合同纠纷案件若干问题的指导意见》(法发〔2009〕40号,发布日期2009年7月7日,施行日期2009年7月7日),简称为《民商事合同纠纷指导意见》

7. 最高人民法院《关于审理行政许可案件若干问题的规定》(法释〔2009〕20号,发布日期2009年12月14日,施行日期2010年1月4日),简称为《行政许可案件规定》

8.《最高人民法院关于适用〈中华人民共和国行政诉讼法〉的解释》(法释〔2018〕1号,发布日期2018年2月6日,施行日期2018年2月8日),简称为《行政诉讼法解释》

9.《最高人民法院关于审理行政赔偿案件若干问题的规定》(法释〔2022〕10号,发布日期2022年3月20日,施行日期2022年10月1日),简称为《行政赔偿案件规定》

10. 最高人民法院《关于适用〈中华人民共和国民法典〉有关担保制度的解释》(法释〔2020〕28号,发布日期2020年12月31日,施行日期2021年1月1日),简称为《担保制度司法解释》

11. 最高人民法院《关于人民法院确定财产处置参考价若干问题的规定》(法释〔2018〕15号,发布日期2018年8月28日,施行日期2018年9月1日),简称为《法院确定财产处置参考价规定》

12. 最高人民法院《关于印发〈全国法院民商事审判工作会议纪要〉的通知》(法〔2019〕254号,发布日期2019年11月8日,施行日期2019年11月8日),简称为《民商事审判会议纪要》

CONTENTS 目 录

专题一　矿业权出让管理

要点描述

矿产资源属于国家所有，是经济社会发展的重要基石。国家对矿产资源的勘查、开采实施严格的许可管理制度。矿业权的出让由县级以上人民政府自然资源主管部门根据法定权限依法采取批准申请、招标、拍卖等方式进行。在矿业权出让过程中，不同层级自然资源主管部门之间关于矿业权出让的权限划分、矿业权受让主体应当具备何种资质以及在矿业权出让实务中具体该采用何种方式予以出让等问题都是矿业权出让管理的重要内容，也是矿业权投资人首先要了解的基本法律制度。

1. 可供参考的例案

例案一

傅某其与仙游县某乡人民政府采矿权纠纷案

【法院】

福建省高级人民法院

【案号】

(2015)闽民终字第1535号

【当事人】

上诉人(原审原告):傅某其

被上诉人(原审被告):仙游县某乡人民政府

【基本案情】

2003年1月16日,仙游县某乡人民政府(甲方)与傅某其(乙方)签订《开发某乡塔林顶伊利石矿山承包合同书》(以下简称《承包合同书》),约定甲方将某乡塔林顶伊利石矿山承包给乙方开发,乙方应及时办理采矿证、矿产经营证,甲方应积极协助乙方办理。合同签订后,傅某其依约进行了探矿。

2005年1月10日,仙游县某乡人民政府向仙游县人民政府提交《关于塔林顶伊利石矿产开发有关问题》的请示报告,仙游县人民政府于当年1月24日批示县国土资源局提出挂牌方案,并核定原已投入成本一并挂牌招标。由于案外人对前期投资费用提出权属异议,仙游县人民政府于2005年4月30日批示暂停挂牌该项目。

2007年7月,仙游县委、县政府组织相关部门对该采矿权出让工作进行专题论证,经研究认为,该采矿权的设置会严重影响生态环境,因此将该矿区列入禁采范围。

最终,原告傅某其因没有取得采矿权证、合同目的无法实现诉至法院,请求判决仙游县某乡人民政府赔偿其经济损失等。

【案件争点】

仙游县某乡人民政府是否为适格的矿业权出让主体,其与傅某其签订的《承包合同书》的效力如何。

【裁判要旨】

《矿产资源法》第3条第1款[①]规定:矿产资源属于国家所有,由国务院行使国家对矿产资源的所有权。地表或者地下的矿产资源的国家所有权,不因其所依

① 该条已被《矿产资源法》(2024年修订)第4条吸收。

附的土地的所有权或者使用权的不同而改变。国务院《探矿权采矿权转让办法》第3条第2项规定：……经依法批准，可以将采矿权转让他人采矿；第4条第1款规定：国务院地质矿产主管部门和省、自治区、直辖市人民政府地质矿产主管部门是探矿权、采矿权转让的审批管理机关。国务院《矿产资源开采登记办法》第3条第4款规定，开采本条第1款、第2款、第3款规定以外的矿产资源，由县级以上地方人民政府负责地质矿产管理工作的部门……颁发采矿许可证。根据上述法律法规之规定，开采矿产资源必须依法申请，经批准后取得采矿权，并办理采矿权登记，持有采矿权审批机关颁发的合法、有效的采矿许可证；未经过依法批准，买卖、出租或者以其他形式转让矿产资源，以及以承包等方式擅自将采矿权转让给他人进行采矿、经营等均属于违反法律、行政法规的强制性规定的行为。

本案中，仙游县某乡人民政府与傅某其双方于2003年1月16日签订《承包合同书》，约定仙游县某乡塔林顶伊利石矿山由傅某其开发。从本案双方当事人在《承包合同书》中约定的实际内容评判，协议名称虽为承包合同，但实质是仙游县某乡人民政府将属于其辖区内的矿产资源出让给傅某其开发。

仙游县某乡人民政府作为基层国家行政机关，并非适格的矿业权出让主体，依法无权出让其辖区内的矿产资源，且未能举出证据证明其与傅某其签订的《承包合同书》依法经过有权机关批准，依照《合同法》第52条第5项[①]“违反法律、行政法规的强制性规定”的合同为无效合同之规定，本案双方当事人签订的《承包合同书》为无效合同，并无不当。

例案二

江华瑶族自治县自然资源局、陈某波采矿权出让合同纠纷案

【法院】

湖南省高级人民法院

① 该条已被《民法典》删除。

【案号】

(2020)湘民终75号

【当事人】

上诉人(一审被告):江华瑶族自治县自然资源局

被上诉人(一审原告):陈某波

一审被告:江华县人民政府

【基本案情】

原告陈某波系招商引进的企业家,经"招拍挂"程序,原告竞得了江华瑶族自治县某铁矿的采矿权,2004年8月30日原告与被告江华瑶族自治县自然资源局签订了《采矿权出让合同》。签订合同后,为了尽快生产,原告按照县里"先上车,后补票"的精神边办证边建选矿厂,江华县人民政府成立专门班子,协助原告解决相关问题。原告为采矿做了大量的准备工作,和相关主体签署了租赁协议、补偿协议、合作协议等合同文件,支出各种费用200多万元。2004年9月30日,国土资源部公布了《关于调整部分矿种矿山生产建设规模标准的通知》,规定铁矿地下开采最低生产建设规模为3万吨/年,露天开采最低生产建设规模为5万吨/年。被告江华瑶族自治县自然资源局收到该文件后,未告知原告,也未与原告协商解除合同。

江华县人民政府为规范矿产资源开发秩序,于2006年4月27日以县整规办的名义下发了《关于暂停办理全县矿山企业证照的通知》(江整规办发〔2006〕1号),为配合该县矿整工作,永州市国土资源局对包括某铁矿在内的6家矿山作出了暂缓办理采矿登记的工作的决定。2008年1月28日,江华县人民政府向湖南省国土资源厅请示为原告办理采矿手续,仍未能办理。2012年4月,江华县启动河路口镇稀土矿区整合工作,引进了中国五矿集团。江华县自然资源局在未与原告协商解除合同并就补偿问题达成一致的情况下,将原告的矿区整合给五矿集团某有限公司,并协助其办理了稀土矿采矿许可证。

原告认为,两被告损害其合法权益,请求有关部门处理。湖南省国土资源厅发函给江华县人民政府,要求其妥善处理、维护权利人的合法权益。双方当事人未就补偿达成一致意见,遂引发诉讼。

【案件争点】

两被告主体是否适格。

【裁判要旨】

经"招拍挂"程序,原告陈某波与被告江华瑶族自治县自然资源局签订的《采矿权出让合同》系双方真实意思表示且不违反法律强制性规定,系有效合同。被告江华瑶族自治县自然资源局作为合同相对方,系本案适格主体。原告起诉的系违约之诉,被告江华县人民政府不是《采矿权出让合同》的合同相对方,故江华县人民政府不是本案的适格被告。被告江华瑶族自治县自然资源局提出"其与原告签订《采矿权出让合同》系受永州市国土资源局委托,其不是本案被告"的答辩意见与法律规定不符,法院不予支持。

例案三

江西省永修县人民政府、永修县鄱阳湖采砂管理工作领导小组办公室与某实业有限公司采矿权纠纷案

【法院】

最高人民法院

【案号】

(2011)民再字第2号

【当事人】

申请再审人(一审被告、二审被上诉人):江西省永修县人民政府

申请再审人(一审被告、二审被上诉人):永修县鄱阳湖采砂管理工作领导小组办公室

被申请人(一审原告、二审上诉人):某实业有限公司

【基本案情】

江西省永修县人民政府(以下简称永修县政府)决定以拍卖的方式出让鄱阳湖永修县水域5、6、7、8号4个采区的采砂权。永修县鄱阳湖采砂管理工作

领导小组办公室(以下简称采砂办)制作并在“中国投资在线”网站上登载《永修县砂石开发招商引资推介书(鄱阳湖采砂开发项目)》。为配合招商引资,采砂办工作人员编写了《江西省鄱阳湖永修采区2006年采砂可行性报告》,对采砂权的投资前景,包括运作盈利方式、设备投入、人员配置、效益等方面作了详细的预算分析;同时在投资风险一栏中指出:采砂存在政策风险、市场风险和自然风险。

2006年4月17日,江西省水利厅作出赣水政法字〔2006〕24号批复,主要内容为:“原则同意2006年鄱阳湖永修县部分水域河道采砂开采权拍卖方案。拍卖可采期限为2006年5月1日至2006年12月31日,控制采砂船为38条,年控制开采总量为2320万吨。”该批复附件载明,鄱阳湖永修县6、7、8号采区年控制采量为1740万吨。

采砂办委托山东某拍卖有限公司负责本次采砂权出让事宜,双方作出的《拍卖会标的清单》和《拍卖会特别约定》载明:“鄱阳湖永修县6、7、8号采区采砂权起拍价4068万元;买受人承担采区工作费用25.2万元,按核定采砂船1000元/月/艘收取;税费3550万元,包括应缴国家税收、河道采砂管理费和矿产资源补偿费。”2006年4月26日,某实业有限公司(以下简称某公司)以4678万元竞得鄱阳湖永修县水域6、7、8号采区采砂权。随后,某公司陆续向永修县非税收入管理局交纳8228万元,该局出具了相应金额的收费票据,8228万元的收费项目名称均为“采区拍卖款”。2006年5月10日,采砂办与某公司签订《鄱阳湖永修县6、7、8号采区采砂权出让合同》(以下简称《采砂权出让合同》)约定:“一、采砂权使用期限自签订本合同之日至2006年12月31日止,同时满足防汛要求;采砂船数量28艘(功率4000千瓦以内/艘);年控制采量1740万吨;二、拍卖成交金额8228万元(包括税费)……十、本合同约定的采区采砂权使用期限,是根据上级主管部门的批文当年度的有效可采期,实际可采期限以当年水位不能供采砂船只作业时为准。”

自2006年7月以后,江西省持续高温干旱天气,降雨偏少,长江江西段出现同期罕见枯水位,鄱阳湖水大量流入长江,水位急剧下降,出现自20世纪70年代初期以来罕见的低水位。2006年8月18日,因鄱阳湖水位过低造成运砂船难以进入采区,某公司被迫停止采砂。为此,某公司致函采砂办要求解决开采时间缩短、砂源不足等问题。

2007年8月,某公司向江西省高级人民法院提起诉讼,请求解除其与采砂办签订的《采砂权出让合同》,采砂办、永修县政府依照合同约定补足135天采期并提供全部税费发票,如采砂办、永修县政府不能补足采期,则应退还某公司多支付的拍卖成交款4727万元(含税费),诉讼费用由采砂办、永修县政府负担。一审庭审中,某公司撤回补足135天采期的诉讼请求。

法院查明:采砂办是永修县政府直属事业单位,其宗旨和业务范围为:负责宣传国家有关法律法规和政策,协调采砂各方关系,对采砂进行监管,维护采砂正常秩序,经费源于财政拨款。根据《2006年鄱阳湖永修辖区采砂管理实施办法》,采砂管理工作领导小组由永修县委、县政府相关部门和单位主要领导组成,采砂管理工作领导小组下设采砂办,负责采砂日常工作,其工作经费由永修县财政安排。

【案件争点】

采砂办和某公司签署的《采砂权出让合同》是否有效,永修县政府应否承担民事责任。

【裁判要旨】

江西省高级人民法院一审认为,采砂办是永修县政府成立的负责采砂日常管理工作的事务性机构,其在永修县政府的授权下拍卖出让采砂权,该行为的法律后果应由永修县政府承担。采砂办与某公司签订的《采砂权出让合同》系当事人真实意思表示,内容符合江西省水利厅批复文件对采砂泵船数量、年控制采量和禁采期限所作的限制,不违反我国法律、行政法规的强制性规定,应认定为合法有效。

最高人民法院认为,采砂办通过公开拍卖的方式与某公司签订的《采砂权出让合同》系当事人真实意思表示,合同内容不违反法律、行政法规的禁止性规定,应认定为合法有效。采砂办是永修县政府直属事业单位,系永修县采砂管理工作领导小组的日常办事机构。采砂管理工作领导小组由永修县委、县政府相关部门和单位主要领导组成。采砂办经费来源为财政拨款,无独立承担民事责任的行为能力,故永修县政府应与采砂办共同承担本案的民事责任。

2. 要点分析

本专题结合《矿产资源法》(2024年修订)第二章关于矿业权出让最新相关规定,重点介绍矿业权出让管理制度,探析实务中常见的矿业权出让管理、出让方式和受让人资格要求等问题。

2.1 矿业权出让管理制度沿革

矿业权出让实行分级管理是矿产资源管理的重要内容。矿业权出让的分级管理事关不同层级政府矿产资源主管部门之间矿业权出让管理事权的划分,是矿业权出让管理制度的重要内容。

2.1.1 1986年至2005年8月

以1986年10月1日生效实施的《矿产资源法》和配套行政法规的颁布为标志,我国矿业权出让分级管理制度正式建立。1986年至2005年,探矿权出让由中央和省、自治区、直辖市人民政府地质矿产主管部门两级管理,采矿权出让实行中央、省级、市级、县级地质矿产主管部门四级管理。

《矿产资源法》(1986年)规定了国家对矿产资源勘查实行统一登记制度:矿产资源勘查登记工作,由国务院地质矿产主管部门负责;特定矿种的矿产资源勘查登记工作,可以由国务院授权有关主管部门负责。开办国营矿山企业开采矿产资源,分别由国务院、国务院有关主管部门和省、自治区、直辖市人民政府审查批准,批准后颁发采矿许可证。

《矿产勘查区块登记办法》(1998年)第4条规定:"勘查下列矿产资源,由国务院地质矿产主管部门审批登记,颁发勘查许可证:(一)跨省、自治区、直辖市的矿产资源;(二)领海及中国管辖的其他海域的矿产资源;(三)外商投资勘查的矿产资源;(四)本办法附录所列的矿产资源。勘查石油、天然气矿产的,经国务院指定的机关审查同意后，由国务院地质矿产主管部门登记，颁发勘查许可证。勘查下列矿产资源，由省、自治区、直辖市人民政府地质矿产主管部门审批登记，颁发勘查许可证，并应当自发证之日起10日内，向国务院地质矿产主管部门备案：(一)本条第一款、第二款规定以外的矿产资源；(二)国务院地质矿产主管部门授权省、自治区、直辖市人民政府地质矿产主管部门审批登记的矿产资源。"即当时探矿权出让实行中央和省级政府地质矿产主管部门两级管理制度。

《矿产资源开采登记办法》(1998年)第3条规定："开采下列矿产资源，由国务院地质矿产主管部门审批登记，颁发采矿许可证：(一)国家规划矿区和对国民经济具有重要价值的矿区内的矿产资源；(二)领海及中国管辖的其他海域的矿产资源；(三)外商投资开采的矿产资源；(四)本办法附录所列的矿产资源①。……开采下列矿产资源，由省、自治区、直辖市人民政府地质矿产主管部门审批登记，颁发采矿许可证：(一)本条第一款、第二款规定以外的矿产储量规模中型以上的矿产资源；(二)国务院地质矿产主管部门授权省、自治区、直辖市人民政府地质矿产主管部门审批登记的矿产资源。开采本条第一款、第二款、第三款规定以外的矿产资源，由县级以上地方人民政府负责地质矿产管理工作的部门，按照省、自治区、直辖市人民代表大会常务委员会制定的管理办法审批登记，颁发采矿许可证……"即采矿权的出让分级管理不同于探矿权的两级管理制度，当时采矿权出让实行中央、省级、市级、县级政府地质矿产主管部门四级管理。

自1998年以来，随着经济社会发展和矿产资源管理形势变化，矿业权出让审批权限不断地进行调整，主要表现在国务院国土资源主管部门和省级政府国土资源主管部门之间。但探矿权出让实行的中央和省级政府地质矿产主管部门两级管理以及采矿权出让实行的中央、省级、市级、县级政府地质矿产主管部门四级管理的基本内容没有变化。

---

① 参见《矿产资源开采登记管理办法》(国务院令第241号)附录《国务院地质矿产主管部门审批发证矿种目录》："1.煤；2.石油；3.油页岩；4.烃类天然气；5.二氧化碳气；6.煤成(层)气；7.地热；8.放射性矿产；9.金；10.银；11.铂；12.锰；13.铬；14.钴；15.铁；16.铜；17.铅；18.锌；19.铝；20.镍；21.钨；22.锡；23.锑；24.钼；25.稀土；26.磷；27.钾；28.硫；29.锶；30.金刚石；31.铌；32.钽；33.石棉；34.矿泉水。"

1998年3月17日实施的《授权颁证规定》(地发48号)明确:关于勘查登记,国务院地质矿产主管部门将本应由其审批发证的34种矿产资源中勘查投资小于500万元的,授权给省、自治区、直辖市人民政府地质矿产主管部门审批发证;关于采矿登记,国务院地质矿产主管部门将本应由其审批发证的34种矿产资源中的油页岩、地热、锰、铬、钴、铁、硫、石棉、矿泉水9种矿产资源以及除该9种矿产外的其他种类矿产中建设规模为中型以下的,授权给省、自治区、直辖市人民政府地质矿产主管部门审批发证。

2.1.2 2005年9月至2019年

2005年9月至2019年,调整中央出让管理的矿产资源类别,放权给省级人民政府国土资源主管部门。原国土资源部为贯彻落实《整顿和规范矿产开发通知》(国发〔2005〕28号)文件中所要求的"对以往的各种授权进行清理并重新授权",于2005年9月30日出台了《规范许可证权限通知》(国土资发〔2005〕200号)。此文件载明:关于勘查登记,国土资源部负责石油、烃类天然气、煤成(层)气、放射性矿产,勘查区块面积大于30平方公里(含)的煤炭勘查项目,勘查投资大于500万元人民币(含)的或勘查区块面积大于15平方公里(含)的钨、锡、锑、稀土矿产勘查项目,勘查投资大于500万元人民币(含)的油页岩、金、银、铂、锰、铬、钴、铁、铜、铅、锌、铝、镍、钼、磷、钾、锶、铌、钽矿产勘查项目,等等,其余授权省级人民政府国土资源主管部门颁发勘查许可证;关于采矿登记,国土资源部负责石油,烃类天然气,煤成(层)气,放射性矿产,煤[煤井田储量1亿吨(含)以上,其中焦煤井田储量5000万吨(含)以上],矿床储量规模为大型(含)以上的油页岩、矿床储量规模为中型(含)以上的钨、锡、锑、稀土,矿床储量规模为大型(含)以上的金、银、铂、锰、铬、钴、铁、铜、铅、锌、铝、镍、钼、磷、钾、锶、金刚石、铌、钽,等等,其余授权省级人民政府国土资源主管部门颁发采矿许可证。

自2012年以来,国土资源部提出按照"放得下、管得住"的原则,推进"部控省批"的矿业权审批制度改革,逐步探索以省市县为主的矿业权审批管理制度①。

---

① 参见《国土资源部关于印发〈矿产资源管理组合配套制度创新"十二五"规划〉的通知》(国土资发〔2012〕137号)。

国土资源部负责审批油气、放射性矿产等 7 种矿产的探矿权采矿权，22 种矿产超过一定面积或勘查投入的探矿权，以及 23 种矿产资源储量规模大中型以上的采矿权。

直至 2017 年，中共中央办公厅、国务院办公厅印发了《矿业权出让制度改革方案》（以下简称《改革方案》），《改革方案》按照“放管服”和合理划分中央、地方权限等有关要求，为方便相对人、提高审批效率、降低管理成本，进一步下放了部分矿种矿业权审批权限，将当前规定由部一级负责的煤成（层）气的探矿权交由省级负责，采矿权调整为部、省两级分级审批；将部、省分级审批的煤、铁、金、铜等 22 个矿种的探矿权全部下放省级国土资源主管部门审批；将部、省分级审批的银、锰、铅、锌等 13 个矿种的采矿权全部下放省级国土资源主管部门审批。改革后国土资源部保留石油、烃类天然气、页岩气、放射性矿产、钨、稀土 6 种矿产的探矿权、采矿权审批，保留资源储量规模 10 亿吨以上的煤以及资源储量规模大型以上的煤层气、金、铁、铜、铝、锡、锑、钼、磷、钾共 11 种矿产的采矿权审批。其他原由国土资源部审批的全部下放省级国土资源主管部门审批。

2.1.3　2019 年至今

2019 年至今，我国的矿业权出让管理实行同一矿种探矿权采矿权出让登记同级管理制度。

2020 年 5 月 1 日实施的自然资源部《推进矿产资源管理改革意见》[①]（自然资规〔2019〕7 号）“四、实行同一矿种探矿权采矿权出让登记同级管理”规定：“解决同一矿种探矿权采矿权不同层级管理带来的问题。自然资源部负责石油、烃类天然气、页岩气、天然气水合物、放射性矿产、钨、稀土、锡、锑、钼、钴、锂、钾盐、晶质石墨 14 种重要战略性矿产的矿业权出让、登记；战略性矿产中大宗矿产通过矿产资源规划管控，由省级自然资源主管部门负责矿业权出让、登记。其他矿种由省级及以下自然资源主管部门负责。”

2023 年 7 月 26 日生效实施的《深化矿产资源管理改革意见》（自然资规

① 该文件已于 2023 年 7 月 26 日废止。

〔2023〕6号)再次重申了"实行同一矿种探矿权采矿权出让登记同级管理"的出让管理制度,同时调整了原《推进矿产资源管理改革意见》关于自然资源部出让矿产资源的表述,自然资源部负责出让的14种矿产资源没有变化,只是该14种矿产已不再被表述为重要战略性矿产。同时还规定了省级自然资源主管部门负责其他战略性矿产的矿业权出让登记,并落实矿产资源规划管控措施。省级及以下自然资源主管部门负责其余矿种的矿业权出让登记。

2.2 不同矿产的矿业权出让主体

矿业权出让权限划分由国务院规定,县级以上人民政府自然资源主管部门按照规定权限组织矿业权出让。出让人是出让矿业权的自然资源主管部门。

2.2.1 自然资源部负责石油、烃类天然气等14种矿产的矿业权出让

在"实行同一矿种探矿权采矿权出让登记同级管理"的原则下,我国于1998年最初设立的探矿权出让实行的中央和省级政府地质矿产主管部门两级管理以及采矿权出让实行的中央、省级、市级、县级政府地质矿产主管部门四级管理的基本内容发生了根本的变化,即探矿权出让和采矿权出让在审批管理权限上应实行统一,结合各地的相关规定,我国目前探矿权出让和采矿权出让均实行的是中央、省级、市级、县级政府地质矿产主管部门四级管理。四级主管部门之间的矿业权出让管理权限以矿种作为划分依据。

自然资源部负责石油、烃类天然气、页岩气、天然气水合物、放射性矿产、钨、稀土、锡、锑、钼、钴、锂、钾盐、晶质石墨矿产的矿业权出让、登记。

2.2.2 省级自然资源主管部门负责除自然资源部负责出让的矿产以外的其他战略性矿产矿业权出让

《全国矿产资源规划(2016—2020年)》将24种矿产列入战略性矿产目录,作为矿产资源宏观调控和监督管理的重点对象,具体包括石油、天然气、页岩气、煤炭、煤层气、铀6种能源矿产,铁、铬、铜、铝、金、镍、钨、锡、钼、锑、钴、锂、稀土、锆14种金属矿产,以及磷、钾盐、晶质石墨、萤石4种非金属矿产。自然资源部办公厅于2019年10月8日发布《关于开展全国矿产资源规划(2021—2025年)重大专题研究的函》(自然资办函〔2019〕1734号),对编制《全国矿产

资源规划(2021—2025 年)》提出意见、进行安排,但目前尚未检索到成果文件。

根据《全国矿产资源规划(2016—2020 年)》关于 24 种战略性矿产资源的规定,结合《深化矿产资源管理改革意见》的规定,除“石油、页岩气、钨、锡、钼、锑、钴、锂、稀土、钾盐、晶质石墨”由自然资源部负责出让的矿产之外,剩余战略性矿产包括:天然气、煤炭、煤层气、铀 4 种能源矿产,铁、铬、铜、铝、金、镍、锆 7 种金属矿产,以及磷、萤石 2 种非金属矿产共 13 种由省级自然资源主管部门负责矿业权出让。

自《推进矿产资源管理改革意见》出台以来,贵州、广西、重庆、四川、河南、山东、云南、宁夏、新疆等地就贯彻落实《推进矿产资源管理改革意见》中矿政管理体制改革纷纷出台了有关文件,并都在各文件中进一步明确了除中央外省级、市级、县级三级自然资源主管部门对矿业权出让管理的权限划分。《推进矿产资源管理改革意见》被废止后,各省市根据《深化矿产资源管理改革意见》的规定,对各省市地区的矿业权出让规定进行更新、修订。

对于省级自然资源主管部门的矿业权出让权限,大部分地区除了负责除自然资源部负责出让的矿产之外的战略性矿产出让,还另外规定了负责其他矿种的出让。例如,《贵州省推进矿产资源管理改革意见》(黔自然资规〔2020〕4 号)附件 1《贵州省矿业权出让登记权限划分表》载明省自然资源厅负责煤、煤层气、金、铁、铬、铜、铝、镍、锆、磷、萤石、锰 12 种矿产矿业权的出让(其中锰不是战略性矿产)。《广西深化矿产资源管理改革通知》(桂自然资规〔2023〕5 号)规定“自治区自然资源厅负责能源矿产、金属矿产中除自然资源部出让登记的石油、烃类天然气、页岩气、天然气水合物、放射性矿产、钨、稀土、锡、锑、钼、钴、锂、钾盐、晶质石墨外的矿种,以及磷、萤石、硼、海砂和水气矿产的矿业权出让登记”。

2.2.3 市级、县级自然资源主管部门负责其他矿种矿业权出让

在各地的省级、市级、县级三级自然资源主管部门对矿业权出让管理的权限划分中,对省级、县级的权限规定多以列举的方式进行规定,对市级的权限规定则均是除外规定,例如,《贵州省推进矿产资源管理改革意见》明确载明市(州)级自然资源主管部门负责“除部级、省级、县级发证的《矿产资源分类目

录》中的其他矿种”。

对于县级自然资源主管部门的管理权限,各地均是限制于非金属矿产中的砂石土类矿产,还以贵州省为例,《贵州省推进矿产资源管理改革意见》直接规定县级自然资源主管部门负责“普通建筑用砂石土矿产(采矿权):建筑石料用石灰岩、建筑用白云岩、建筑用砂、建筑用辉绿岩、建筑用花岗岩、建筑用凝灰岩、建筑用大理岩、建筑石料、砖瓦用砂岩、砖瓦用砂、砖瓦用黏土、砖瓦用页岩”。《新疆矿产资源管理暂行办法》规定“地(州、市)负责石灰岩、花岗岩等非金属矿产矿业权出让、登记;县(市)负责砖瓦用黏土、建筑用砂(河道管理范围外)采矿权出让、登记(具体矿产种类出让、登记权限见附件)”。《广西深化矿产资源管理改革通知》则规定“设区市自然资源局负责除自然资源部、自治区自然资源厅出让登记矿产外的其他矿种采矿权出让登记。其中普通建筑用砂石土采矿权,可依据当地实际情况经设区市人民政府同意后委托县级自然资源主管部门出让登记。跨市级行政区的采矿权出让登记部门由自治区自然资源厅指定”。

2.2.4 乡级政府非适格矿业权出让主体

正如前文所述,我国矿业权出让权限实行四级管理制,在实务中,县级自然资源主管部门往往都是在没有任何授权或委托的情况下越权出让矿业权,该等纠纷通常可通过市级自然资源主管部门对县级自然资源主管部门的出让、颁证行为进行追认予以解决。

司法实践中还广泛存在因乡级政府出让矿业权引起的纠纷,在此种情况下,县级自然资源主管部门根本无法通过追认授权的方式予以解决,因为乡级政府在矿业权出让分级管理制度中既没有矿业权的出让权限也不是出让的适格主体。

在司法实践中,法院通常会将乡政府/村委会作为出让主体与受让主体签订的矿业权出让合同认定为无效合同,正如上述例案一中的观点。该案例是最高人民法院在2016年7月12日印发的《十起审理矿业权民事纠纷案件典型案例》之一,现在被收录在人民法院案例库(入库编号:2023-11-2-057-001)。最高人民法院通过该案明确了“矿业权的出让应由县级以上国土资源主管部门根据法定权限依法进行,乡级政府并非适格的矿业权出让主体”。

2.3 矿业权受让主体

我国法律、行政法规、部门规章实质上并未就矿业权受让主体的资质进行规定,《矿产资源法实施细则》第6条及《矿业权出让转让管理暂行规定》第3条第2款规定,探矿权人是取得勘查许可证的单位或者个人,采矿权人是取得采矿许可证的单位或者个人。因法律及行政法规层面并未对矿业权人主体进行特殊要求或限制,故其包括外资公司、企业等在内的公司、企业和其他经济组织、自然人,并没有将个人(自然人)排除在矿业权人范围之外,只是对个人(自然人)采矿权的范围进行了限制。然而,在部门规章、政策性文件层面以及矿业权出让实务中却对受让人有一定的要求。本章节拟通过梳理我国相关规范性文件中的资质要求规定、实务中的资质要求以及司法实践中法院对受让人主体资质的认定态度三方面来明晰矿业权受让主体资质问题。

2.3.1 法律、行政法规规定的矿业权受让主体

《矿产资源法》(1986年)规定:“国营矿山企业是开采矿产资源的主体。”“国家对乡镇集体矿山企业和个体采矿实行积极扶持、合理规划、正确引导、加强管理的方针,鼓励乡镇集体矿山企业开采国家指定范围内的矿产资源,允许个人采挖零星分散资源和只能用作普通建筑材料的砂、石、黏土以及生活自用采挖少量矿产。”《矿产资源法》历经1996年修正、2009年修正,对开采矿产资源的主体没有本质修改,只是将原规定的“国营矿山企业是开采矿产资源的主体”调整成“国有矿山企业是开采矿产资源的主体”,将“乡镇集体矿山企业”修改为“集体矿山企业”。

将于2025年7月1日生效实施的《矿产资源法》对矿产资源主体进行了根本修订。删除了“国有矿山企业是开采矿产资源的主体”,以及“集体矿山企业和个体采矿”的规定,意味着在法律层面不再对矿业权主体的身份进行规定,只是原则性地规定不得以不合理的条件对市场主体实行差别待遇或者歧视待遇。

《矿产资源法实施细则》自1994年3月26日生效实施至今,一直没有进行修订(正)。《矿产资产法实施细则》虽仍有效且规定矿业权人可以是取得勘查

许可证或采矿许可证的单位或个人，但事实上，无论是部门规章、规范性文件，还是司法审判实践，已逐步将个人排除在矿业权人之外。

2.3.2 部门规范性文件明确受让主体“应是能独立承担民事责任的法人”

2011 年 12 月 31 日公布的《矿业权交易规则（试行）》①（国土资发〔2011〕242 号）第 4 条第 2 款明确规定“……受让人是指符合探矿权、采矿权申请条件或受让条件的、具有独立承担民事责任的法人”。2017 年 9 月 6 日施行的《矿业权交易规则（2017）》以及 2023 年 1 月 3 日施行的《矿业权出让交易规则》（自然资规〔2023〕1 号）都强调受让人应是能独立承担民事责任的法人。司法实践中，不仅要求矿业权的受让主体是能独立承担民事责任的法人，还对法人类型有所要求。

《完善矿产资源勘查开采登记管理通知》（自然资规〔2023〕4 号）规定：“非油气探矿权人原则上可以是营利法人，也可以是非营利法人中的事业单位法人。油气（含石油、烃类天然气、页岩气、煤层气、天然气水合物）探矿权人原则上应当是营利法人。”“采矿权申请人原则上应当为营利法人。”同时，经检索“全国公共资源交易平台”中“矿业权”业务类型的出让公告，其中竞买人资格均是“竞买人应为依法注册的企业法人或事业单位法人”。

2.3.3 法院对于个人（自然人）是否具有矿业权人主体资格的认定

根据前文所述相关规定可知，国家法律及行政法规并未排除个人（自然人）成为矿业权受让主体，但是现下国家政策性文件以及矿业权出让实务却明确排除了个人（自然人）成为矿业权人。

当上述矛盾投射到案件纠纷中时，法院对“自然人能否成为矿业权受让主体”又是何种态度呢？在审判实践中，法院在审理受让人主体资格时，仍是根据各方的真实意思表示以及法律及行政法规对矿业权转让的受让人主体资格进行认定。经检索，法院对该问题大致有以下两种态度。

有的法院认为，个人（自然人）不具备成为矿业权人的资格，如江西省高级人民法院（2020）赣民申 379 号案件中，江西省上饶市中级人民法院、江西省高

① 该文件已于 2017 年 9 月 6 日废止。

级人民法院均认为,按照现行《矿产资源法》、《矿产资源勘查区块登记管理办法》、国土资源部《关于进一步规范探矿权管理有关问题的通知》等探矿权相关法律法规的规定,吴某个人显然不具备享有探矿权的资格。

有的法院则认为,矿业权受让人的资格审查问题,属审批管理机关的审批权力,并非法院审理范围。如最高人民法院(2017)最高法执监 136 号案件中,最高人民法院就认为,本案于某主张以其成立的辉澜萤石公司名义办理矿业权转让手续问题,本质上仍属于矿业权受让人主体资格是否符合法定条件的行政审批范围,应由行政机关根据矿权管理的相关规定作出判断,应向相关行政审批机关主张。

关于受让人主体资格,司法审判与行政管理之所以存在不同,是基于司法权与行政权相区分,司法权不能干涉行政权,司法机关不能替代行政机关作出行政行为。在我国现行法律框架内,矿业权本身是财产权、用益物权①,同时亦具有行政许可特性,兼具公权和私权双重属性,受公法和私法共同规范。矿业权人在行使权利的过程中负有安全生产、水土保持、土地复垦、环境保护等公法上义务,相比较一般民事物权,矿业权的设立、流转、行使、消灭等方面均具有一定的特殊性。

基于矿业权的特殊法律属性,结合司法审判实践,我们建议投资人在投资矿业行业时尽可能通过成立法人主体、以法人名义进行投资管理以防范自然人无法成为矿业权人的法律风险。

2.4 矿业权出让方式

矿业权出让方式是矿产资源管理制度的核心内容,也是投资人进入矿业权市场所要了解的基本内容。随着我国市场经济体制的不断完善,我国矿产资源管理经历了从计划走向市场,从行政审批到公开竞争出让的过程。

2.4.1 以竞争性出让方式为原则

总的来说,我国矿业权出让方式从《矿产资源法》最初确立的以申请批准方

① 参见《民法典》第二编"物权"第三分编"用益物权"第十章"一般规定"第 329 条:"依法取得的探矿权、采矿权、取水权和使用水域、滩涂从事养殖、捕捞的权利受法律保护。"

式无偿授予，经过30多年演变，如今形成了矿业权应当通过招标、拍卖、挂牌等竞争性方式出让为原则，以协议出让或其他方式设立矿业权为例外的出让制度。

(1)改革开放之前，国家对矿产资源勘查开采实行严格的计划管理制度。我国矿产资源勘查、开采由国家投资，国营地质勘查单位按照国家计划从事矿产资源勘查，找矿成果上缴国家。国家将矿产资源查明储量后以无偿划拨方式，由国营矿山企业开采，实行国有国营。

(2)1986年至1996年，矿业权出让实行申请批准方式无偿授予。

《矿产资源法》(1986年)第3条第3款明确规定："勘查矿产资源，必须依法登记。开采矿产资源，必须依法申请取得采矿权。……"随后，1987年颁布实施的配套法规《矿产资源勘查登记管理暂行办法》①和《全民所有制矿山企业采矿登记管理暂行办法》②，对探矿权、采矿权申请主体、申请审批程序等作出了具体规定。根据上述规定，国家对探矿权、采矿权出让实行申请批准的无偿授予制度，即使申请登记的勘查、开采范围是国家出资形成的矿产地，也不向探矿权人、采矿权人收取价款或出让收益。

(3)1996年至2005年，矿业权出让以申请批准为主，探索推进以招标、拍卖、挂牌方式出让，实行有偿取得制度。

1996年8月29日第一次修正的《矿产资源法》建立了探矿权、采矿权有偿取得制度，但探矿权、采矿权仍以申请批准方式授予。

1998年颁布实施的配套法规《矿产勘查区块登记办法》和《矿产资源开采登记办法》，扩展了矿业权出让方式，增加了招标出让方式，对出让国家出资勘查并已探明矿产地的探矿权、采矿权收取探矿权使用费价款、采矿权使用费价款。

为适应社会主义市场经济发展，培育和规范矿业权市场，2000年10月31

---

① 根据1998年2月12日国务院发布的《矿产资源勘查区块登记管理办法》(国务院令第240号)，此办法已废止。

② 根据2001年10月6日《国务院关于废止2000年底以前发布的部分行政法规的决定》(国务院令第319号)，此文件被1998年2月12日中华人民共和国国务院令第241号发布的《矿产资源开采登记管理办法》明令废止。

日国土资源部印发了《矿业权出让转让暂行规定》(国土资发〔2000〕309 号),进一步扩展了矿业权出让方式,增加了拍卖出让方式。由于文件对矿业权出让方式的适用情形没有明确规定,在执行中不具有强制执行性,各地矿业权出让方式选择具有较大的自由裁量权,存在申请批准和招标拍卖方式出让的“双轨”制。

为规范矿业权出让行为,明确矿业权出让方式的适用情形,增强政策执行刚性,《探采权招标拍卖挂牌管理办法(试行)》(国土资发〔2003〕197 号)在已有出让方式基础上,增加了挂牌出让方式,规定了招标、拍卖、挂牌出让方式的适用范围,矿产地必须以招标、拍卖、挂牌方式出让,对无须勘查即可直接开采的矿产必须以招标、拍卖、挂牌方式直接出让采矿权;同时,为更好地保护生态环境和利用资源,还对招标方式适用范围作出专门规定。

2005 年国务院印发了《关于全面整顿和规范矿产资源开发秩序的通知》①,要求全面实行探矿权、采矿权有偿取得制度,采取市场竞争方式出让探矿权、采矿权,规范矿业权市场,研究解决探矿权、采矿权取得“双轨制”问题的有效措施。

(4)2006 年至 2014 年,招拍挂方式出让矿业权范围不断扩大,增加了协议出让方式。

按照国务院工作部署,国土资源部于 2006 年 1 月 24 日公布《关于进一步规范矿业权出让管理的通知》(国土资发〔2006〕12 号),根据矿产资源自然赋存特点和以往地质工作程度,将矿产资源勘查分为高风险、低风险、无风险三类,实行不同的出让方式。对高风险类勘查以申请批准方式出让探矿权,对低风险类勘查以招拍挂等市场竞争方式出让探矿权,对无风险类勘查以招拍挂等市场竞争方式直接出让采矿权;同时,增加了矿业权协议出让方式,对应以招拍挂方式出让的,符合规定情形,经批准可以不实行招拍挂,以协议方式定向出让给投资主体。

之后,各地纷纷出台了规范矿业权出让方式管理政策,一些地方在国家政

① 该文件已于 2015 年 11 月 27 日废止。

策基础上进一步扩大了招拍挂出让范围，以招拍挂方式出让的探矿权、采矿权所占比例越来越高。

（5）从 2015 年开始，全面推进招标、拍卖、挂牌方式出让矿业权，严格限制协议方式出让。

2015 年，国土资源部印发了《矿产资源领域专项整治行动工作方案》，在全国范围内组织开展了矿产资源领域专项整治行动，并要求研究完善矿业权招标、拍卖、挂牌出让管理办法，扩大以市场竞争方式出让矿业权范围，进一步严格规范协议出让。

2015 年，中共中央、国务院印发了《生态文明体制改革总体方案》，提出要完善矿产资源有偿使用制度，建立符合市场经济要求和矿业规律的探矿权、采矿权出让方式，原则上实行市场化出让。

为充分发挥市场在矿产资源配置中的决定性作用和更好地发挥政府的作用，全面推进矿业权有偿取得制度，切实维护国家所有者权益，2017 年中共中央办公厅、国务院办公厅印发的《矿业权出让制度改革方案》，在山西、福建、江西、湖北、贵州、新疆等 6 个省（区）开展矿业权出让制度改革试点，探索全面推进矿业权竞争性出让，除协议出让等特殊情形外，对所有矿业权一律以招拍挂方式公开出让，由市场判断勘查开采风险，决定矿业权出让收益。方案明确规定，严格限制矿业权协议出让。一般不得协议出让矿业权，特殊情形通过试点不断完善。协议出让范围严格控制在国务院确定的特定勘查开采主体和批准的重点建设项目，以及大中型矿山已设采矿权深部。

2020 年 5 月 1 日的《推进矿产资源管理改革意见》①明确规定，“全面推进矿业权竞争性出让”“严格控制矿业权协议出让”。《推进矿产资源管理改革意见》被废止后，2023 年 7 月 26 日的《深化矿产资源管理改革意见》仍坚持“全面推进矿业权竞争性出让”“严格控制矿业权协议出让”的出让原则。

（6）《矿产资源法》把矿业权应当竞争性出让上升到法律高度。

《矿产资源法》（2024 年修订）吸收了原先部门规章、规范性文件中关于矿

---

① 该文件已于 2023 年 7 月 26 日废止。

业权应以竞争性方式出让为原则的规定,明确“矿业权应当通过招标、拍卖、挂牌等竞争性方式出让”。这是重大的制度创新,是对矿产资源管理方式和利用方式的根本性变革,对提高矿产资源的开发利用和保护水平具有重要意义。

2.4.2 以协议出让为特殊情形

在全面推进市场化方式设立矿业权的同时,《矿产资源法》(2024 年修订)也对招标、拍卖、挂牌出让制度作出例外规定,即“法律、行政法规或者国务院规定可以通过协议出让或者其他方式设立的除外”。

国土资源部《关于进一步规范矿业权出让管理的通知》(国土资发〔2006〕12 号)增加了矿业权协议出让方式,规定以招标拍卖挂牌方式出让探矿权采矿权有下列情形之一的,经批准允许以协议方式出让。(1)国务院批准的重点矿产资源开发项目和为国务院批准的重点建设项目提供配套资源的矿产地;(2)已设采矿权需要整合或利用原有生产系统扩大勘查开采范围的毗邻区域;(3)经省(区、市)人民政府同意,并正式行文报国土资源部批准的大型矿产资源开发项目;(4)国家出资为危机矿山寻找接替资源的找矿项目。协议出让探矿权采矿权,必须通过集体会审,从严掌握。协议出让的探矿权采矿权价款不得低于类似条件下的市场价。

《深化矿产资源管理改革意见》要求严格控制矿业权协议出让,规定:稀土、放射性矿产勘查开采项目或国务院批准的重点建设项目,自然资源主管部门可以协议方式向特定主体出让矿业权;基于矿山安全生产和矿业权设置合理性等要求,需要利用原有生产系统进一步勘查开采矿产资源(普通建筑用砂石土类矿产除外)的已设采矿权深部或上部、周边、零星分散资源,以及属同一主体相邻矿业权之间距离 300 米左右的夹缝区域,自然资源主管部门可以直接以协议方式出让探矿权或采矿权。

2.4.3 以申请审批为补充

《矿产资源法》(2024 年修订)规定了探矿采矿“直通车”制度:探矿权人在登记的勘查区域内,享有勘查有关矿产资源并依法取得采矿权的权利。探矿权人探明可供开采的矿产资源后可以在探矿权期限内申请将其探矿权转为采矿权,法律、行政法规另有规定的除外。原矿业权出让部门应当与该探矿权人签订采矿权出让合同,设立采矿权。这一规定表明,取得采矿权是探矿权人依法享有的权利内容之一。探矿权转采矿权,只需具备一个条件,即探矿权人探明了可供开采的矿产资源。只要探矿权人探明了储量,就必然能获得采矿权,不再将开采方案的审批作为设立采矿权的前置要件。

此外,《矿产资源法》(2024 年修订)同时明确了矿业权人对登记的勘查、开采区域内新发现的其他矿产资源的矿业权享有优先权。

根据上述规定可知,矿业权人有权优先取得登记的勘查、开采区域内新发现矿产资源的矿业权。值得探究的是,在矿业权人享有优先权的情况下矿业权该以什么方式进行出让呢?

《探采权招标拍卖挂牌管理办法(试行)》第 10 条[①]规定,探矿权人依法申请其勘查区块范围内的采矿权,主管部门不得以招标拍卖挂牌的方式授予。国土资源部《关于进一步规范矿业权出让管理的通知》(国土资发〔2006〕12 号)明确,“探矿权人申请其勘查区块范围内的采矿权,符合规定的,应依法予以批准,切实保护探矿权人的合法权益”。

也就是说,在探矿权人享有优先权的情况下,其勘查作业区内矿产资源的采矿权不应以招拍挂的形式予以出让,而应以“申请审批”的方式予以出让。

在司法实践中,最高人民法院于 2020 年 12 月 10 日印发的《最高人民法院第二巡回法庭暨东北三省行政审判典型案例(2015 - 2020. 06)》[②]也再次强调

---

① 参见《探矿权采矿权招标拍卖挂牌管理办法(试行)》(国土资发〔2003〕197 号)第 10 条规定:“有下列情形之一的,主管部门不得以招标拍卖挂牌的方式授予:(一)探矿权人依法申请其勘查区块范围内的采矿权;(二)符合矿产资源规划或者矿区总体规划的矿山企业的接续矿区、已设采矿权的矿区范围上下部需要统一开采的区域;(三)为国家重点基础设施建设项目提供建筑用矿产;(四)探矿权采矿权权属有争议;……”

② 参见《最高人民法院第二巡回法庭暨东北三省行政审判典型案例(2015 - 2020. 06)》“十三、天阳公司诉原黑龙江省国土资源厅、黑龙江省土地矿业权储备交易中心解除探矿权出让协议案”中“(三)典型意义”:“……本案中,天阳公司在通过招拍挂方式订立金矿探矿权出让协议时,自然资源主管部门隐瞒待出让的金矿探矿权与先前存在的油气探矿权勘探范围投影存在重叠的重大信息,违反诚实守信原则,侵犯了天阳公司的知情权。同时,自然资源主管部门未征求在先取得油气探矿权人的同意,将案涉勘探区域的金矿探矿权挂牌出让,违反有关矿业权出让的规定,侵害了在先取得探矿权人的合法权益。人民法院参照适用民事法律规范,判决自然资源主管部门退还相应的探矿权价款、赔偿损失,进一步强化了行政机关在订立、履行行政协议全过程坚守诚实守信原则的意识,既保护市场主体的合法权益,又促进了法治政府建设,有利于培育法治化营商环境。”

和明确了在探矿权有效期和保留期内,探矿权人有优先取得勘查作业区内矿产资源采矿权的权利,未经探矿权人的同意,登记管理机关不得在该勘查作业区内受理他人的矿业权申请。

梳理上述规定可知,对于探矿权人以申请审批的方式取得采矿权的相关规定较为完善,但是,目前并没有采矿权人优先获得开采区域内新发现的其他矿产资源的采矿权该以什么样的方式实现的规定。考虑到《矿产资源法》(2024年修订)于2025年7月1日方生效实施,以及我国法律法规相对会有一定滞后的特性,相信很快会有配套规定或政策出台。

专题二　矿业权出让合同纠纷

要点描述

矿业权出让合同虽然系行政协议，但其仍是出让人和受让人合意的结果，具有民事合同的合意性特征。与民事合同区别的是，行政协议的行政性优先于协议性、合法性优先于合约性，行政协议应当优先适用合法性原则。司法实践中，当出让人和受让人因履行矿业权出让合同发生纠纷时，既可以由受让人依据行政诉讼法等行政法律法规提起行政诉讼，也可以由出让人依据民事诉讼法、民法典等民事法律规定提起民事诉讼。令当事人困惑的是：在选择行政诉讼或是民事诉讼时要先考量哪些因素，如何选择最优？本专题将就前述问题展开分析。

1. 可供参考的例案

例案一

四川某矿业（集团）股份有限公司与四川省自然资源厅探矿权纠纷案

【法院】

最高人民法院

【案号】

(2020)最高法民终1061号

【当事人】

上诉人(原审原告):四川某矿业(集团)股份有限公司

被上诉人(原审被告):四川省自然资源厅(原四川省国土资源厅)

【基本案情】

2005年9月,四川某矿业(集团)股份有限公司(以下简称某矿业公司)通过公开拍卖依法取得了四川省峨边县某乡某矿普查探矿权。2008年10月,经四川省国土资源厅批准提高探矿权等级为详查,扩大了探矿权范围,并取得了T51320081002016340号探矿权证。

2012年,在某矿业公司完成《地质详查报告》《查明储量登记》《占用储量登记》后,四川省国土资源厅为某矿业公司划定了采矿权矿区范围,同时书面通知某矿业公司于2013年4月6日前办理探矿权转采矿权手续。某矿业公司在向四川省国土资源厅报件申请“探转采”过程中,从四川省峨边县住房和城乡规划建设局得知,四川省人民政府于1996年已将四川省峨边县某乡某铅锌矿所在区域设定为四川省峨边县某风景名胜区。

2017年7月,某矿业公司在参加四川省峨边县国土部门召开的会议时进一步获知,某矿业公司受让探矿权均在规划风景名胜区保护红线内。四川省国土资源厅根据《关于加强生态文明建设促进矿产资源绿色勘查开发的通知》(川国土资发〔2017〕54号),明确在风景名胜区不再设立矿业权后,退回了某矿业公司矿权保留报审文件,不再保留某矿业公司矿业权。

2017年7月27日和8月1日,四川省峨边县国土资源局、四川省峨边县某风景名胜区管理委员会分别向某矿业公司发出停工停产通知。

2017年9月5日,某矿业公司委托四川某律师事务所向四川省国土资源厅发出《律师函》,要求四川省国土资源厅尽快为某矿业公司办理采矿权证,如无法办理则赔偿相关损失。四川省国土资源厅电话答复:采矿权证无法办理,相关补偿方案需等待四川省人民政府出台相关政策,但政策出台时间不能确定。

某矿业公司认为,其对案涉铅锌矿详查工作已经完成,完全达到了办理采矿权证的条件，但由于四川省国土资源厅的原因无法取得采矿权证，某矿业公司为此提起本案民事诉讼，诉请解除《四川省峨边县某乡某铅锌矿普查探矿权拍卖出让合同书》（以下简称《探矿权出让合同》）、判令四川省国土资源厅赔偿某矿业公司直接损失4251.44万元和实际可得利益损失26,000万元。

一审法院四川省高级人民法院认为，根据《行政诉讼法》《行政诉讼法司法解释》等规定《探矿权出让合同》具有行政许可的性质，案涉协议属于行政协议，某矿业公司基于案涉协议提起解除合同并赔偿损失之诉，不属于民事诉讼的受案范围，故法院裁定不予受理某矿业公司的起诉。

某矿业公司不服提起上诉，最高人民法院于2018年4月1日作出（2018）最高法民终260号裁定，认为四川省高级人民法院依法应受理本案，裁定撤销一审裁定、指令四川省高级人民法院立案受理。

四川省高级人民法院于2019年12月2日作出（2018）川民初70号民事判决书，仍认为某矿业公司对于因探矿权或者采矿权行政许可行为产生的争议，应当依法通过行政程序或者行政诉讼程序解决，不应通过民事诉讼途径解决。遂判决驳回某矿业公司全部诉讼请求。

某矿业公司再次上诉至最高人民法院。

【案件争点】

某矿业公司基于案涉协议提起解除合同并赔偿损失之诉，是否属于民事诉讼的受案范围。

【裁判要旨】

二审法院最高人民法院认为，《物权法》在第三编“用益物权”第123条①、《民法典》在第二编“物权”第三分编“用益物权”第329条均规定，“依法取得的探矿权、采矿权、取水权和使用水域、滩涂从事养殖、捕捞的权利受法律保护”，表明探矿权属于用益物权。依照物权变动的一般规则，物权主要依民事法律行为或事实行为发生设立、变更、转让或消灭的法律效果。一审法院查明，某矿业公司取得案涉探矿权系基于2005年9月签订的《探矿权出让合同》，表明案涉

① 该条已被《民法典》第329条吸收。

探矿权系因民事法律行为设立。

根据某矿业公司起诉的内容和所提交的初步证据，四川省国土资源厅通过拍卖程序与其签订了《探矿权出让合同》。某矿业公司提交的《探矿权出让合同》第1条载明，双方系基于平等、自愿、诚实信用的原则签订案涉合同；第16条约定，因四川省国土资源厅的过失致使某矿业公司未能按期取得本合同约定的探矿权或延期取得探矿权，造成某矿业公司的经济损失，由四川省国土资源厅依法赔偿；第18条约定，合同经双方法定代表人或其委托代理人签字和盖章后生效。案涉合同当事人双方已先后履行了签字盖章手续。

依据《物权法》第46条①、第123条的规定，矿藏属于国家所有，依法取得的探矿权、采矿权等用益物权受法律保护。四川省国土资源厅就案涉矿藏的探矿权通过拍卖的方式出让，在确定中标人为某矿业公司后，其以出让人的身份与作为受让方的某矿业公司签订《探矿权出让合同》，均系其作为案涉矿藏国家所有权的代表行使权利、承担义务的表现。

虽然国土资源管理部门对案涉探矿权同时兼具行政管理者的身份，但《探矿权出让合同》系基于平等、自愿、诚实信用之原则而签订，即使相关物权登记尚未办理，依据《物权法》第15条②的规定，案涉合同的效力并不受影响。《矿业权纠纷案件司法解释》第4条第1款规定："出让人未按照出让合同的约定移交勘查作业区或者矿区、颁发矿产资源勘查许可证或者采矿许可证，受让人请求解除出让合同的，人民法院应予支持。"现某矿业公司以四川省国土资源厅出让过程中存在瑕疵为由，请求解除案涉合同并要求赔偿而提起民事诉讼，法院不予受理并无事实依据和法律依据。

针对四川省高级人民法院在(2018)川民初70号民事判决书中提到的"某矿业公司对于因探矿权或者采矿权行政许可行为产生的争议，应当依法通过行政程序或者行政诉讼程序解决，不应通过民事诉讼途径解决"的观点，最高人民法院重申"一审法院仍认定本案属于探矿权行政许可行为产生的行政争议，不应通过民事诉讼途径解决不当，本院予以纠正"，裁定撤销四川省高级人民法院

---

① 该条已被《民法典》第247条吸收。

② 该条已被《民法典》第215条吸收。

(2018)川民初70号民事判决、发回四川省高级人民法院重审。

例案二

江西某工程有限公司、泰和县自然资源局采矿权纠纷案

【法院】

江西省吉安市中级人民法院

【案号】

(2020)赣08民终1439号

【当事人】

上诉人(原审被告):江西某工程有限公司

被上诉人(原审原告):泰和县自然资源局

【基本案情】

2016年4月11日,吉安市土地开发储备交易中心受泰和县自然资源局委托,确定以挂牌方式公开出让泰和县某镇某建筑用砂岩矿采矿权。为此该中心制定并发布了《采矿权出让网上挂牌须知》及挂牌公告,明确竞买申请人必须是具有合法资格的中华人民共和国境内外企业法人。在网上竞买期间,上诉人江西某工程有限公司(以下简称某公司)将营业执照等手续借给黄某参与竞买,并出具授权委托书给案外人曾某。2016年5月30日,某公司与吉安市土地开发储备交易中心签订了《矿业权成交确认书》。2016年6月14日,双方签订《采矿权有偿出让合同》。

2019年3月25日,抚州市市场监督管理局以某公司出借营业执照给他人参与泰和县某镇某建筑砂岩矿采矿权竞拍的行为违法为由对其作出了罚款1万元的行政处罚。该行政处罚决定书已经生效并履行完毕。泰和县自然资源局也针对该问题向某公司进行了调查确认。另经查明,2019年1月19日,泰和县委办公室下发泰办发〔2019〕1号文件,组建泰和县自然资源局,将泰和县国土资源局的职责整合划入泰和县自然资源局,不再保留泰和县国土资源局。

泰和县自然资源局向法院提起诉讼,要求确认泰和县自然资源局、某公司于2016年6月14日签订的《采矿权有偿出让合同》无效。

一审法院经审理判令双方签订的《采矿权有偿出让合同》应属无效。

某公司上诉称:《行政协议案件规定》第2条第3项将"矿业权等国有自然资源使用权出让协议"明确规定为行政协议。第28条第1款规定,"2015年5月1日后订立的行政协议发生纠纷的,适用行政诉讼法及本规定"。案涉合同属于矿业权使用权出让协议,合同性质属于行政协议,不属于平等主体之间的民事纠纷,且签订时间在2016年6月14日,故本案纠纷应当适用《行政诉讼法》和《行政协议案件规定》,属于行政诉讼受案范围。一审将本案纠纷作为民事案件受理并作出确认合同无效的判决,属于案件管辖错误的情形,二审应依法驳回泰和县自然资源局的起诉。

【案件争点】

本案纠纷是否属于民事案件受理范围。

【裁判要旨】

《行政诉讼法》第2条第1款规定:"公民、法人或者其他组织认为行政机关和行政机关工作人员的行政行为侵犯其合法权益,有权依照本法向人民法院提起诉讼。"根据该规定,行政诉讼中,行政机关的诉讼地位为被告。本案系泰和县自然资源局作为原告,诉请确认案涉合同无效,而非某公司作为行政相对人起诉泰和县自然资源局作出的具体行政行为侵犯其合法权益,故本案并非行政诉讼,不适用《行政协议案件规定》。一审作为民事案件受理本案符合法律规定。

例案三

张某波与衡南县人民政府、衡南县水利局请求确认行政行为违法并返还出让金纠纷案

【法院】

湖南省高级人民法院

【案号】

(2020)湘行终801号

【当事人】

上诉人(原审原告):张某波

上诉人(原审被告):衡南县人民政府

上诉人(原审被告):衡南县水利局

【基本案情】

2013年9月16日,衡南县人民政府对衡南县水利局作出批复:原则同意《衡南县湘江河道砂石开采权有偿出让方案》。2013年9月29日,衡阳市水利局以衡水利〔2013〕134号文件,向湖南省水利厅提交《关于开展湘江衡南县河段河道砂石开采权有偿出让工作的指示》及衡南县水利局编制的《湘江衡南县段河道砂石开采权有偿出让方案》,同意上报并拟委托衡南县水利局开展湘江河道砂石开采权有偿出让工作。2013年10月23日,湖南省水利厅对衡阳市水利局作出湘水洞管〔2013〕105号《关于对〈衡阳市湘江衡南县河段河道砂石开采权有偿出让方案〉的批复》:同意你局采取公开拍卖的方式出让衡阳市湘江衡南县河道段河道、衡南县境内耒水河道砂石开采权。2013年11月9日,衡南县水利局与湖南某拍卖有限公司(以下简称拍卖公司)就衡南县湘江、耒水河道砂石开采经营权签订有偿出让委托拍卖合同。同月12日,拍卖公司发布拍卖公告并制作了《拍卖手册》《湖南省衡南县湘江河段、耒水河段河道砂石开采经营权标的简介》《报名须知》《竞买人须知》《拍卖规则》。

2013年12月1日,原告张某波向拍卖公司缴纳竞拍保证金1100万元(该款已转为出让金);同月9日,原告竞得涉案标的河道砂石开采权后向出让人缴纳出让金2620万元,并向拍卖公司缴纳拍卖佣金32万元。2014年1月10日,衡南县人民政府为出让人与受让人张某波签订《衡南县河道砂石开采经营权湘江河段第二标段出让合同书》(以下简称涉案《出让合同》),合同约定张某波如不按期足额缴纳出让金,合同自行终止;因履行本合同发生争议,由争议双方协商解决,协商不成的,提交衡阳仲裁委员会仲裁。

2016年12月8日,原告张某波与其他标段的五位受让人一起提交申请,请求衡南县委等对河道采砂后期存在的困难和实际问题进行认真研究解决。2018年4月19日，湘江第一、二，耒水第一、二、三标段河道开采经营权业主向衡南县水利局提交《请求解决衡南湘耒河道砂石开采经营权相关遗留问题的报告》，请求事项如前。衡南县水利局未作出答复。张某波不服遂提起诉讼，请求确认衡南县人民政府、衡南县水利局对涉案砂石开采经营权有偿出让行为违法并予以撤销，确认在有偿出让的行为中，衡南县人民政府与张某波签订的涉案《出让合同》无效，同时要求判令被告退还原告已支付的出让金3720万元，拍卖佣金32万元，保证金71万元，共计3823万元及其资金占用利息（按月利率2%计算，自实际付款之日起至偿还之日止）。

一审法院责令被告衡南县人民政府、衡南县水利局在本判决生效之日起60日内，对原告张某波要求退回相应的砂石开采经营出让金、拍卖佣金及保证金事宜作出处理决定；驳回原告张某波的其他诉讼请求。

各方诉讼当事人均不服一审判决提起上诉。

【案件争点】

本案是否属于行政协议案件，涉案《出让合同》是否合法有效。

【裁判要旨】

一、关于本案是不是属于行政协议案件的问题

《行政诉讼法》第12条第1款第11项规定，认为行政机关不依法履行、未按照约定履行或者违法变更、解除政府特许经营协议、土地房屋征收补偿协议等协议的属于行政案件的受理范围。行政协议是指行政机关为了实现行政管理或者公共服务目标，与相对人经过协商一致所达成的协议。该条列举的可诉行政协议并非完全列举，凡是有可能对公民、法人或者其他组织人身权、财产权等合法权益造成侵害或者不利影响的行政协议行为，均是可诉的行政行为。本案是张某波请求确认衡南县人民政府、衡南县水利局对衡南县××段河道砂石开采经营权有偿出让行为违法并予以撤销，应审查涉案《出让合同》是否具有以下本质特征：1. 主体的特殊性。缔约的一方必须是行使公权力的行政机关，或者法律、法规、规章授权组织以及其他依法接受行政机关委托实行公共事务管理权的组织。2. 目的的公益性。行政协议的目的是实现一定的行政管理目标及社会公共利益，而非满足和实现行政机关自身的特定利益。3.条件的法定性。必须是行政机关在行使行政管理职权和履行行政管理职责的范围内和过程中所为。4.内容的复合性，兼具协议性和行政性。从涉案《出让合同》的签订的目的、签订的主体和内容来看，该《出让合同》是衡南县人民政府作为有公共事务管理权的组织为了实现行政管理或者社会公共利益，在行使河道采砂管理职能的范围内和过程中与张某波等人经过公开拍卖所达成的河道砂石开采经营权有偿转让的协议，属于《行政诉讼法》第12条第1款第11项和《行政协议案件规定》第2条第3款的国有资源使用权出让行政协议。

二、关于涉案《出让合同》是否合法有效的问题

本案是行政协议案件，应当对该协议的内容是否符合法律、规章及合法有效的规章、规范性文件进行合法性审查。《行政协议案件规定》第11条第1款规定，人民法院审理行政协议案件，应当对被告订立、履行、变更、解除行政协议的行为是否具有法定职权、是否滥用职权、适用法律法规是否正确、是否遵守法定程序、是否明显不当、是否履行相应法定职责进行合法性审查。根据《湖南省河道砂石开采权有偿出让管理办法》[①]（以下简称《管理办法》）第3条、第12条的规定，河道砂石开采权有偿出让由县级以上有管辖权的水行政主管部门负责组织，应在拍卖成交当日与水行政主管部门签订河道砂石开采权有偿出让合同。本案中，衡南县水利局委托组织了涉案河道砂石的拍卖工作，衡南县人民政府虽然不具有与张某波签订涉案的河道砂石开采权有偿出让协议的职权，但并不实质影响本协议的实际履行。《管理办法》第6条规定，河道砂石开采权的出让期限为3年以内（包括3年）。湖南省水利厅（湘水洞管〔2013〕105号）《关于对〈衡阳市湘江衡南县河段河道砂石开采权有偿出让方案〉的批复》明确同意衡南县水利局确定的出让期限为5年。故涉案《出让合同》的出让年限为5年，虽然超出了《管理办法》的规定，但是经过省级水行政主管部门的批准。因此，涉案《出让合同》签订的主体虽有瑕疵，但不存在重大且明显违法的情形，不存在损害国家利益、损害社会公共利益、违反法律法规强制性规定的情形。张某

① 该文件已失效。

波提出确认涉案《出让合同》无效的上诉理由不能成立。

2. 要点分析

《行政协议案件规定》(法释〔2019〕17 号)第 2 条第 3 项明确:“公民、法人或者其他组织就下列行政协议提起行政诉讼的,人民法院应当依法受理:……(三)矿业权等国有自然资源使用权出让协议……”即矿业权出让合同是行政协议,受行政诉讼相关法律法规约束已经以最高人民法院司法解释的方式予以明确并无争议。

问题来了:最高人民法院已经明确了矿业权出让协议为行政协议,当事人就行政协议提起行政诉讼的,人民法院应当依法受理。是不是意味着当事人就矿业权出让行政协议产生纠纷,只能通过行政诉讼解决,不能提起民事诉讼适用民事法律规范解决争议维护自身权益呢?当然不是!

经大数据检索可知,司法实践中矿业权出让合同纠纷中当事人选择民事诉讼的比重要远高于行政诉讼。2017 年 1 月 1 日至 2024 年 12 月 31 日近八年的涉及矿业权纠纷的案件中,矿业权出让合同纠纷民事诉讼案件 789 件,行政诉讼案件 225 件。

为什么在最高人民法院已经明确规定矿业权出让合同为行政协议属于行政诉讼管辖范围的情况下,矿业权出让合同所涉的民事诉讼案件数量还会远超行政诉讼案件数量呢?笔者认为,首先要对矿业权出让合同的性质和特征进行详细分析,其次要根据诉讼当事人的诉讼方案及诉讼目的考虑,通过哪种诉讼程序法院支持其诉讼请求的可能性更大、能最大限度地维护自身合法权益。

2.1 矿业权出让合同的性质和特征

2.1.1 矿业权出让合同的性质

矿业权出让是登记管理机关以批准申请、招标、拍卖等方式向矿业权申请人授予矿业权的行为。《矿业权出让交易规则》(自然资规〔2023〕1 号)将矿业权出让交易定义为,“矿业权出让交易是指县级以上人民政府自然资源主管部门和新疆生产建设兵团所属自然资源主管部门(以下简称自然资源主管部门)出让矿业权的行为”。矿业权分为探矿权和采矿权,相应地,矿业权出让合同分为探矿权出让合同和采矿权出让合同。

《民法典》第 464 条规定了合同的定义,该条第 1 款规定:“合同是民事主体之间设立、变更、终止民事法律关系的协议。”单从合同的定义来看,矿业权出让合同的合同主体是作为出让人的自然资源主管部门和作为受让人的矿业权申请人这一民事主体。矿业权出让合同似乎不属于平等民事主体之间的协议,不应受民事法律规范约束调整。但是,《矿业权纠纷案件司法解释》(法释〔2020〕17 号)明确将矿业权纠纷案件(含矿业权出让合同纠纷)列入民事法律规范体系及民事诉讼管辖范围。《最高人民法院矿业权司法解释理解与适用》一书将矿业权出让合同界定为“国家作为平等主体与受让人签订的矿业权出让合同本质上属于用益物权设立行为,既是以行政许可为基础,也同时具有民事合同的性质”。①

《行政协议案件规定》第 1 条把行政协议定义为:“行政机关为了实现行政管理或者公共服务目标,与公民、法人或者其他组织协商订立的具有行政法上权利义务内容的协议,属于行政诉讼法第十二条第一款第十一项规定的行政协议。”明确矿业权出让合同是行政协议。

从上述矿业权出让、合同、行政协议的定义及相关司法解释的规定可知,矿业权出让合同同时兼有民事合同和行政协议两种特性。究其根由是矿业权本身行政许可和民事物权两种属性并存,矿业权出让同时兼有协议合意性和行政性,决定了矿业权出让合同的双重性质。在矿业权出让合同纠纷案件中,诉讼主体既可以选择民事诉讼适用民事法律规范维护权益,亦可选择行政诉讼通过行政法律体系主张权利。

---

① 最高人民法院环境资源审判庭编著:《最高人民法院矿业权司法解释理解与适用》,人民法院出版社 2018 年版,第 43 页。

2.1.2 矿业权出让合同的特征

第一,主体特殊性和法定性。

主体特殊性,是指矿业权出让合同的出让人是法律规定的矿业权出让法定主体——自然资源主管部门,受让人是符合探矿权、采矿权申请条件或者受让条件的、能独立承担民事责任的法人。主体法定性,是指自然资源主管部门应当依法行使行政管理职权、履行行政管理职责。

(1)矿业权出让合同的适格出让人应是县级以上自然资源主管部门

《深化矿产资源管理改革意见》(自然资规〔2023〕6号)规定了"实行同一矿种探矿权采矿权出让登记同级管理"的基本制度。自然资源部负责石油、烃类天然气、页岩气、天然气水合物、放射性矿产、钨、稀土、锡、锑、钼、钴、锂、钾盐、晶质石墨的矿业权出让登记;省级自然资源主管部门负责其他战略性矿产的矿业权出让登记,并落实矿产资源规划管控措施。省级及以下自然资源主管部门负责其余矿种的矿业权出让登记。

《全国矿产资源规划(2016—2020年)》将24种矿产列入战略性矿产目录,作为矿产资源宏观调控和监督管理的重点对象,具体包括石油、天然气、页岩气、煤炭、煤层气、铀6种能源矿产,铁、铬、铜、铝、金、镍、钨、锡、钼、锑、钴、锂、稀土、锆14种金属矿产,以及磷、钾盐、晶质石墨、萤石4种非金属矿产。

除部省两级自然资源主管部门负责出让管理之外的矿种矿业权出让权限,由省级自然资源主管部门确定。贵州、广西、重庆、四川、河南、山东、云南、宁夏、新疆等地纷纷出台了有关文件,都在文件中进一步明确了除中央外省级、市级、县级三级自然资源主管部门对矿业权出让管理的权限划分。

简言之,自然资源部、省自然资源厅及县级以上自然资源主管部门负责自然资源资产有偿使用和合理开发利用工作,负有矿产资源(矿业权)管理的法定职责。矿业权出让合同的出让人依法应当是县级以上自然资源主管部门。乡政府并不是适格的矿业权出让主体,其作为出让人签署的矿业权出让合同不具有合法性。

(2)矿业权出让合同的适格受让人应当是能独立承担民事责任的法人

我国法律、行政法规层面并未就矿业权受让主体的资质进行规定,也没有将自然人(个人)排除在矿业权人范围之外,只是对自然人(个人)采矿权的范围进行了限制。《矿业权出让交易规则》(自然资规〔2023〕1 号)将矿业权受让人定义为“符合探矿权、采矿权申请条件或者受让条件的、能独立承担民事责任的法人”。《矿业权出让交易规则》实施后,之前司法实务中较为常见的矿业权出让合同纠纷案件中涉及受让主体能否是自然人时法院的认定不一、类案不同判的情况应该会有所改善。

第二,合同目的的公益性。

矿业权出让合同的目的是实现国家矿产资源管理目标及社会公共利益,并非作为出让人的自然资源主管部门追求私益。自然资源主管部门依行政职权出让矿业权,和具备受让人资质的受让人签署矿业权出让合同,并非为了自然资源部门的私利,而是依法履责,为了实现矿产资源管理目标,依法依规对国家所有的矿业权进行调控管理,是为了实现社会公共利益。

第三,矿业权出让合同具有行政法上的权利义务内容。

行政法上的权利义务主要从以下三个方面判断:(1)是不是行政主体行使行政职权、履行行政职责;(2)是否为实现公共利益或者行政管理目标;(3)行政机关的优益权。就矿业权出让合同而言,作为出让人的是享有矿产资源管理法定职责的自然资源主管部门,其是法定的矿业权出让主体,其签署矿业权出让合同是履行行政职责。矿业权出让合同的目的是实现矿产资源管理目标和公共利益而非是追求私益。行政机关的优益权体现在矿业权出让合同在履行过程中,可能会出现损害国家利益、社会公共利益的情形时,自然资源主管部门可依法单方行使合同变更权或解除权。此时自然资源主管部门单方变更或解除矿业权出让合同的行为就是在行使行政机关的优益权。比如,矿业权出让合同签署后矿业权所在区域被划定为自然资源保护区、水资源保护区抑或需兴建基础设施,此时,法律允许自然资源主管部门单方变更或解除矿业权出让合同。但是,自然资源主管部门行使优益权必须符合法定的程序,否则,受让人有权提起行政诉讼要求撤销其变更或解除矿业权出让合同的行政行为,有权要求其对受让人的损失进行赔偿。需要强调的是,自然资源主管部门在行使优益权时即便合法合规,亦应当就矿业权人的直接损失予以行政补偿。

第四,矿业权出让合同的合意性。

虽然矿业权出让合同是行政协议,但也必须是出让人和受让人协商一致后的成果,约定的内容是双方真实意思表示。作为出让人的自然资源主管部门不能凌驾于受让人之上,更不能凭借自己的行政机关优势地位强加责任义务于受让人,亦不能剥夺或限制受让人应有的权利。

2.2 矿业权出让合同双方主要责权利

2.2.1 出让人的主要责权利

(1)依法依约移交勘查作业区或者矿区

出让人向受让人移交勘查作业区或者矿区是实现矿产资源管理行政目标、实现公共利益之合同目的的基础。只有出让人依法依约向受让人移交勘查作业区域或矿区,受让人才能实现获得矿业权、合法合规合约勘查开采矿产资源并获得收益的目的。

《推进矿产资源管理改革意见》①(自然资规〔2019〕7 号)首次提出:目前我国正积极推进"净矿"出让,"开展砂石土等直接出让采矿权的'净矿'出让,积极推进其他矿种的'净矿'出让"。《深化矿产资源管理改革意见》再次强调积极推进"净矿"出让,实行砂石土采矿权"净矿"出让。"净矿"出让使自然资源主管部门移交勘察作业区或矿区的责任义务相对加重。

"净矿"出让应如何认定、具体要求是什么呢? 事实上,"净矿"出让并不是一个专有的法律概念,在《推进矿产资源管理改革意见》出台之前,国家层面并未就"净矿"出让作出统一要求和规范,个别地方通过地方性规范性文件加以强调和要求。如山东省自然资源厅《关于印发〈山东省"净矿"出让工作指导意见(试行)〉的通知》(鲁自然资字〔2021〕198 号,2021 年 12 月 9 日起施行)就明确对"净矿出让"的出让条件、工作步骤、要求等进行规定。山东省自然资源厅又于 2021 年 12 月 15 日公布《〈山东省"净矿"出让工作指导意见(试行)〉解读材料》,将"净矿"出让定义为"是指采矿权出让前期的相关工作处置到位,竞得人

① 该文件已于 2023 年 7 月 26 日失效。

不受土地、地面附着物等权益制约，且按规定能够及时办理采矿登记等手续的采矿权出让行为”。

(2)进行设立矿业权登记、发放矿业权证书

《矿产资源法》(2024 年修订)首次明确实行矿业权物权登记与矿产资源勘查开采行为许可相分离的制度。在此之前，由于没有专门的矿业权物权登记制度，长期以来，勘查许可证、采矿许可证具有“一证载两权”的特点，即勘查许可证、采矿许可证既是物权证书，也是行政许可证书。出让人仅需审批办理勘查许可证、采矿许可证即可。《矿产资源法》(2024 年修订)第 22 条第 1 款规定：“设立矿业权的，应当向矿业权出让部门申请矿业权登记。符合登记条件的，矿业权出让部门应当将相关事项记载于矿业权登记簿，并向矿业权人发放矿业权证书。”这一规定也是遵循《民法典》第 329 条“依法取得的探矿权、采矿权、取水权和使用水域、滩涂从事养殖、捕捞的权利受法律保护”的规定，对矿业权物权属性的保护。这一规定同时表明，作为物权证书的矿业权证书，与作为行政许可证书的勘查许可证、采矿许可证具有完全不同的法律属性。非依法律规定，非经法定程序，矿政管理机关不得随意注销矿业权人的矿业权证书，不得随意剥夺矿业权人的物权。

(3)享有审批、颁发勘查许可证、采矿许可证的权利和义务

国家对矿产资源的勘查、开采实行许可证制度，勘查、开采矿产资源，必须依法申请登记，领取勘查许可证、采矿许可证。《矿产资源法》(2024 年修订)第 33 条第 1 款规定：“矿业权人依照本法有关规定取得矿业权后，进行矿产资源勘查、开采作业前，应当按照矿业权出让合同以及相关标准、技术规范等，分别编制勘查方案、开采方案，报原矿业权出让部门批准，取得勘查许可证、采矿许可证；未取得许可证的，不得进行勘查、开采作业。”出让人必须依法对矿业权人提交的勘查方案、开采方案等申请材料进行审查，受让人提供的申请材料符合相关法律、行政法规等要求的条件、标准的，登记管理机关应依法作出准予行政许可的书面决定，并颁发勘查许可证、采矿许可证；申请材料不符合条件、标准的，也应依法作出不予行政许可决定书送达申请人，并说明理由。

2.2.2 受让人的主要责权利

(1)支付矿业权出让收益

受让人向出让人依约支付矿业权出让收益(价款)是受让人最主要的义务和责任。我国矿业权出让经历了从无偿到有偿的演变,在该演变过程中“矿业权出让价款”也随着有偿制度的完善和深化发展成了“矿业权出让收益”。《矿产资源法》(1986 年)及配套法规规定,矿产资源属于国家所有,开采矿产资源,必须按照国家有关规定缴纳资源税和资源补偿费,并未规定应缴纳矿业权出让价款。《矿产资源法》(1996 年修正)第 5 条明确规定“国家实行探矿权、采矿权有偿取得的制度”,相应配套行政法规规定了受让国家出资勘查并已经探明矿产地的探矿权或采矿权的,受让人应支付矿业权出让价款。

2017 年 4 月 13 日国务院出台的《矿产资源权益金制度改革方案》(国发〔2017〕29 号)指明,在矿业权出让环节将探矿权采矿权价款调整为矿业权出让收益,将现行只对国家出资探明矿产地收取、反映国家投资收益的探矿权采矿权价款,调整为适用于所有国家出让矿业权、体现国家所有者权益的矿业权出让收益。以拍卖、挂牌方式出让的,竞得人报价金额为矿业权出让收益;以招标方式出让的,依据招标条件,综合择优确定竞得人,并将其报价金额确定为矿业权出让收益;以协议方式出让的,矿业权出让收益按照评估价值、类似条件的市场基准价就高确定。矿业权出让收益在出让时一次性确定,以货币资金方式支付,可以分期缴纳。

《矿业权纠纷案件司法解释》规定,受让人未按照出让合同的约定支付矿业权出让价款,出让人要求解除矿业权出让合同的,人民法院应予支持。此文件仍用的是“矿业权出让价款”的表述。《矿产资源法》(2024 年修订)第一次从法律层面对矿业权出让收益这一概念予以明确。

(2)编制勘查方案、开采方案

根据《矿产资源法》(2024 年修订)第 33 条之规定,矿业权人取得矿业权后,进行矿产资源勘查、开采作业前,应当按照矿业权出让合同以及相关标准、技术规范等,分别编制勘查方案、开采方案。勘查方案一般应包括勘查区域、勘查目标、勘查方法、技术手段、工作量、预期成果、资金预算、进度安排等内容。

开采方案应包括矿区范围、资源利用、开采顺序与方法、生态保护、矿区生态修复方案等内容。

(3)依法依约办理矿山用地、矿区建设等手续

我国实行矿业权与土地使用权分置审批机制(矿业权属与土地权属二分管理模式),受让人在依法取得矿业权后,并不必然同步取得矿区土地使用权。矿产资源的开采必须依赖于矿山建设工程的竣工投产,而实践中,由于矿山用地属于工矿建设用地,需要大量的建设用地指标,特别是涉及使用林地时,更是受到林地指标和建设用地指标的双重限制。因此,出让人和受让人签署矿业权出让合同后,受让人并不能直接勘查、开采矿产资源,而是必须要按照相关规定及政策办理矿山用地手续、矿区附属设施建设手续等。

(4)恢复矿区地质环境和生态环境

矿产资源的开发与利用不可避免地会对土质环境和生态环境带来负面影响,如土地沉陷、地貌景观改变、有毒气体排放和土壤污染等。《矿业权纠纷案件司法解释》规定受让人勘查、开采矿产资源必须达到自然资源主管部门批准的矿山地质环境保护与土地复垦方案要求,勘查开采应履行生态环境修复义务。《矿产资源法》(2024 年修订)更是从法律层面强调矿业权人应履行矿区生态修复义务,将矿区生态修复作为第四章用 6 个条文进行明确规定。显而易见生态修复义务是受让人应履行的重要义务。

(5)享有追究第三人越界或以其他方式非法勘查开采等侵权行为侵权责任的权利

矿业权出让合同兼有行政协议属性和民事合同属性,在矿业权出让合同主体适格、所签署的合同内容是双方真实意思表示且不违反法律法规强制性规定的情形下,矿业权出让合同自依法成立之日生效。矿业权出让合同生效后,即便受让人(矿业权人)尚未取得矿产资源勘查许可证或采矿许可证,依法律规定及合同约定受让人也已经取得对约定的矿区矿产资源的用益物权,此时第三人越界或以其他方式非法勘查开采矿业权出让合同约定的矿区范围之内的矿产资源,受让人依法享有要求第三人停止侵权并承担侵权责任的权利。

2.3 当事人选择提起行政诉讼抑或民事诉讼时需考量的问题

矿业权出让合同兼具民事物权属性和行政许可特性，合同主体的权利行使或救济方式涉及行政权和司法权的不同适用。出让人和受让人因履行矿业权出让合同发生纠纷，不能妥善解决纷争时，当事人选择提起行政诉讼，还是民事诉讼，将直接影响其诉求能否得到法院支持，其权益能否得到法律保护。无论是出让人还是受让人，在决定通过司法程序解决争议维护权益时，都应当全面慎重考虑，以免选错救济途径或方式而败诉使权益受损。

2.3.1 诉讼主体

诉讼主体是谁即谁决定提起诉讼，是当事人选择行政诉讼还是民事诉讼时首要考虑的问题。矿业权出让合同是行政协议的特性，注定了在行政诉讼中自然资源主管部门只能是被告，作为行政机关的出让人（自然资源主管部门）不可以原告的身份提起行政诉讼。如若自然资源主管部门认为受让人没有履行合同义务或法定义务，应当通过民事诉讼追究受让人的违约责任。而在矿业权受让人决定提起诉讼维权时，则可以根据其自身诉求及诉讼目的，有选择地决定提起行政诉讼还是民事诉讼。

简单来说，在行政诉讼中，原告一定是矿业权出让合同的受让人，自然资源主管部门只能是被告。在民事诉讼中，自然资源主管部门的诉讼地位则不受限制，既可以是原告也可以是被告。同样，矿业权受让人在民事诉讼中既可以是原告也可以是被告。

需要注意的是，矿业权出让合同的出让人是否是适格主体，其是否必然是行政诉讼的适格被告，尚需根据签署矿业权出让合同的出让人是不是法律法规明确规定的有权行政机关，或是否取得有权机关的有效授权委托来认定。若签署矿业权出让合同的出让人是法定的有权自然资源主管部门，则其是行政诉讼的适格被告主体；若签署矿业权出让合同的出让人并非有权自然资源主管部门，而是取得有权机关的法定授权委托的其他行政主体，则行政诉讼的适格被告主体可能就不是签署矿业权出让合同的出让人，而是授权委托的行政主体。司法实践中，行政诉讼的一大难点问题就是如何认定适格被告主体，需根据具体行政行为性质、事项、法律法规规定等综合审查认定。

2.3.2 诉讼案由

2021年1月1日开始试行的最高人民法院《行政案件案由暂行规定》(法发〔2020〕44号)将行政协议案件列为第二级案由,项下有11个三级案由。确定行政协议案件案由时,须将行政协议名称予以列明。当事人一并提出行政赔偿、解除协议或者继续履行协议等请求的,要在案由中一并列出。例如,起诉自然资源主管部门解除矿业权出让合同,请求赔偿损失并判令继续履行协议的案件,案由表述为“单方解除矿业权出让合同及行政赔偿、继续履行”。若受让人认为自然资源主管部门未依法履行矿业权出让合同,则可适用“不依法履行矿业权出让合同”案由;若受让人质疑矿业权出让合同的效力,则案由为“确认矿业权出让合同无效或有效”。

《民事案件案由规定》(法〔2020〕347号,2021年1月1日起施行)涉及矿业权出让合同纠纷的案由是第三部分物权纠纷“七、用益物权纠纷”项下“56.探矿权纠纷”“57.采矿权纠纷”;第四部分合同、准合同纠纷“十、合同纠纷”项下“76.确认合同效力纠纷”中“(1)确认合同有效纠纷”“(2)确认合同无效纠纷”。

由《行政案件案由暂行规定》《民事案件案由规定》所规定的上述与矿业权出让合同纠纷有关的案由可知,矿业权出让合同所涉行政诉讼和民事诉讼有着本质区别:矿业权出让合同行政协议的行政诉讼着重解决的是自然资源主管部门在履行矿业权出让合同过程中的违法与否问题,重点关注“合法性”,对自然资源主管部门违法与否进行认定。矿业权出让合同民事诉讼更关注“合约性”,解决的是合同履行过程中合同主体是否依约履行义务、是否应承担违约责任。两个诉讼程序的侧重点和适用法律规范体系均明显不同。

2.3.3 诉讼事实和理由

矿业权出让合同纠纷的起因或事由是选择行政诉讼还是民事诉讼时需要考虑的重要问题之一。矿业权出让合同主体在决定通过诉讼程序解决纷争时,第一要思考的是“我起诉的原因是什么”。

上述2.3.2对行政诉讼和民事诉讼的不同案由进行了说明。行政诉讼解决的是在矿业权出让合同签署及/或履行过程中,作为出让人的自然资源主管部门签署合同、履行合同过程中所涉的行政许可等行政行为的法律效力问题。人民法院在审理矿业权出让合同行政协议案件时,应当对出让人订立、履行、变更、解除行政协议的行为是否具有法定职权、是否滥用职权、适用法律法规是否正确、是否遵守法定程序、是否明显不当、是否履行相应法定职责进行合法性审查。而民事诉讼主要是解决矿业权出让合同有关的民事法律纠纷,不涉及行政机关行政许可及行政行为的合法性认定问题。

以受让人起诉为例,受让人在起诉前一定要弄清楚为什么要起诉,是矿业权出让合同本身因签约主体有误而无效;或自然资源主管部门单方变更/解除出让合同导致自身利益受损;还是在履行矿业权出让合同过程中,出让人未按照约定移交作业区域或矿区,未依约办理矿业权许可手续导致无法行使矿业权人的权利。若矿业权出让合同的出让人主体错误或签约程序违法,则提起行政诉讼追究自然资源主管部门的法律责任可能更容易得到人民法院支持。若仅是为了督促自然资源主管部门在履行过程中纠正违约行为、顺利履约,则提起民事诉讼或行政诉讼均可,此情形下,可视证据材料、履约事实、实际诉求等因素综合考虑后确定。

2.3.4 诉讼请求或诉讼目的

在选择提起行政诉讼还是民事诉讼时不能忽略的还有诉讼请求或诉讼目的,起诉前需要确定起诉的具体请求是什么、想要达到什么样的诉讼目的,无论是想要人民法院确认矿业权出让合同无效/有效,还是想撤销、解除矿业权出让合同,抑或继续履行矿业权出让合同,或者继续履行合同/不继续履行合同要求对方承担赔偿/补偿责任,等等。诉讼请求或诉讼目的将直接决定应选择何种诉讼方式,而选择何种诉讼方式将直接影响其诉讼请求能否得到法院支持、能否实现诉讼目的。

在最高人民法院2016年7月12日发布的十起审理矿业权民事纠纷案件典型案例之——孙某贤等三人与玄某军探矿权权属纠纷案中,孙某贤等三人委托玄某军办理铁矿勘查许可证,玄某军却将勘查许可证办至自己名下,并取得内蒙古自治区国土资源厅颁发的《矿产资源勘查许可证》。孙某贤等三人提起民事诉讼,请求确认案涉《矿产资源勘查许可证》归孙某贤等三人所有。一审法院审理支持了其诉讼请求,二审法院认为案件涉及行政机关的行政许可权,不属于民事诉讼范围,遂撤销原判驳回孙某贤等三人的起诉。最高人民法院经再审审查认为,探矿权的取得须经国土资源主管部门的许可,此种行政许可具有赋权性质,属行政机关管理职能。在探矿权须经行政许可方能设立、变更或者撤销的情况下,孙某贤等三人请求确认《矿产资源勘查许可证》归其所有,不符合法律规定的民事诉讼受案范围,二审法院裁定驳回起诉,并无不当。该案例中当事人拟通过民事诉讼解决行政许可赋权争议显属选择权利救济途径不当,其败诉也在意料之中。

上述案件中,孙某贤等三人可通过民事诉讼追究玄某军的违约责任要求其赔偿损失,也可提起行政诉讼要求撤销玄某军取得的勘查许可证,不同的诉讼请求应对应不同的诉讼程序。孙某贤等拟在民事诉讼中解决行政许可问题,其请求显然不可能得到法院支持。

根据《行政诉讼法》和《行政协议案件规定》等规定,人民法院审理行政协议行政诉讼案件时,对于原告请求撤销自然资源主管部门变更或解除矿业权出让合同行政行为的诉请,人民法院将视自然资源主管部门变更或解除行为合法与否,作出以下判决:驳回原告诉讼请求、撤销或部分撤销该行政行为并责令重新作出行政行为、确认变更或解除行政行为违法应继续履行协议、采取补救措施或赔偿损失。

若受让人提起行政诉讼主张自然资源主管部门未依法履行、未按照约定履行行政协议,人民法院可依法判决被告继续履行(并明确继续履行的具体内容)、采取补救措施(被告无法履行或者继续履行无实际意义的)、赔偿损失(可按照约定的违约金条款或者定金条款予以赔偿)。

民事诉讼中,人民法院在审理涉及矿业权出让合同纠纷的民事案件中,可适用民事法律规范和民事诉讼法相关规定,所作出的裁判结果相较于行政诉讼裁判要求更为灵活。究其根本原因是在民事法律活动中遵循"法无禁止即可为"的原则,而行政法律规范严格适用"法无规定不可为"的原则。

以受让人未按约支付矿业权出让收益引发纠纷为例来讲:从行政角度来

说,矿业权受让人逾期缴纳矿业权出让收益的应承担相应的行政处罚责任,根据《矿产勘查区块登记办法》和《矿产资源开采登记办法》的规定,不按期缴纳相关费用的,由登记管理机关责令限期缴纳,并从滞纳之日起每日加收2‰的滞纳金;逾期仍不缴纳的,由原发证机关吊销勘查、采矿许可证。此时,自然资源主管部门依法有权通过行政手段追究受让人的违约违法责任,予以行政处罚。就民事交易活动而言,若矿业权出让合同明确约定受让人逾期付款的违约责任,在矿业权受让人逾期付款的情况下,出让人有权追究其违约责任、有权解除矿业权出让合同。需要注意的是,依据《民法典》第187条"民事主体因同一行为应当承担民事责任、行政责任和刑事责任的,承担行政责任或者刑事责任不影响承担民事责任;民事主体的财产不足以支付的,优先用于承担民事责任"之规定,民事违约责任和行政处罚责任可以同时适用。

在博乐市某矿业有限责任公司(以下简称某矿业公司)与新疆维吾尔自治区自然资源厅探矿权纠纷案[案号(2019)最高法民终699号],最高人民法院(二审法院)认为,根据探矿权出让合同的约定,受让人某矿业公司应在2015年9月30日前缴清所有价款,但某矿业公司除了第一期价款外,剩余价款一直未缴清。按照合同第六条"未按约定及时缴纳价款的,……逾期仍不缴纳的,出让人有权解除本合同"及第十四条"受让人因违反矿产资源法律法规的规定和未履行完毕国家、自治区规定的有关矿产资源勘查及本合同约定的义务,出让人有权解除本合同"的约定,一审法院认定原新疆国土厅解除出让合同的条件成就,并无不当。

矿业权出让合同涉及行政许可和民事行为双重法律关系,当事人在出现纠纷时可以选择不同的权利救济方式。在选择权利救济方式时,务必要全面审视争议诱因、具体诉讼请求、诉讼目标等因素,对诉讼方案、诉讼结果进行全方位的分析研判,选择最优方式维护自身合法权益。

专题三　矿业权转让

要点描述

《民法典》物权编用益物权分编第329条明确规定探矿权、采矿权受法律保护，确定了矿业权的财产权属性。在满足一定条件下矿业权可以转让。又因矿产资源属于国家所有，我国对矿业权转让规定了严格的审批流程，矿业权转让合同需经过审批机关批准后方能作为矿业权转让变更登记依据。基于此类转让合同的特殊性，需特别关注具体的审批程序、受让人主体资格、转让形式等，厘清合同成立与生效之间的关系、合同生效前后各方的权利义务等，避免出现影响交易目的的法律风险。本专题主要就前述问题进行分析，帮助读者提高防范风险的意识，降低交易风险。

1. 可供参考的例案

例案一

任某俊、张某采矿权转让合同纠纷案

【法院】

最高人民法院

【案号】

(2016)最高法民终781号

【当事人】

上诉人(一审原告、反诉被告):任某俊

被上诉人(一审被告、反诉原告):张某

【基本案情】

金沙县某乡地质煤矿(以下简称地质煤矿)系个人独资企业,张某系原投资人,已办理采矿许可证。2012年8月15日,张某、地质煤矿与任某俊签订《转让协议》,约定将地质煤矿名下的全部资产和权益(包括但不限于采矿权、矿井、土地使用权等)以及张某持有的地质煤矿100%股权共作价1.06亿元转让给任某俊。《转让协议》还就价款支付、煤矿交付、煤矿手续的变更过户等事项进行约定。

协议签订后,任某俊支付80%的转让价款,张某依约于2012年9月上旬将交易煤矿及相关证照和资料移交给任某俊由其经营管理。另外20%余款按照协议约定,在张某将地质煤矿的营业执照、采矿许可证变更到任某俊指定的(主体)名下后10日内,任某俊一次性付清。

后经地质煤矿申请,该矿采矿权于2013年10月16日经贵州省国土资源厅批准同意向贵州某集团有限责任公司(以下简称某集团)转让(兼并重组),但于2014年4月16日经某集团同意退出。2015年1月,地质煤矿又经贵州省国土资源厅批准同意向某公司转让(兼并重组),但尚未完成兼并重组过户。任某俊作为煤矿的实际控制人直接参与某集团及某公司的兼并重组相关事宜。

2014年及2015年,地质煤矿仍然在进行兼并重组中,贵州省能源局仍然在为其办理兼并重组手续,直至2015年贵州省国土资源厅仍然批准同意该矿采矿权转让申请。2014年及2015年山东省莱芜市中级人民法院等先后对该矿的采矿权进行查封。2015年9月,任某俊以张某根本违约致使任某俊无法进行生产经营、不能实现合同目的为由,提起本诉要求解除《转让协议》、退还已付款项。

【案件争点】

1.案涉《转让协议》的性质及效力;

2. 张某是否违反《转让协议》致使任某俊的合同目的不能实现。

【裁判要旨】

最高人民法院认为:第一,关于《转让协议》的性质及效力问题地质煤矿作为个人独资企业,张某作为地质煤矿的投资人对企业财产享有所有权,有权依法将地质煤矿的全部财产转让给他人。案涉《转让协议》尽管约定的转让标的包括地质煤矿名下的全部资产和权益,但双方转让的核心财产系地质煤矿名下的采矿权,一审法院据此将本案定性为采矿权转让合同纠纷,双方当事人对此亦无异议,本院予以确认。《转让协议》系双方真实意思表示,没有违反法律、行政法规的强制性规定,自依法成立时即具有法律约束力,当事人应根据合同约定履行自己的义务,非依法律规定或者当事人约定,任何一方不得随意变更或者解除。

第二,关于张某是否违反《转让协议》致使任某俊的合同目的不能实现的问题。《转让协议》约定张某作为地质煤矿转让人的主要义务是在任某俊支付协议约定总价款的 80% 当日,由任某俊接管地质煤矿,张某向任某俊移交地质煤矿全部资产和权益、管理权、经营权等,交接财务报表、证照、公章、图纸和其他相关资料;张某负责将营业执照、采矿许可证变更到任某俊指定的(主体)名下,并将变更完毕的新的证照手续交给任某俊。办理营业执照、采矿权许可证变更登记亦是任某俊支付 20% 余款的付款条件。在张某已经将地质煤矿及其证照、三枚印章、财务手续等煤矿主要经营资料移交给任某俊的情况下,不会导致任某俊的合同目的不能实现,不能认定张某构成根本违约。

该矿采矿权曾于 2013 年 10 月 16 日经贵州省国土资源厅批准同意向某集团转让(兼并重组),但于 2014 年 4 月 16 日经某集团同意退出;2015 年 1 月 20 日地质煤矿采矿权又经贵州省国土资源厅批准同意向某公司转让(兼并重组),但未完成兼并重组过户;任某俊作为煤矿的实际控制人,直接参与或者安排地质煤矿工作人员参与地质煤矿与某集团及某公司的兼并重组相关事宜。地质煤矿未能在星海公司 2015 年 10 月被取消兼并重组主体资格前完成兼并重组并办理采矿权变更登记,责任并不在张某,而在于任某俊自身。

例案二

刘某银、印某文采矿权转让合同纠纷案

【法院】

最高人民法院

【案号】

(2019)最高法民终1979号

【当事人】

上诉人(一审原告、反诉被告):刘某银

被上诉人(一审被告、反诉原告):印某文

一审第三人:盘县某镇某煤矿

一审第三人:贵州某投资有限公司

【基本案情】

盘县某镇某煤矿(以下简称某煤矿)系个人独资企业,登记投资人为刘某银。刘某银于2003年取得该矿的营业执照,2004年取得该矿的采矿许可证。

2013年5月12日,刘某银、印某文签订《股权转让协议书》,约定印某文交付第一期转让价款800万元后,可以参加煤矿的生产经营管理,刘某银应将煤矿的所有资料和证照移交印某文;协议生效后办理煤矿相关手续的所有费用由印某文承担;合同签订后煤矿一切生产管理事务由刘某银委托印某文全权代理,煤矿生产经营中所发生的事故、债权债务由印某文承担。同日,刘某银向印某文出具一份《委托书》,授权印某文负责某煤矿的生产经营管理,其中包括"对外签署合同""与其他集团公司合作重组的谈判"等,印某文据此接管该煤矿,负责煤矿的生产经营管理。

2013年7月27日,刘某银将某煤矿营业执照、组织机构代码证、税务证、采矿许可证等证件及其他有关资料移交给印某文。

2013年8月19日,贵州某投资有限公司(以下简称某公司)、某煤矿、印某文三方签订《兼并重组协议书》,约定将某煤矿兼并重组到某公司名下,印某文

享有该煤矿兼并重组入某公司后的相关权益。因某煤矿尚登记在刘某银名下而未登记到印某文名下，刘某银、印某文于 2013 年 11 月 26 日签订《补充协议书》，由刘某银配合办理兼并重组手续，刘某银系配合印某文完成某煤矿的兼并重组，并非刘某银又将该煤矿转让给某公司，有关兼并重组的主协议由印某文与某公司签订，刘某银配合印某文完成。同日，刘某银即按煤矿兼并重组政策要求代表某煤矿与某公司另签订了一份《采矿权转让合同》作为兼并重组备案合同，该合同有刘某银签字捺印，并加盖某煤矿公章。合同载明某煤矿以合资合作的模式与某公司兼并重组。此后，某煤矿与某公司进行了兼并重组，某煤矿的采矿权人于 2013 年 12 月变更登记到某公司名下。

盘州市人民政府出具的 2018 年 11 月 8 日会议纪要显示某煤矿因刘某银与印某文所涉诉讼纠纷处于停产状态。

2015 年，刘某银以印某文未依约履行全部付款义务违约为由诉至法院请求判令解除《股权转让协议书》和《补充协议书》、归还某煤矿相关证件和资料等。印某文提出反诉要求确认其享有某煤矿 97% 的所有者权益。

法院审理期间，刘某银、印某文均确认签订合同的真实意思系将某煤矿的采矿权人变更为印某文。经一审法院委托会计师事务所对印某文经营期间某煤矿的煤炭销售收入、成本、税费等进行鉴定，双方均认可《审核鉴定报告》。

诉讼过程中，刘某银谎称某煤矿证照不慎遗失，声明作废，需重新办理某煤矿营业执照，并另行任命某煤矿管理人员，向有关部门发函或者报告，阻碍印某文继续经营管理某煤矿，刘某银此后也重新实际控制某煤矿并进行经营管理。

刘某银与印某文系在煤矿兼并重组政策出台且贵州省已执行的背景下，签署本案协议。根据相关政策规定，某煤矿不能变更登记过户到个人名下，需兼并重组到符合政策规定的煤矿兼并重组主体企业名下。因此，刘某银未能依约将其拥有的某煤矿过户给印某文。

【案件争点】

本案双方交易行为的性质及效力。

【裁判要旨】

首先，本案双方交易行为的性质属于采矿权转让。某煤矿作为个人独资企业，刘某银作为某煤矿的投资人对企业财产享有所有权，有权依法将某煤矿的全部财产转让给他人。本案双方签订协议名为股权转让协议，但由于某煤矿并非公司法人，根据案涉《股权转让协议书》《采矿权转让合同》约定的内容、某煤矿资料移交清单以及某煤矿的法律属性，双方转让的标的系某煤矿，刘某银、印某文庭审中均认可所签合同目的就是要将某煤矿采矿权转让过户给印某文，且所签合同文本也明确约定某煤矿过户变更等事宜。据此，该转让协议虽然名为股权转让，但根据当事人约定的整体内容及实际履行来看，应认定为采矿权转让协议，双方当事人对此亦无异议。

其次，关于本案双方交易行为的效力，应当认定双方的采矿权转让行为已生效。由于采矿权是特许经营权，转让采矿权应履行严格的批准程序。而按当时贵州省煤矿兼并重组政策，本案煤矿采矿权需兼并重组到具有煤矿兼并重组主体资格的企业，故转让人即刘某银不能如约将采矿权过户给印某文。故刘某银与印某文协商一致变更原合同，共同将某煤矿采矿权，报经行政审批后变更过户到某公司名下完成兼并重组，印某文在某公司因此享有相应的权益。该行为属于以向第三人交付的方式来履行双方采矿权转让合同约定的采矿权交付义务。据此，刘某银与印某文签订的案涉《股权转让协议书》及《补充协议书》依法成立并生效。

例案三

确山县某矿业开发有限公司与陈某全采矿权转让合同纠纷案

【法院】

河南省驻马店市中级人民法院

【案号】

(2015)驻民二终字第68号

【当事人】

上诉人(原审被告)：确山县某矿业开发有限公司

被上诉人(原审原告):陈某全

【基本案情】

确山县某矿业开发有限公司(以下简称某公司)于2010年4月26日取得采矿许可证,开采有效期限为2010年4月至2013年4月。由于该采矿许可证有效期限已过,需经相关部门办理采矿权的延续,在此过程中,某公司与陈某全于2014年1月15日签订《转让矿山协议》,该协议约定某公司同意将矿山采矿权转让给陈某全,转让费为360万元。公司采矿权证在办理延续过程中,某公司应积极配合陈某全办理好采矿权证,所需费用由陈某全承担,以后矿山投资及收益归陈某全所有,与某公司无关。

该合同签订后,陈某全依约向某公司付清了全部款项,某公司于2014年2月15日向省国土资源厅出具委托书协助陈某全办理采矿权证延续手续。河南省国土资源厅于2014年7月21日为确山县某公司办理了新的采矿许可证,有效期限为2014年7月至2018年3月。

采矿权的延续办理完毕后,某公司拒绝配合陈某全办理采矿权转让的相关批准、登记手续,双方发生争议,陈某全要求确认《转让矿山协议》有效,并办理采矿权转让手续。

【案件争点】

案涉《转让矿山协议》是否成立。

【裁判要旨】

二审法院认为:某公司与陈某全订立的《转让矿山协议》系双方当事人真实意思表示,订立形式符合法律规定,该合同已成立。本案《转让矿山协议》因未办理批准手续,根据《合同法》第44条①、《探矿权采矿权转让管理办法》第10条第3款及最高人民法院《关于适用〈中华人民共和国合同法〉若干问题的解释(一)》第9条②的规定,未办理审批手续的采矿权转让合同处于成立但未生效状态。

① 该条已被《民法典》第502条修改。

② 该条已被《民法典》第502条修改。

本案双方当事人在《转让矿山协议》中约定履行报批义务的条款,因该部分内容不涉及采矿权转让,不属于行政部门审查批准的范围,故虽然本案《转让矿山协议》系未生效合同,但不影响当事人设定的履行报批义务条款的效力,该协议中有关履行报批义务的条款具有法律效力。根据最高人民法院《关于适用〈中华人民共和国合同法〉若干问题的解释(二)》第 8 条[①]的规定,依照法律、行政法规的规定经批准或者登记才能生效的合同成立后,有义务办理申请批准或者申请登记等手续的一方当事人未按照法律规定或者合同约定办理申请批准或者未申请登记的,属于《合同法》第 42 条第 3 项规定的"其他违背诚实信用原则的行为",故判令案涉《转让矿山协议》成立,并由陈某全办理采矿权转让相关手续。

2. 要点分析

矿业权人依法对其矿业权享有占有、使用、收益和处分权,使矿业权具有商品属性,在满足特定条件的前提下可以采取出售、作价出资、合作勘查等方式,将矿业权进行流转。

因矿业权兼具行政许可的公法属性以及物权性质的私法属性,实务中经常出现公权与私权的冲突,从而影响矿业权转让结果。本专题主要就矿业权转让中常见的问题,如矿业权转让的认定标准、合同生效、转让的形式以及转受让双方的主要义务等进行梳理、分析。

2.1 矿业权转让制度的历史沿革

我国矿业权转让制度历经"禁止、有限度地放开、正式逐步市场化"的不同阶段。

① 该条已被《民法典》第 500 条修改、吸收。

2.1.1 禁止阶段

1950 年 12 月 22 日颁布实施的《矿业暂行条例》①第 24 条规定："探矿或采矿人，如有正当理由，不能继续探采，必须改由他人经营时应报经大行政区或省（市）主管矿业机关转报中央主管矿业机关核准，换发探矿或采矿执照；但于出让其财产时，不得以矿藏或执照，作价交易。"在此阶段严格禁止交易。

计划经济时期，矿产资源产权市场掌握在政府手中，不允许市场交易存在，探矿、采矿均由国家出资，所形成的成果上缴国家，由国家统一安排，因此，不涉及矿业权转让问题。

《矿产资源法》（1986 年）明确了国家对矿产资源享有所有权，对矿产资源进行有偿开采，探矿权与采矿权的取得必须依法通过国家行政审批登记，采矿权"不得买卖、出租，不得用作抵押"，矿业权只可通过行政许可取得，禁止转让和流转。

2.1.2 有限度地放开

《矿产资源法》（1996 年修正）确立了矿业权"有偿取得，依法转让"的法律制度。允许探矿权、采矿权在一定条件下转让。

自 1998 年 2 月 12 日起施行的《探矿权采矿权转让办法》（国务院令第 242 号）第 3 条第 2 项规定，已经取得采矿权的矿山企业，因企业合并、分立，与他人合资、合作经营，或者因企业资产出售以及有其他变更企业资产产权的情形，需要变更采矿权主体的，经依法批准，可以将采矿权转让他人采矿，将"矿产企业资产出售"作为采矿权转让的方式之一。

2.1.3 正式逐步市场化

2000 年 10 月 31 日实施的《矿业权出让转让管理暂行规定》（国土资发〔2000〕309 号）首次明确："探矿权、采矿权为财产权，统称为矿业权，适用于不动产法律法规的调整原则。""矿业权人依法对其矿业权享有占有、使用、收益和处分权。""矿业权人可以依照本办法的规定采取出售、作价出资、合作勘查或开采、上市等方式依法转让矿业权。"正式确立矿业权转让制度，同时规定了矿业

---

① 该文件已于 1987 年 1 月 3 日失效。

权转让包括出售、作价出资、合作、上市、重组改制等形式,各种形式的矿业权转让,转让双方必须向原登记发证机关提出申请,经审查批准后办理变更登记手续。上述规定对于建立适应社会主义市场经济体制下的矿业权管理制度具有重要意义。

《物权法》第 123 条[①]进一步明确了矿业权的用益物权属性,矿业权转让制度实现市场化。《民法典》第 329 条延续了《物权法》第 123 条的规定,无论是内容还是其性质均没有改变,保留了矿业权作为用益物权可以市场化的属性。《矿产资源法》(2024 年修订)同样肯定了矿业权可以依法转让的财产权属性。

2.2 矿业权转让认定标准及条件

矿业权转让,是指矿业权人将矿业权转移的行为,包括出售、作价出资、合作、上市、重组改制等。矿产资源具有稀缺性及不可再生性,为了保障矿产资源的合理开发利用,《矿产资源法》《探矿权采矿权转让办法》《矿业权出让转让管理暂行规定》等法律、行政法规及规章文件对矿业权转让进行严格限制,只有在满足法定条件时,矿业权才能转让。又因矿业权价值高,且兼具私法和公法的属性,矿业权转让经审批机关批准后生效。因此,交易行为的性质如何、交易何时生效、交易是否需要经过审批,对交易双方尤为重要。判断交易行为是否属于矿业权转让,应根据双方的真实意思表示、法律及行政法规规定以及实际履行情况进行综合判断。

2.2.1 矿业权转让应具有变更矿业权主体的真实意思表示

矿业权转让的核心内容为矿业权转移、主体变更,交易双方必须具有变更矿业权人的真实意思表示,这也是司法实践中,法院在审理矿业权转让纠纷案件中首要审查的内容。

实践中,因转让方式及合同内容各有不同,矿业权转让合同名称也是千差万别,可能为"采矿权/探矿权转让合同""合作协议""股权转让合同"等。《民法典合同编通则司法解释》第 15 条规定:"人民法院认定当事人之间的权利义

① 该条已被《民法典》第 329 条吸收。

务关系，不应当拘泥于合同使用的名称，而应当根据合同约定的内容。当事人主张的权利义务关系与根据合同内容认定的权利义务关系不一致的，人民法院应当结合缔约背景、交易目的、交易结构、履行行为以及当事人是否存在虚构交易标的等事实认定当事人之间的实际民事法律关系。”因此，法院在审理过程中并不局限于合同名称，即便名为合作协议/股权转让协议，仍需结合双方的真实意思表示认定合同性质。如双方真实意思表示是转让矿业权，并在合同中约定变更矿业权主体，则无论合同名称为何，均存在被认定为矿业权转让合同的可能。

在可供参考的例案二中，刘某银与印某文签署的合同虽名为《股权转让协议书》，但双方均认可真实意思表示为转让矿业权以及变更矿业权主体，故法院根据双方的真实意思表示及合同约定认定《股权转让协议书》实为矿业权转让合同。

在2018年版《最高人民法院矿业权司法解释理解与适用》一书的第三部分条文解读中，最高人民法院也认为：“只要所述矿业权交易需要变更矿业权主体，即可认定为矿业权转让，若矿业权交易不涉及矿业权主体的变更，则原则上不属于矿业权转让。”[①]

2.2.2 矿业权转让标的为矿业权

矿业权转让，顾名思义，转让标的应为矿业权。经过梳理大量矿业权转让纠纷案例笔者发现，实践中主要有三种约定方式：第一种是直接约定转让矿业权；第二种是约定转让矿业公司名下的全部资产、设备等；第三种是约定移交包括采矿许可证、探矿许可证等在内的所有矿山资料。

对于第一种约定，不难判断转让标的为矿业权，此种情况下，可以认定所签署的合同为矿业权转让合同。

对于第二种约定，如约定内容较为概括，仅约定转让标的为矿业公司全部资产应如何理解，是否包括矿业权？通常认为矿业公司的核心资产即为矿业

① 最高人民法院环境资源审判庭编著：《最高人民法院矿业权司法解释理解与适用》，人民法院出版社2018年版，第92页。

权,如约定转让矿业公司名下全部资产即可视为矿业权转让,如可供参考的例案一。如明确列明所转让的资产包括矿业权,笔者认为可以按照第一种约定方式,直接认定为矿业权转让性质。

对于第三种约定,如约定仅移交矿山采矿许可证、企业法人营业执照、税务登记证及组织机构代码证等有关矿山证照,并未约定转让矿业权,且矿业权主体不发生变更,则不属于矿业权转让。如湖南省高级人民法院(2020)湘民终118号民事判决书中,湖南省高级人民法院认为:石万联办矿的全部资产及股权转让的情形下,采矿权仍然属于石万联办矿,并不存在双方当事人就采矿权进行转让的情形,故认定案涉合同属于股权转让合同,而非矿业权转让合同。

需要注意的是,矿业权转让标的应为整体矿业权,不得部分转让。《矿业权出让转让暂行规定》第45条第2款明确规定:"采矿权原则上不得部分转让。"《完善矿产资源勘查开采登记管理通知》亦规定不得办理采矿权转让变更登记的情形包括"采矿权部分转让变更的"。

特殊情况下,确需部分转让矿业权的,根据《矿业权出让转让暂行规定》,必须在申请出售前向登记管理机关提出分立矿业权的申请,经批准并办理矿业权变更登记手续。对于砂石土类矿产的采矿权,根据《完善矿产资源勘查开采登记管理通知》规定不得分立。

2.2.3 矿业权受让人要求

本书专题一"矿业权出让管理　2.3 矿业权受让主体"中对矿业权的受让主体进行了分析。笔者再次强调:法律法规虽未限制自然人(个人)的矿业权主体资格,但在行政管理层面,多地关于矿业权转让办理及审批流程中,多将自然人排除在矿业权受让人主体之外。如西双版纳傣族自治州、辽宁省营口市、江西省寻乌市等地的矿业权转让审批办事指南中,均要求"探矿权申请转让变更时,变更申请人原则上应当为营利法人或者非营利法人中的事业单位法人,转让申请人为该勘查项目探矿权人",且所需的申请材料明确包括"申请人营业执照(事业单位法人证书)",并不过多限制法人的规模、性质等。

对于国务院规定实行保护性开发的特定矿种,如稀土矿等,根据自然资源部《关于进一步规范稀土矿钨矿矿业权审批管理的通知》(已失效)第6条规定:

“申请办理稀土矿探矿权、采矿权转让变更登记,以及勘查开采矿种变更为(或增列)稀土矿的,受让人(申请人)应当具有国家确定的大型稀土企业集团主体资格。”因此,若涉及特殊矿种的矿业权转让,应当根据具体规定确定受让人资格。

2.2.4 矿业权转让的形式

《探矿权采矿权转让办法》的出台为矿业权市场化转让提供了初步的市场交易规则,目前矿业权转让已经成为矿业权流转二级市场的重要形式。根据《矿业权出让转让暂行规定》第6条及第36条的规定,矿业权转让形式包括出售、作价出资、合作、上市、重组改制等,以前述方式转让矿业权,均需变更矿业权主体,因此,需依法向自然资源主管部门申请,经审批后方可办理矿业权转让变更登记手续。

应当注意,在合作勘查、合作开采经营过程中,若矿业权人只是引进他人资金、技术、管理等,矿业权不转移给合作另一方,双方通过签订合作合同约定权利义务,约定一方提供资金、一方提供矿业权,双方共享收益的,矿业权主体并不发生变更,投资方只是基于协议约定获取矿业权投资收益。因此,该类型的合作勘查协议、合作开发协议自依法成立时生效,无须办理矿业权转让审批。

需要说明的是,《矿业权出让转让暂行规定》第36条第2款规定:“矿业权的出租、抵押,按照矿业权转让的条件和程序进行管理,由原发证机关审查批准。”但出租、抵押本身不引发矿业权主体变更,又因该规定是基于行政监管的需要制定,因此,在审判实务中,并不依据上述规定认定出租、抵押属于矿业权转让。

2.2.5 矿业权转让合同为要式合同

《探矿权采矿权转让办法》第8条明确规定:“探矿权人或者采矿权人在申请转让探矿权或者采矿权时,应当向审批管理机关提交下列资料:……(二)转让人与受让人签订的转让合同……”国家对矿业权转让进行监管,矿业权转让必须签署书面合同,属于要式合同。

矿业权转让合同应包括以下主要内容:(1)矿业权转让人、受让人的名称、法定代表人、注册地址;(2)申请转让矿业权的基本情况,包括当前权属关系、许可证编号、发证机关、矿业权的地理位置坐标和面积、许可证有效期限及勘查工作程度或开采情况等；(3)转让方式和转让价格，付款方式或权益实现方式等；(4)争议解决方式；(5)违约责任；等等。

2.2.6 矿业权转让的条件

(1)探矿权转让的条件

《探矿权采矿权转让办法》第5条规定，探矿权转让应当具备下列条件："(一)自颁发勘查许可证之日起满2年，或者在勘查作业区内发现可供进一步勘查或者开采的矿产资源；(二)完成规定的最低勘查投入；(三)探矿权属无争议；(四)按照国家有关规定已经缴纳探矿权使用费、探矿权价款；(五)国务院地质矿产主管部门规定的其他条件。"以上第(三)项至第(五)项转让条件在理解上没有争议，笔者主要针对第(一)项和第(二)项涉及的探矿权的持有时间及最低勘查收入进行分析。

关于最低勘查投入的限制。《矿产资源法》(2009年修正)第6条第1款第1项①以及《探矿权采矿权转让办法》第3条第1项均规定，探矿权人在完成规定的最低勘查投入后，经依法批准，可以将探矿权转让他人。在完成最低勘查投入前禁止转让。最低勘查投入是指直接用于地质矿产勘查工作项目的最低费用，按照单个探矿权、以单位面积(平方千米)的最低投入作为单位进行核算。《矿产勘查区块登记办法》第17条第1、2款规定，"探矿权人应当自领取勘查许可证之日起，按照下列规定完成最低勘查投入：(一)第一个勘查年度，每平方公里2000元；(二)第二个勘查年度，每平方公里5000元；(三)从第三个勘查年度起，每个勘查年度每平方公里10,000元。探矿权人当年度的勘查投入高于最低勘查投入标准的，高于的部分可以计入下一个勘查年度的勘查投入。"

关于持有年限的限制。2023年5月6日自然资源部印发的《完善矿产资源勘查开采登记管理通知》(自然资规〔2023〕4号)规定，以招标、拍卖、挂牌方式取得的探矿权申请变更主体，不受持有探矿权满2年的限制。以协议方式取得的探矿权申请变更主体，应当持有探矿权满5年。母公司与全资子公司之间、

① 该条已被《矿产资源法》(2024年修订)删除。

符合勘查主体资质条件申请人之间的转让变更可不受5年限制。

经过检索可知,各地办理探矿权转让变更登记的要求,均以《探矿权采矿权转让办法》第5条规定的探矿权转让的条件为基础,结合国务院发布的有关探矿权持有年限的通知等规定作为探矿权转让的条件。以江西省寻乌市为例,其政府网站于2022年2月15日公示的《探矿权转让审批事项办事指南》载明,转让条件包括探矿权资格证明、权属无争议、持有年限等证明,同时在"申请材料"中将完成年度最低勘查投入的证明材料、探矿权价款缴纳证明材料等纳入其中,进一步在审批环节对探矿权转让进行限制。

(2)采矿权转让的条件

《探矿权采矿权转让办法》第6条规定,采矿权转让的条件包括:"(一)矿山企业投入采矿生产满1年;(二)采矿权属无争议;(三)按照国家有关规定已经缴纳采矿权使用费、采矿权价款、矿产资源补偿费和资源税;(四)国务院地质矿产主管部门规定的其他条件。国有矿山企业在申请转让采矿权前,应当征得矿山企业主管部门的同意。"若拟转让的采矿权处于抵押状态,转让前应当经过抵押权人同意。

以上仅为采矿权转让的基本条件,根据其他文件规定,采矿权转让一般还需要满足:受让人应为营利法人且2年内没有被吊销过采矿许可证,采矿权不处于抵押状态及未被有关部门通知处于立案查处、查封、扣押、冻结等状态,采矿权人履行了相关法定义务,涉及有偿处置的已按规定处置,若拟转让采矿权系通过协议方式取得,除母公司与全资子公司之间、符合开采主体资质条件申请人之间的转让外,转让人应当持有矿权不得低于5年等条件。采矿权转让还需要注意当地自然资源主管部门的相关政策,避免因不符合政策导致无法办理采矿权转让变更登记。

(3)不符合转让条件的矿业权转让合同的效力认定

目前法律及司法解释没有对不符合转让条件的矿业权转让合同的效力进行明确规定。在司法裁判中存在两种不同的观点:

观点一认为,如按倒卖矿业权牟利认定,合同应属无效。如西藏自治区高级人民法院于2014年7月28日作出的藏法民二终字第11号民事判决书中原审就认为:根据《探矿权采矿权转让办法》第5条第1、2项"转让探矿权,应当具备下列条件:(一)自颁发勘查许可证之日起满2年,或者在勘查作业区内发现可供进一步勘查或者开采的矿产资源;(二)完成规定的最低勘查投入"之规定,某工贸公司与某矿业公司均未提交证据证明涉案矿点的探矿权符合上述条件,且根据《矿产资源法》第6条第3款[①]"禁止将探矿权、采矿权倒卖牟利"及《合同法》第52条第5项[②]"有下列情形之一的,合同无效:……(五)违反法律、行政法规的强制性规定"之规定,本案所涉《探矿权转让合作合同书》和《补充协议书》因违反法律法规的规定,认定为无效。

观点二则认为,《探矿权采矿权转让办法》具有较强的行政管理色彩,不宜轻易否定合同效力。如甘肃省陇南市中级人民法院(2019)甘12民终792号民事判决书中,一审法院经审理认为:完成最低勘查投入是转让探矿权的基础条件。……没有提交探矿普查期间具体实施了哪些勘查工作及工作成果的相应证据证实对享有的探矿权进行了勘查工作的投入,也未提交为康县某金矿普查投资的财务账单证实完成了最低投入。……所以河南某公司不具备探矿权转让的法定条件,……并认定合同无效。二审法院经审理后认为:"矿产资源法及探矿权采矿权转让办法并未规定违反转让条件会导致合同无效。"新疆维吾尔自治区克孜勒苏柯尔克孜自治州中级人民法院(2020)新30民终182号民事判决书中,二审法院认为:刘某洋提出新太阳公司未完成最低勘查投入,并以2650万元高价转让探矿权违反禁止将探矿权倒卖牟利的法律规定,探矿权转让协议应属无效的主张,虽然《矿产资源法》第6条第3款[③]规定"禁止将探矿权、采矿权倒卖牟利"及《探矿权采矿权转让办法》第3条第1项规定"……探矿权人在完成规定的最低勘查投入后,经依法批准,可以将探矿权转让他人"。但上述法律、行政法规属管理性强制性规定,且并没有明确规定违反上述规定将导致合同无效,故对刘某洋的上述主张法院不予支持。

最高人民法院(2015)民一终字第177号民事判决书中,最高人民法院认

---

① 该条已被《矿产资源法》(2024年修订)删除。

② 该条已被《民法典》删除。

③ 该条已被《矿产资源法》(2024年修订)删除。

为,《探矿权采矿权转让办法》第6条有关“矿山企业投入采矿生产满1年”的规定,并非采矿权转让合同的生效要件。另外,最高人民法院在审理的(2020)最高法民申5714号、(2014年)民申字第1102号等案件中,也都认为对于案涉矿业权转让,某公司系通过拍卖取得案涉采矿权,不违反法律、司法解释的禁止性规定。故其即使不符合投入生产满1年,亦不能否认转让合同的效力,也不能作为其拒不履行报批义务的理由。

笔者倾向于第二种观点,根据《民法典》第153条第1款的规定,违反法律、行政法规的强制性规定的民事法律行为无效。但是,该强制性规定不导致该民事法律行为无效的除外。《民法典合同编通则司法解释》第16条对“该强制性规定不导致该民事法律行为无效的除外”进行解释,主要包括以下情形:其一,强制性规定虽然旨在维护社会公共秩序,但是合同的实际履行对社会公共秩序造成的影响显著轻微,认定合同无效将导致案件处理结果有失公平公正;其二,强制性规定旨在维护政府的税收、土地出让金等国家利益或者其他民事主体的合法利益而非合同当事人的民事权益,认定合同有效不会影响该规范目的的实现;其三,强制性规定旨在要求当事人一方加强风险控制、内部管理等,对方无能力或者无义务审查合同是否违反强制性规定,认定合同无效将使其承担不利后果;其四,当事人一方虽然在订立合同时违反强制性规定,但是在合同订立后其已经具备补正违反强制性规定的条件却违背诚信原则不予补正;其五,法律、司法解释规定的其他情形。

笔者之所以认可第二点观点,主要原因如下:首先,关于矿业权转让的限制条件规定比如《探矿权采矿权转让办法》虽然是行政法规,但具有较浓的行政管理色彩,依据《民法典》确定的不轻易否定合同效力的原则及《民法典合同编通则司法解释》之规定,不宜直接以不符合矿业权转让条件为由认定合同无效。其次,《矿产资源法》及《探矿权采矿权转让办法》未规定违反转让条件会导致合同无效。最后,如若将矿业权转让条件是否成就作为认定合同效力与否时的考量,有违法律初衷,不利于促进矿业权交易、搞活市场。

2.2.7 审批机关及登记机关

矿业权转让应向审批机关报批,经审批机关批准后,向登记机关申请办理变更登记。审批机关及登记机关以“谁登记,谁审批”为原则。根据《探矿权采矿权转让办法》第 4 条的规定,国务院地质矿产主管部门和省、自治区、直辖市人民政府地质矿产主管部门是探矿权、采矿权转让的审批管理机关。其中国务院地质矿产主管部门负责由其审批发证的探矿权、采矿权转让的审批;除此之外的矿业权转让审批机关为省、自治区、直辖市人民政府地质矿产主管部门。

2012 年 9 月 23 日发布的《国务院关于第六批取消和调整行政审批项目的决定》(国发〔2012〕52 号)将采矿权的转让审批由原来的“省级人民政府地质矿产主管部门”下放调整为“设区的市级、县级人民政府地质矿产主管部门”;新疆维吾尔自治区国土资源厅下发的编号为新国土资发〔2016〕249 号的《关于进一步下放采矿权审批权限的通知》将石榴子石、重晶石、方解石、冰洲石的采矿权转让的审批权下放至地、州、市国土资源主管部门,基本实现矿业权管理的四级审批制度。

2.3 未经审批前合同的效力及双方的权利义务

如前所述,矿业权转让需要经过行政机关审批,在矿业权转让交易中,是否也应按照债权行为和物权行为区分原则认定,即使未办理审批,矿业权转让合同成立即生效呢?若认定未经审批转让合同不生效,那么转让合同成立未生效的情况下,合同审批生效前合同义务该如何履行?笔者将在本部分就该等问题进行分析。

2.3.1 未经审批前的合同效力问题

《民法典》第 409 条第 1 款规定:“当事人采用合同书形式订立合同的,自当事人均签名、盖章或者按指印时合同成立。在签名、盖章或者按指印之前,当事人一方已经履行主要义务,对方接受时,该合同成立。”矿业权转让合同作为需经审批生效的特殊合同类型,并非成立即生效。

《矿业权纠纷案件司法解释》第 6 条第 1 款规定:“矿业权转让合同自依法成立之日起具有法律约束力。……”该司法解释的施行,统一了司法实践中关于矿业权转让合同经审批前合同效力争议的裁判尺度。

《矿业权纠纷案件司法解释》施行前,司法实践中,对于未经审批的矿业权转让合同效力存在争议，主要包括两种观点：成立未生效说以及生效说，但主流观点认为应属成立未生效说，如在可供参考的例案三中，二审法院仍旧认为“未办理审批手续的采矿权转让合同处于成立但未生效状态”。

《矿业权纠纷案件司法解释》施行后已达成统一观点，即采成立未生效说。新疆维吾尔自治区和田地区中级人民法院(2021)新32民终566号民事判决书中，新疆维吾尔自治区和田地区中级人民法院依据《矿业权纠纷案件司法解释》第6条的规定认为：“若仅具有实质性要件，而欠缺程序性要件，合同虽然能够得以成立，但尚未生效。……本案《土地使用权共有人协议》虽然依法已经成立，但由于至今未按照法律及行政法规的强制性规定办理批准手续，尚未发生法律效力。”

《矿产资源法》(2024年修订)第22条规定：“设立矿业权的，应当向矿业权出让部门申请矿业权登记。符合登记条件的，矿业权出让部门应当将相关事项记载于矿业权登记簿，并向矿业权人发放矿业权证书。矿业权变更、转让、抵押和消灭的，应当依法办理登记。矿业权的设立、变更、转让、抵押和消灭，经依法登记，发生效力；未经登记，不发生效力，法律另有规定的除外。矿业权登记的具体办法由国务院自然资源主管部门制定。”矿业权转让需要办理变更登记，否则不发生效力。而矿业权转让合同与矿业权转让不同，合同一经签署对合同双方即产生法律约束力，但并不导致矿业权发生变更，应根据《矿业权纠纷案件司法解释》第6条认定矿业权转让合同效力。

《矿业权纠纷案件司法解释》第7条第1款规定：“矿业权转让合同依法成立后，在不具有法定无效情形下，受让人请求转让人履行报批义务或者转让人请求受让人履行协助报批义务的，人民法院应予支持，但法律上或者事实上不具备履行条件的除外。”从该条规定可知矿业权转让合同依法成立后，即便未经批准合同约定的报批义务条款也对双方发生法律效力，合同主体应履行各自义务。

除报批义务条款不受矿业权转让申请批准与否影响效力外，矿业权转让合同关于受让人支付转让款的合同条款亦有法律效力。若矿业权转让合同约定受让人应当先支付全部或部分转让款的，转让人在办理报批手续前有权要求受让人按照约定支付转让款。笔者认为,之所以作出如此规定,一方面是基于矿业权需经行政许可方能取得的法律原则,另一方面则是因为矿业权是用益物权具有财产属性,应当鼓励市场交易。为防止交易主体不诚信或假借矿业权交易之名恶意实施有损相对方或者他人合法权益的行为(如被交易的矿业权稀缺价值较大故恶意竞争),《矿业权纠纷案件司法解释》根据审判实践作出相应规定,让不诚信违约者承担违约责任,以此维护正常的矿业权交易市场秩序、促进交易稳定。

2.3.2 双方的权利义务

(1)转让人的报批义务

《探矿权采矿权转让办法》第 8 条规定:"探矿权人或者采矿权人在申请转让探矿权或者采矿权时,应当向审批管理机关提交下列资料:……"《矿业权纠纷案件司法解释》第 7 条规定,一般情况下,履行报批义务的主体为转让人。西双版纳傣族自治州勐海县公示的《采矿权转让审批办事指南》明确将原采矿权人作为采矿权转让申请人。黑龙江省双鸭山市中级人民法院(2020)黑 05 民终 495 号民事判决书中,二审法院认为:履行报批义务是转让人齐某的法定义务,案涉双鸭山市某煤井转让协议书依法成立,不具有法定无效情形,法律上或者事实上具备履行条件,故齐某应履行《协议书》的约定,履行协助路某办理双鸭山市某煤井投资人变更报批义务。

如合同中明确约定由受让人办理报批手续,也不能免除转让人作为报批义务主体的报批义务。当然,有约从约是基本原则,在不违反法律、行政法规的强制性规定的情况下,法院在审理中应尊重双方的意思自治,受让人未及时办理报批手续所产生的法律后果应自行承担。

(2)受让人的协助报批义务

《矿业权纠纷案件司法解释》第 7 条规定:"……受让人请求转让人履行报批义务或者转让人请求受让人履行协助报批义务的,人民法院应予支持,……人民法院可以依据案件事实和受让人的请求,判决受让人代为办理报批手续,转让人应当履行协助义务,并承担由此产生的费用。"因此,受让人在要求转让人履行报批义务的同时,并不免除其自身应当履行的协助报批义务。

云南省昆明市中级人民法院(2019)云01民终920号民事判决书中,二审法院认为:本院对某公司请求某矿业履行《企业并购协议》中有关采矿权转让的报批义务的诉讼请求予以支持,某公司也应按照约定履行协助配合的义务。特殊情况下,履行报批义务的主体发生转换,转让人因客观情况无法履行报批义务的,受让人应当履行报批义务。如转让人怠于或已不具备履行报批义务的能力,在受让人有条件自己履行报批义务的情况下,为了防止合同陷入僵局,维护交易的稳定性,受让人应自行履行报批义务。如在可供参考的例案一中,张某作为矿业公司的原投资人已经将矿山相关的证照等资料以及矿山整体移交给受让人任某俊,张某已经失去对矿山的控制权,任某俊已经取得矿山的全部相关资料,自行对矿山进行经营管理,且经过实践已经具备自行履行报批义务的能力,故其要求张某履行报批义务的主张没有得到法院支持。

(3)受让人的付款义务

基于矿业权兼具价值高、转让经审批后才能发生效力的特性,转让人为了避免自身权益受损,通常要求在转让合同中约定受让人应先行支付部分或全部转让款后,转让人再履行报批义务。依法成立的合同,应受法律保护并对当事人具有法律约束力,交易双方应遵循诚实信用原则恪守合同履行自己的义务,受让人未依约履行付款义务的,构成违约,转让人有权请求受让人先行依约支付转让款。

《矿业权纠纷案件司法解释》第9条规定:"矿业权转让合同约定受让人支付全部或者部分转让款后办理报批手续,转让人在办理报批手续前请求受让人先履行付款义务的,人民法院应予支持,但受让人有确切证据证明存在转让人将同一矿业权转让给第三人、矿业权人将被兼并重组等符合民法典第五百二十七条规定情形的除外。"(《民法典》第527条是关于不安抗辩权的规定)

矿业权转让合同中约定受让人先支付全部或部分转让价款、转让人后办理矿业权转让审批申请手续的,受让人为先履行义务的当事人,应当按约先向转让人履行支付矿业权转让价款的义务。但是,若受让人有证据能够证实转让人存在下列情形之一的,可以中止履行支付转让价款的义务:(1)经营状况严重恶化;(2)转移财产、抽逃资金,以逃避债务;(3)丧失商业信誉;(4)有丧失或者可能丧失履行债务能力的其他情形。最高人民法院(2021)最高法民申314号民事判决书中,最高人民法院认为,“矿业权转让合同约定的办理报批手续并不是转让人主张受让人履行付款义务的前置条件,转让人有权依据合同约定要求受让人履行付款义务”,亦是肯定了矿业权转让合同依法成立后即产生法律拘束力,受让人应当按照约定履行支付矿业权转让价款的义务。

2.4 矿业权转让合同纠纷的常见情形

矿业权转让实务中常涉及“一矿多卖”、不符合转让条件时的矿业权转让合同的效力认定,及变相转让矿业权的合同性质及效力认定等问题。其中,本专题“2.2.6 矿业权转让的条件(3)不符合转让条件的矿业权转让合同的效力认定”已就该种纠纷案件进行了深入分析,此处不再赘述。笔者将在本部分就一矿多卖和名为承包、出租实为矿业权转让的合同性质及效力认定进行分析。

2.4.1 一矿多卖

就同一矿业权先后签订了多份矿业权转让合同的,若各合同均不存在法定无效事由,则不能当然认定合同无效。虽然矿业权转让未经审批机关批准,但矿业权转让合同自依法成立时起就已经产生法律约束力。在多份合同均具备法律效力时,必将导致合同履行的竞合。在此情形下,如何判断各个矿业权转让合同的效力位阶、确认履行顺序的认定标准,以及先行签约的受让人的损失该如何救济,是司法实践中的重点和难点。

在存在多份合法有效的矿业权转让合同的情况下,若矿业权人未按照合同签署时间顺序为最先签署矿业权转让合同的受让人申请办理矿业权转让手续,而是以签署时间在后的转让合同向自然资源主管部门申请矿业权转让并办理了变更登记手续,笔者认为,可以参照“一房多卖”的处理原则来确定合同履行的顺序,即均未经批准的,已经占有的受让人优先于其他受让人;如既未经批准,也未实际占有,先行支付矿业权转让价款的受让人请求权优先于未支付转让价款的受让人;均已经实际支付转让价款的,一般按照各买受人实际付款数额的多少及先后顺序综合进行认定;若均未实际履行合同义务,法院可综合各转让合同成立的先后等因素,公平合理地予以确定。

矿业权转让合同依法成立后未经审批前，矿业权转让人又将矿业权转让给第三人并已经完成审批、登记，此时，对于已经不能取得矿业权的受让人，有权依据《矿业权纠纷案件司法解释》第 11 条“矿业权转让合同依法成立后、自然资源主管部门批准前，矿业权人又将矿业权转让给第三人并经自然资源主管部门批准、登记，受让人请求解除转让合同、返还已付转让款及利息，并由矿业权人承担违约责任的，人民法院应予支持”的规定，主张权利维护自身合法权益。

2.4.2 名为承包、出租实为矿业权转让则合同无效

矿业权转让需要履行行政审批程序，流程较为复杂，故在实务中，矿业权人为了规避审批程序、规避税费，实施变相转让矿业权的行为，如“名为承包、出租，实为转让”的违法情形。根据《矿业权纠纷案件司法解释》第 12 条的规定，矿业权人通过租赁、承包的方式，仅收取租金、承包费，放弃矿山管理，不履行安全生产、生态环境修复等法定义务，不承担相应法律责任的，合同无效。

以矿业权承包为例，最高人民法院(2016)最高法民申 2643 号民事判决书中，最高人民法院认为：从《耒阳市大和圩乡某采石场石料开采生产加工及风化石加工碎石销售的承包协议》内容看，某采石场作为采矿权人，将采石场整体承包给某公司进行矿石的开采、生产、销售，实质就是转让采矿权。该行为违反了禁止性规定，应当依法认定为无效合同。需要注意的是，这种情况下，该合同不会按照转化为转让合同处于审批前的成立未生效状态的方式进行处理，而是直接认定为无效，原因在于合同约定事项违反了法律法规的强制性规定。由此可见，国家对于矿业权转让审批的强监管态度。

专题四　矿业公司股权转让

要点描述

实务中常出现一方当事人以双方之间签署的合同名为股权转让实为矿业权转让且未经转让行政审批为由主张合同未生效。矿业公司股权转让是否构成矿业权转让,应当结合双方的真实意思是否为转让矿业权,是否需要变更矿业权主体以及实际履行情况等因素综合判断。本专题主要对矿业公司股权转让的特征、与矿业权转让的区别、司法实务主要观点以及各地存在的不同处理方式等进行分析、梳理和总结,帮助读者准确识别矿业公司股权转让的合同风险。

1. 可供参考的例案

例案一

某集团有限公司与宗某晋及淮北某矿业有限公司、淮北某房地产开发有限责任公司、涡阳某房地产开发有限公司股权转让纠纷案

【法院】

最高人民法院

【案号】

(2015)民二终字第236号

【当事人】

上诉人(一审被告):淮北某矿业有限公司、淮北某房地产开发有限责任公司、涡阳某房地产开发有限公司

被上诉人(一审原告):某集团有限公司

被上诉人(一审原告):宗某晋

【基本案情】

2007年7月28日,淮北某矿业有限公司(以下简称某矿业公司)与某集团有限公司(以下简称某公司)签订《合作经营合同》,约定双方共同注册成立淮北某矿业有限公司(以下简称淮北某公司),某矿业公司将三处煤炭资源的探矿权转让给淮北某公司,享有淮北某公司56%的股权,某公司享有淮北某公司44%的股权。

2013年3月24日,某公司、宗某晋为甲方,某矿业公司为乙方签订《股权转让协议》。甲方共同合法持有宿州某公司和淮北某公司各44%股权(其中某公司占各40%,宗某晋占各4%)。协议主要内容:一、甲方同意将持有的两个公司各44%的股权转让给乙方,转让价款为人民币6.5亿元。……三、本协议项下全部股权转让款支付完毕后5个工作日内,甲方将持有的两个公司各44%的股权一次性转让给乙方,并协助乙方完成工商变更登记手续。四、关于两个公司资产、物品等财产的特别约定:1. 无论与两个公司拥有的骑路孙煤炭资源、张油坊煤炭资源、梁花园煤炭资源(以下简称三处煤炭资源)的探矿许可证或采矿许可证是否作废、到期或失效,乙方均无条件地履行本协议约定的所有条款。2. 与两个公司相关的各种证照、印章、权证双方共管。3. 如乙方联系第三方购买两个公司股权或两个公司名下的三处煤炭资源相关的探矿权或采矿权,股权转让款、探矿权或采矿权转让款中的70%优先用于支付本协议约定的乙方尚未支付的股权转让款,甲方须无条件配合前述权利的转让工作。协议签订后,某矿业公司未按期履行第一期付款义务。

2011年9月18日和9月30日,安徽省某科技咨询有限责任公司对三处煤炭资源井田煤炭勘探探矿权作出评估报告书,三处煤炭资源评估价值共计37.9

亿元。

2013年6月28日，某矿业（集团）有限责任公司向淮北市人民政府请示与某矿业公司共同合作开发矿产资源，2014年10月12日，政府表示一段时间内东部地区原则上不再新建煤矿项目。

因某矿业公司未按约支付股权转让款，某公司及宗某晋提起诉讼要求某矿业公司支付股权转让款及违约金。

一审法院认为：关于涉案股权转让协议的效力问题。2013年3月24日，某公司、宗某晋与某矿业公司签订的《股权转让协议》，系双方真实意思表示，且不违反法律、行政法规的禁止性规定，该协议应当认定合法有效。双方签订的股权转让协议中约定，某公司、宗某晋将合法持有宿州某公司和淮北某公司各44%的股权全部转让给某矿业公司，某矿业公司支付转让款项。因此，双方系股权转让的法律关系。

依据协议约定，2014年7月31日前，某矿业公司向某公司、宗某晋支付股权转让款人民币1亿元，但某矿业公司未履行支付义务。由于股权转让协议合法有效，故支持某公司、宗某晋的诉讼请求。某矿业公司不服一审判决，提起上诉。

【案件争点】

涉案股权转让协议的效力。

【裁判要旨】

最高人民法院认为，某公司、宗某晋与某矿业公司签订的《股权转让协议》，系双方真实意思表示，且不违反法律、行政法规的禁止性规定，一审判决认定该协议合法有效并无不当。双方在协议中约定，某公司、宗某晋将合法持有宿州某公司和淮北某公司各44%的股权全部转让给某矿业公司，某矿业公司支付转让款项。三处煤炭资源的探矿许可证和采矿许可证始终在两个目标公司名下，不存在变更、审批的问题。《股权转让协议》签订后，某矿业公司也实际控制了两个目标公司，实现了合同目的。因此，双方系股权转让的法律关系，某矿业公司主张本案系转让探矿权，因未经审批合同未生效，对该主张，本院不予支持。

例案二

上海某能源科技有限公司、北京某能源控股有限公司股权转让纠纷再审审查与审判监督案

【法院】

最高人民法院

【案号】

(2019)最高法民申 2087 号

【当事人】

再审申请人(一审原告、反诉被告,二审上诉人):上海某能源科技有限公司

被申请人(一审被告、反诉原告,二审上诉人):刘某

被申请人(一审被告、反诉原告,二审被上诉人):王某梅

被申请人(一审被告、二审被上诉人):北京某能源控股有限公司

【基本案情】

2013 年 6 月 23 日,刘某作为转让方(甲方)与受让方(乙方)上海某能源科技有限公司(以下简称某公司)签订《协议书》,确认方(丙方)为王某梅。《协议书》"鉴于"部分显示:甲方、丙方分别持有北京某能源控股有限公司(以下简称北京某控股公司)99.9%和 0.1%的股权,分别持有某石油技术有限公司(以下简称某石油技术公司)92.8%、7.2%的股权;北京某控股公司对青海某投资公司控股,与延长油矿管理局合作进行青海民和盆地(以下简称民和油田项目)油气勘探、开采并分享收益;某石油技术公司与中国石油化工股份有限公司中原油田分公司合作进行青海西宁盆地(以下简称西宁油田项目)油气勘探和开发并分享收益。协议约定:第一阶段,北京某控股公司 100%股权转让给乙方;青海某投资公司、某石油技术公司甲方持有 49%股权,乙方持有 51%股权。第二阶段,乙方以北京某控股公司的名义负责子公司的融资及上市计划,待条件具备后,北京某控股公司股份变更为甲方 49%,乙方 51%。青海某投资公司、某石油技术公司的股权 100%由北京某控股公司所有。

通过股权转让，北京某控股公司的股权结构为：甲方48.9%、乙方51%、丙方0.1%。在甲方与乙方完成100%股权转让，乙方支付全部价款并取得新的营业执照之日，甲方与乙方共同办理完成北京某控股公司的文件、证照、印章等以及项目所有资料的移交手续。转让完成后，由乙方派人担任北京某控股公司及其子公司青海某投资公司、某石油技术公司的法定代表人和总经理，全权负责公司经营管理、融资。

《协议书》签订后，2014年2月22日，刘某作为转让方(甲方)与受让方(乙方)某公司、担保方(丙方)山西某煤业集团有限公司(以下简称山西某公司)签订了《补充协议书》，约定因乙方未及时完全履行付款义务，转让回北京某控股公司49%股份给甲方(或甲方指定的第三方)。转让后的北京某控股公司的股权结构：甲方(或甲方指定的第三方)49%，乙方51%。收益按股权比例分配。乙方向甲方付款至2.58亿元后3日内，甲方负责将某投资公司的青海某投资公司(专指民和油田项目)股权收回并将青海某投资公司51%股权转让至乙方名下。届时，青海某投资公司的股权结构：甲方(或甲方指定的第三方)49%，乙方51%。同时，甲方将法定代表人、公章、财务等公司实际控制权全部转给乙方。在依本协议前款完成青海某投资公司的股权转让后，乙方将在北京某控股公司的51%股权无偿退还给甲方。

履约情况：某公司未如期支付股权转让款。2013年7月16日，北京某控股公司的股东变更为某公司和朱某，持股分别为99.9%及0.1%。2014年4月20日，北京某控股公司的股东变更为某公司和北京某矿业公司，持股分别为51%及49%。

双方均无意继续履行合同，并就协议解除等事项达成初步共识，但刘某、王某梅迟迟不返还某公司已支付的股权转让款，故某公司提起诉讼，要求解除《协议书》，并退还股权转让款。

一审法院认为：第一，根据案涉《协议书》约定，青海某投资公司与延长油矿管理局合作进行民和油田项目的油气勘探、开采并分享收益，某公司主张刘某、王某梅在签约时承诺其拥有上述项目的探矿权，某公司主张案涉《协议书》实质上为探矿权转让，缺乏事实依据，其以此为由主张案涉《协议书》违反法律、行政法规的强制性规定，损害国家和社会公共利益，亦于法无据。

第二,《协议书》中约定的股权转让款系北京某控股公司51%的股权价值,且经各方协商一致。某公司在签订《协议书》时,应已充分估计到其受让北京某控股公司股权的收益和风险,其主张北京某控股公司作价8亿元存在欺诈,缺乏事实依据。故一审法院认定《协议书》有效,但因约定解除条件已经成就,判令解除《协议书》。

【案件争点】

本案所涉《协议书》的性质及效力。

【裁判要旨】

最高人民法院认为,本案所涉《协议书》应认定为有效。《协议书》未显示刘某向某公司承诺青海某投资公司、某石油技术公司是民和油田项目、西宁油田项目的探矿权人,某公司亦未提交其他证据证明刘某曾向某公司承诺通过股权转让可以让某公司获得两个项目的探矿权。《协议书》中载明两个项目的探矿证证号,而矿产资源勘查、开采信息为公示信息,公众均可通过政府相关部门或相关网站进行查询、核对,某公司作为合同签约一方,其完全可以在签约前进行核查。《协议书》还显示:青海某投资公司享有所产石油天然气90%的收益……某石油技术公司享有88%的油气产品分成。

以上约定表明,青海某投资公司与某石油技术公司并没有项目的探矿权,均是通过与相关权利人合作的形式,对两个项目进行开发并分享收益。因此,本案所涉《协议书》中并没有相关项目探矿权、采矿权转让内容的约定,亦无其他证据证明刘某与某公司之间有转让相关项目探矿权、采矿权的意思表示。一审法院认定《协议书》合法有效正确,应予维持。

例案三

申某山、曹某杰与林某聪、周某辉等股权转让纠纷案

【法院】

最高人民法院

【案号】

（2011）民二终字第106号

【当事人】

上诉人（原审原告、反诉被告）：申某山，个体工商户。

上诉人（原审原告、反诉被告）：曹某杰，个体工商户。

上诉人（原审被告、反诉原告）：林某聪、周某辉等十一人，均为青海某公司有限公司股东。

【基本案情】

2010年6月18日，青海某公司有限公司（以下简称某公司）形成股东会决议："1.全体股东一致同意将各自的股权100%全部对外一次性转让；2.股权转让协议签订后的矿业权审批备案及工商变更登记手续，均由周某辉、周某金先生全权负责办理；3.股权转让发生的行政费用均由全体股东承担，转让费的税金及资源费由受让方承担。"该决议由周某辉等十名股东签名，林某聪加盖个人印章。

同日，某公司全体股东出具《承诺书》称，股权转让的总价款不得低于2400万元，且此价款收入必须先解决各股东的出资、柴达木综合地质大队矿权价款和办理股权、矿业权转让中发生的税费及专家、律师服务费。股权转让高于2400万元的价格部分，可由周某辉、周某金全权决定。该承诺书中周某辉等十名股东签名，林某聪加盖个人印章。

2010年12月29日，申某山、曹某杰为甲方与乙方林某聪等十一人签订了《股权及资产转让协议书》，约定乙方各当事人为某公司的全部股东，其全体股东一致同意将各股东的全部股权1012万元及其资产（包括青海省格尔木市那陵郭勒河东铁矿矿业权），共计2355万元，一并转让给甲方。

协议签订后，双方到格尔木市工商行政管理局办理股权转让、法定代表人变更的工商登记手续。其间，申某山、曹某杰按照协议约定的期限准备支付剩余转让价款时，周某金、林某聪之间因付款银行账户发生了争议，申某山、曹某杰无法按约定期限支付转让价款，导致纠纷产生。

另查明，2010年10月12日，某公司与青海省国土资源厅签订了《采矿权出让合同》，将青海省格尔木市那陵郭勒河东铁矿矿业权出让给了某公司，采矿权出让期限为12年。

一审法院认为，《股权及资产转让协议书》意思表示真实，且未违反法律法规强制性规定，合同应确认合法有效。合同签订后，申某山、曹某杰即按约定先行支付定金，并办理股权变更登记手续。

关于林某聪等股东提出《股权及资产转让协议书》中明确约定了转让股权及资产中包括青海省格尔木市那陵郭勒河东铁矿矿业权的条款，该转让协议名为股权转让协议，实为矿业权的转让，严重违反了国家矿产资源法的强制性规定，应属无效。法院认为，《股权及资产转让协议书》中虽约定了包括矿业权等资产转让的条款，但该协议的总体约定实质要件是股权转让，只是对某公司的股权进行转让，并没有转让某公司的矿业权，也无对矿业权的主体进行变更的情形和约定，该矿业权仍归属于某公司。故判决《股权及资产转让协议书》合法有效，双方应继续履行。

【案件争点】

案涉《股权及资产转让协议书》的性质和效力。

【裁判要旨】

最高人民法院认为，某公司召开股东会并形成股东会决议，决定全体股东将其全部股权一次性对外转让，股权转让协议签订后某公司的"矿业权审批备案"事宜及"资源费"由受让股权方承担，某公司通过与青海省国土资源厅签订《采矿权出让合同》，从而取得青海省格尔木市那陵郭勒河东铁矿为期12年的矿业权。因此，本案矿业权的主体是某公司而非全体股东，只有某公司才有权在符合法律规定的条件下，依法转让矿业权。

周某辉、周某全代理某公司全体股东与申某山、曹某杰签订的《股权及资产转让协议书》虽然约定转让股东股权及其资产，其中列明资产包括青海省格尔木市那陵郭勒河东铁矿矿业权，但即便全体股东转让所有股权也不能得出转让公司享有的矿业权的结论。

因此，本案《股权及资产转让协议书》所涉资产，仍属股东股权范畴，并不涉及某公司的矿业权的转让。即本案《股权及资产转让协议书》的履行不当然发生某公司矿业权转让的效力,案涉合同是股权转让合同不属于矿业权转让合同,自成立时生效。

2. 要点分析

矿业公司最重要最有价值的资产为矿业权,其次是与矿山生产建设有关的设施设备、建设工程等固定资产。若发生矿业公司股权转让,尤其是控股股东或者实际控制人所持股权的对外转让,则意味着矿业权的实际投资人(最终受益人)会发生变更。因矿业权转让需要审批且在转让溢价较高的情况下交易税费负担重,实务中出现大量将矿业公司股权转让作为矿业权转让的替代方式,即交易双方以转让矿业公司股权使受让人控制矿业公司并享有矿业权相关利益,此类情形在矿业权二级市场频繁发生。这种情况下,如何认定矿业公司股权转让的行为性质,将会对交易各方当事人产生重大影响。这是因为,如认定其性质为股权转让,则股权转让合同自依法成立时即生效且无须经过自然资源主管部门审批;若认定其性质为矿业权转让,则该合同虽依法成立具有法律约束力,但矿业权转让需要经过主管部门审批登记后方可生效。

司法实践中,一般认为,因矿业公司股权转让仅发生了股东的变更,矿业权人不会发生变化,故矿业公司股权转让的合同性质应为股权转让,而非矿业权转让。但是,我们也要注意到,部分地区自然资源主管部门要求将矿业公司股权转让按照矿业权转让进行行政管理,即在股权转让前应当办理矿业权转让审批手续,甚至是少部分地区高级人民法院出台内部指导意见等,将矿业公司的股权转让认定为以股权转让形式变相转让矿业权。

为了防范涉矿转让交易合同的履行风险,应当正确厘清股权转让与矿业权转让各自的特征及本质区别,梳理和总结司法实践中法院针对该类合同性质认定的意见以及地方上不同的行政管理要求。

2.1 矿业公司股权转让的特征及认定要件

《公司法》第 84 条规定:"有限责任公司的股东之间可以相互转让其全部或者部分股权。股东向股东以外的人转让股权的,应当将股权转让的数量、价格、支付方式和期限等事项书面通知其他股东,其他股东在同等条件下有优先购买权。……"矿业公司股权转让与一般公司股权转让并无明显特别之处,矿业公司股东可以自由转让其所持股权。其主要特征为,双方存在股权转让之合意,交易双方为矿业公司股东与受让人,转让标的为矿业公司股权,转让价格按照股权价值协商确定;等等。

2.1.1 有股权交易的真实意思表示

交易各方的真实意思表示可以通过行为意思、表示意思及效果意思等方面进行判断。首先,矿业公司股权转让交易一定是以转让股权为交易目的;其次,在合同中明确约定转让标的为股权;最后,交易合同对股权转让变更程序进行较为明确的约定。如转让合同仅约定转让股权、办理股权变更手续,而不涉及变更矿业权主体、办理矿业权变更审批手续,则能够判断其真实意思就是股权转让而非矿业权转让。司法实践中大量案例亦是据此认定转让合同性质。

如在本专题的可供参考的例案一以及最高人民法院(2021)最高法民申 4528 号民事判决书中,审理法院均认为:转让合同确定的主要权利义务均指向股权转让,虽然财产权中涉及探矿许可证、采矿许可证、矿权收益等内容,但双方并没有约定要对矿业权的权属进行变更,也没有约定需进行矿业权转让审批等义务,法院据此认定交易双方的真实意思表示就是矿业公司的股权转让。

2.1.2 转让人为矿业公司股东

股权转让合同的转让人应为矿业公司股东。矿业公司股东变更并不导致矿业权人发生变更,矿业公司仍然是矿业权主体。尽管矿业权可能作为矿业公司的主要财产,但矿业权的转让和公司股权转让并不等同,在不变更矿业权主体、不发生采矿权和探矿权权属变更的情况下,不宜一律将股权转让行为视同变相的矿业权转让行为。[①] 除转让交易双方的真实意思表示所指向对象之外，交易主体亦是认定转让合同性质的重要关注点之一。

最高人民法院(2021)最高法民申4528号民事判决书中，最高人民法院认为：涉案合同条款中并未约定将矿业权转让至受让人名下，而《股权转让协议》一方当事人某大酒店并非案涉探矿权的所有人，《股权转让协议》履行结果也并不是由李某直接享有前述探矿权，故李某关于双方当事人之间系探矿权转让合同法律关系的主张并无事实根据。

2.1.3 转让标的是矿业公司股权

股权转让中，矿业公司股东转让的标的是矿业公司股权，由股东享有；而在矿业权转让中，转让标的是矿业权，由矿山公司享有，属法人财产权。在实务中，交易对象通常为矿业公司股权或者是包括矿业权在内的矿业公司名下全部资产，但并未约定变更矿业权人、办理矿业权转让审批，且实际履行过程中也不涉及办理矿业权转让审批，能够确定其转让的标的实为矿业公司股权，而非矿业权。

在可供参考的三个例案中，法院亦是将转让标的作为认定合同性质的依据之一。另外，湖南省高级人民法院(2020)湘民终118号民事判决书中，湖南省高级人民法院认为：采矿权人是某矿，因涉案合同约定将某矿100%的股权及资产进行转让，双方真实意思表示是转让资产及股权，在某矿的全部资产及股权转让的情形下，采矿权仍然属于某矿，并不存在转让采矿权的情形。这种企业资产整体转让，是某矿出资人的变动，是某矿的经营和管理者的变更，并不意味着采矿权主体的变更。故认为涉案合同是矿业公司股权转让而非矿业权转让。

2.1.4 交易对价是股权价值

股权转让交易对价体现的是股权价值。矿业公司股权转让价格一般以股东出资金额、公司净资产、负债等财务及资产状况为基础，结合矿业公司的经营状况、未来发展前景、受让方特殊考虑因素等多种因素来确定，交易双方可以根

---

① 王松等主编：《新编版最高人民法院司法观点集成：民商事卷增补》，中国民主法制出版社2018年版，第893页。

据实际情况确定定价方式。

不同于矿业公司股权转让的交易对价为矿业公司股权价值,矿业权转让标的物为矿业权,交易对价为矿业权价值。矿业权转让价款可以通过已经支付的矿业权价款,结合矿产资源储量、已投资情况,双方协商确定转让价款。如转让国家出资勘查所形成的探矿权、采矿权的,根据《探矿权采矿权转让办法》第9条的规定,必须委托具有矿业权评估资质的专业机构对矿业权价值进行评估,并将评估结果作为矿业权转让交易价格的依据。

最高人民法院(2020)最高法民申800号民事判决书中,最高人民法院认为:郑某某转让恒某公司51%的股权,所对应的交易对价为股权价值,而非矿业权价值,故认定龙某公司应当支付剩余的股权转让价款。最高人民法院(2021)最高法民申4528号民事裁定书中,最高人民法院认为:李某签署股权转让协议是基于某公司可能将要取得的探矿权并通过对矿产资源开发利用以获得经济收益……在相当程度上解释了案涉股权转让款高达3300万元的原因。虽交易对价包括了将来可能取得的某种收益,但其本质不是矿业权的价值,故从该角度来看,股权转让合同的交易对价仍为股权价值。

部分省份明确规定对于涉及国有煤矿公司的股权转让的交易价款需要通过评估的方式确定。如内蒙古自治区人民政府办公厅《关于进一步加强国有企业矿业权合作转让管理有关事宜的通知》(内政办发〔2020〕31号)第2条规定:"涉煤国有企业开展股权合作的,必须严格执行企业国有资产交易管理制度,涉及的矿业权必须纳入评估范围,并经具有矿业权评估资格的中介机构进行评估作价。严禁他人无偿使用国有企业矿业权,严禁以股权合作方式无偿或低价转移国有企业矿业权。"

综上所述,矿业公司股权转让的交易价款是股权价值的体现,而矿业权转让价款对应的是矿业权价值的体现,矿业权转让相较于股权转让的交易对价,所需考虑的因素、程序更为复杂。

2.1.5 矿业公司股权转让合同依法成立即生效

股权转让合同是以股权转让为内容的合同,《公司法》对股权转让合同的生效时间没有明确规定。《民法典》第502条规定:"依法成立的合同,自成立时生效,……依照法律、行政法规的规定,合同应当办理批准等手续的,依照其规定。……”考虑到股权转让合同并非法律、行政法规规定应当办理批准、登记等手续而生效的合同,按照法律规定矿业公司股权转让合同应当自依法成立时生效,合同条款对交易双方具有法律约束力,双方应当严格履行合同约定。矿业公司的股权转让合同,因转让标的仍为股权而非矿业权,故矿业公司股权转让合同的效力不受自然资源主管部门批准与否影响。在本章所涉三个可供参考的例案中,法院均认为矿业公司股权转让合同依法成立即生效。

2.1.6 矿业公司股权转让交易双方主要权利义务

矿业公司股权转让交易中,对于作为转让人的矿业公司股东而言,其主要权利是获得矿业公司股权的转让对价,主要义务在于办理矿业公司股权变更登记,将其矿业公司股东的身份及相应股权变更至受让人名下。

矿业公司股权转让合同若已经明确约定由转让人负责办理股权变更登记手续,则转让人应当遵循诚实信用原则严格按照约定全面履行合同义务。即便股权转让合同中没有约定转让人应负责或主导办理矿业公司股权变更登记手续,转让人仍负有协助办理矿业公司股权变更登记的义务。江苏省徐州市中级人民法院(2021)苏03民终2130号民事判决书中,江苏省徐州市中级人民法院认为:案涉《股权转让协议》未将办理相关工商变更登记约定为合同义务,但原股东仍应履行协助办理股权变更登记的义务。

矿业公司股权受让人的合同目的是通过支付矿业公司股权转让价款获得矿业公司股权、成为矿业公司股东享有股东权益,即矿业公司股权转让交易中受让人最主要的合同义务是支付股权转让价款。

司法实践中,对于受让人明知存在可能引起股权价值变化的因素,如政策性变化、矿产资源类型等,却未就此提出异议,仍与转让人订立股权转让协议,嗣后以此为由主张合同无效并拒绝支付价款的,法院通常不予支持。原因在于,在交易双方意思表示真实且一致,也没有发生导致合同无效的法定事由的情形下,司法裁判不应轻易否定合同效力,交易双方应当依约全面履行合同义务,承担从事商事行为的风险与责任,不能以交易标的价值变化为由拒绝支付股权转让价款。如最高人民法院(2020)最高法民申800号民事裁定书以及最高人民法院(2016)最高法民终481号民事判决书中,法院均据此认定买受人应当支付股权转让价款。

2.2 矿业公司股权转让与矿业权转让的区别

通过分析矿业公司股权转让合同的法律特征,我们从以下几个方面总结矿业公司股权转让与矿业权转让的区别,以帮助读者准确识别合同性质。

2.2.1 交易标的不同

矿业公司股权转让交易标的是矿业公司股东的股权,股权是股东基于其对公司出资而对公司享有的获取分红等经济利益、参与公司经营管理的权利。矿业权转让交易标的是矿业权,矿业权是权利人在经自然资源主管部门依法批准登记的矿区范围内进行勘探或开采矿产资源并取得矿产品的权利,具有行政特许权和不动产物权的双重特征。

2.2.2 合同生效及适用的法律不同

矿业公司股权转让适用《公司法》等有关规定,除受发起人股权转让年限、竞业禁止、上市公司股权转让的特殊审批等限制外,矿业公司股东有权自由转让其所持有的股权。矿业公司股权转让合同自依法成立即生效,只需办理股权转让变更登记手续,无须由自然资源主管部门审批。矿业权转让适用《民法典》《矿产资源法》《探矿权采矿权转让办法》等法律法规,在转让方式、转让条件以及受让主体的资质条件等方面多有限制。矿业权转让合同依法成立后具有法律约束力,矿业权转让经自然资源主管部门审批、登记后方发生矿业权变更效力。

2.2.3 权利义务不同

矿业公司股权转让中,转让人的义务主要是办矿业公司股权变更登记,受让人的义务主要为支付股权转让价款。而矿业权转让中,转让人的义务主要为报批及变更矿业权人,受让人的义务除支付矿业权转让价款,还应协助履行变更登记,在转让人无法履行报批义务的情况下,受让人有权自行办理报批事宜。

2.2.4 法律后果不同

矿业公司股权转让中矿业权人未发生变化,只发生矿业公司股东或股东持股比例的变更,可能导致矿业公司股权结构变化,甚至出现矿业公司控制权的变化或者转移。而矿业权转让是以矿业权主体变更为实质表征,外观上亦需将矿业权权属变更登记至受让人名下。司法实践中,一般不以实际控制人变更作为认定变相转让矿业权的情形,原因在于矿业公司控制权的变更和转移,除可以通过股权结构调整实现外,还可以通过设定实际控制人、关联企业以及其他安排来实现,相当复杂,单纯依据股权转让比例认定规范转让合同效力,缺乏法律基础。

若股权转让合同中同时约定了矿业权转让、矿业权人变更等实质性内容,则应根据双方的真实意思表示、其他合同约定以及实际履行情况进行综合判断。

2.3 各地方对矿业公司股权转让的不同规定

虽然多数司法实践表明,并且主要观点也都认为,只要交易过程中不涉及矿业权主体的变更,即使矿业公司的原股东全部退出,矿业公司股权转让也不应认定为矿业权转让。但是,我们发现,部分地区自然资源主管部门对矿业公司股权转让要求按照矿业权转让实施行政管理,即在股权转让前应当办理矿业权转让审批手续,甚至是部分地区高级人民法院出台指导意见等司法文件,将矿业公司的股权转让认定为以股权转让形式变相转让矿业权。这点应该引起我们的注意。为此,我们特别梳理了部分地方行政机关或司法机关将矿业公司股权转让认定为矿业权转让的规定,以便于交易双方全面了解交易地区相关规定,减少交易成本、降低交易风险。

有必要说明的是,自然资源部 2019 年 12 月 17 日发布的《矿产资源法(修订草案)》(征求意见稿)中第 29 条第 2 款规定:“矿业权人以股权转让等形式变更矿业权实际控制人的,视为矿业权转让,应当办理登记手续。”但在 2024 年 11 月 8 日公布的《矿产资源法》(2024 年修订)中删除了该条款。由此我们不难发现,国家对于将矿业公司股权转让认定为矿业权转让仍持谨慎态度。

2.3.1 河北省、黑龙江省高级人民法院的规定

河北省高级人民法院《关于审理矿业权纠纷案件若干问题的指导意见》第

7 条规定:“当事人签订的股份转让、合伙份额转让合同中约定了转让全部或绝大部分股份、合伙份额,明确了涉及矿业公司财产及相关权证的移交,在实际经营中原来的探矿权人、采矿权人已经完全退出了矿山的经营管理,由新的经营者进行管理,诉至法院后争议的主要标的系矿业公司及相关权证的归属、投资及收益等,在审理中能够认定实际是变相转让探矿权、采矿权的合同,应认定为无效。”该司法文件以股权转让协议中的具体约定来判断是否构成变相转让矿业权,包括三点:一是合同约定转让标的为全部或绝大部分股权;二是包括矿业权相关证照的移交;三是由新的经营者进行经营管理。河北省邯郸市中级人民法院(2021)冀 04 民终 5656 号民事判决书中,法院认为“案涉‘股权转让协议’所约定的内容表明,双方的真实意思并不是约定转让股权,而是约定石墨矿采矿权和经营权,并将石墨矿整体移交给对方,由对方直接控制石墨矿。所以案涉‘股权转让协议’应为采矿权转让合同”。

黑龙江省高级人民法院《关于处理涉煤矿纠纷案件若干问题的指导意见》第 5 条也作出了类似规定:“煤矿企业的投资人将其全部或者部分股权转让他人,使他人取得煤矿企业控制权,未经采矿权审批部门审批,即由受让人组织开采,可以认定为以股权转让形式变相转让采矿权。”相较于河北省高级人民法院的指导意见而言,黑龙江省高级人民法院的指导意见适用范围仅限于煤矿,对于涉煤矿的股权转让是否属于变相转让矿业权的条件也较为宽松,不要求相关证照的移交。

河北省高级人民法院和黑龙江省高级人民法院的指导意见与主流观点及股权转让、矿业权转让的法律特征等规定均不一致,与最高人民法院的裁判思路也有所不同,具有较强的地域性,不具有普遍的适用性。经检索其他省份规定,有相当比例的案件仍是从交易双方的真实意思表示、签约主体、是否约定变更矿业权主体等方面进行审查、认定,而不以矿业公司的实控人是否发生变更、采矿权人是否退出对矿业公司的管理等方面确定合同性质及效力。

2.3.2 安徽、山东等地方主管部门的规定

安徽、山东等地出台文件规定,矿业公司股权转让的,应当认定为矿业权转让,必须按照矿业权转让程序办理。

安徽省国土资源厅《关于进一步完善矿业权管理有关问题的通知》明确矿业公司投资主体(控股人)发生变化的、国有矿业公司改制的,应依法申请矿业权转让,并报经原登记机关批准办理转让审批手续。山东省国土资源厅《关于转发〈国土资源部关于进一步完善采矿权登记管理有关问题的通知〉的通知》(鲁国土资字〔2011〕508 号)第 2 条规定,只要采矿权人的股东、股比发生变化,均属采矿权转让行为,必须办理采矿权转让手续。

除安徽、山东外,西藏和青海也出台了相关文件。西藏自治区人民政府《关于进一步规范矿产资源勘查开发管理的意见》(藏政发〔2009〕69 号,已失效)规定“持有矿业权的企业申请办理股权变更登记的,须凭国土资源管理部门出具的矿业权转让批复文件到工商行政管理部门办理”。青海省人民政府办公厅《关于印发青海省矿业权转让管理办法的通知》(青政办〔2007〕132 号)规定矿业权人股东发生变化需经过审批或备案。需要说明的是,前述西藏发布的文件已经失效,青海省发布的文件虽未失效,但青海省人民政府于 2014 年 12 月 16 日发布《青海省人民政府〈决定取消和调整的行政审批等事项目录〉》(省政府令〔第 104 号〕)明确取消了青政办〔2007〕132 号文件中“矿业权公司企业法人未发生变化,原控股股东发生变化按矿权转让审批”的规定。

总之,在涉及矿业公司股权转让争议时,应从合同双方的真实意图、合同履行情况、发生争议的原因背景等多方面进行分析,准确判断是股权转让争议还是矿业权转让争议。对于部分当事人因政策或市场环境变化,试图通过诉讼转移风险、有违诚信的行为,法院应按照前述原则全面审慎认定合同性质及效力。为避免矿业公司股权转让交易因政策或法律问题受阻,交易双方应在合同签订前充分了解相关法律法规和地方政策,特别是涉及矿业权管理的特殊规定。同时,应在合同中明确约定双方的权利义务,并对可能影响股权变更登记的政策风险作出合理安排,以确保交易目的的顺利实现。

专题五　矿业权租赁、承包

要点描述

矿业权租赁、承包是常见的矿业权流转方式。但是，司法实务中对于矿业权租赁、承包合同的性质及效力认定多有争议。矿业权租赁、承包与转让、合作勘探开采、劳务承包、托管等矿业权流转方式之间的区分也是实务中的疑难点问题。本专题将结合实务案例以及相关法律法规规定，针对相关问题进行分析。

1. 可供参考的例案

例案一

李某与四川省宝兴县某大理石矿采矿权纠纷案

【法院】

四川省高级人民法院

【案号】

(2014)川民终字第833号

【当事人】

上诉人(原审被告):李某

被上诉人(原审原告):四川省宝兴县某大理石矿

【基本案情】

四川省宝兴县某大理石矿(以下简称宝兴某矿)是一家联营企业,取得雅安市国土资源局颁发的《采矿许可证》,有效期限自 2010 年 12 月 22 日至 2019 年 12 月 22 日。经营范围为:大理石荒料开采、销售;大理石板材加工、销售。

2009 年 1 月 20 日,宝兴某矿作为甲方与作为乙方的李某签订《承诺书》,约定宝兴某矿将其享有的部分矿权交李某开采,合作期间,宝兴某矿负责办理矿山所需的一切手续,并承担费用;李某负责协助宝兴某矿整理办理矿山所需的资料和文件。该《承诺书》签订后,李某即按照约定到矿点开采,并进行前期投资。

2009 年 9 月 22 日,宝兴某矿股东召开股东会议,并形成《会议纪要》,根据该《会议纪要》,宝兴某矿作为甲方与作为乙方的李某签订《修正〈2009 年 3 月 1 日承诺书〉的协议书》(以下简称《协议书》),约定:(一)甲方应具备有效的采矿许可证及相关的法律规定的证照,保证在法律规定和允许的情况下的一切合法采矿手续(以后凡属国家规定新增的合法手续,均由甲方自行完善、具备,产生的费用由甲方承担);(二)甲方提供采矿现场;(三)甲方应配合乙方办理生产、营销所需的法律法规规定的相关手续;(四)甲方提供矿山的现有电力设施、公路、炸药库房等基础设施,乙方承担使用的保养费用;(五)乙方按照国家法律、政策和采矿的相关规定进行生产、营销;(六)乙方自行组织生产、营销的人员,承担工资费用,照章纳税;(七)乙方承担生产、营销的经济风险,享有责、权、利;(八)乙方有权处理在矿山的荒料、毛料、片石,收入由乙方所有;(九)乙方保证上交给甲方税后利润,前三年每年交纳人民币 80 万元,以后每年 100 万元;(十)乙方与其他社会关系合作开发,所有生产的利益及风险与甲方无关;(十一)乙方如需要建设新平台采矿,乙方承担每年 80 万元,涉及新增林地、公路产生的费用,均由乙方承担,合作期满后归甲方所有;……(十五)乙方拥有生产经营的自主权,甲方不得以任何方式干涉乙方的自主权,乙方自行承担生产和经营人员工资、福利、保险、医疗、劳保等责任。

2011 年 11 月 13 日，宝兴某矿向李某出具加盖其公章的《委托书》，载明：兹根据《修正〈2009 年 3 月 1 日承诺书〉的协议书》的协议精神，特委托李某女士负责宝兴某矿与她合作开采矿山范围内的生产、安全、销售等经营管理活动。委托时间为与李某合作协议时间一致，具体为2009 年3 月1 日至2019 年3 月1 日，随协议终止而终止。

法院另查明，李某经营管理《协议书》约定的矿点期间，使用的工作人员除杨某全外，均为宝兴某矿原经营管理过程中的人员；李某向宝兴县安监局申请复工，向宝兴县国土资源局申请办理《矿产品准运证》的行为，均以宝兴某矿名义实施。相关行政机关在该期间，也均以向宝兴某矿发出文件的形式行使对矿山的行政管理职权。

【案件争点】

宝兴某矿与李某签订的《协议书》的性质和效力问题。

【裁判要旨】

二审法院认为，双方签订《协议书》的性质为采矿权承包合同，而非采矿权转让合同。从《协议书》的内容来看，李某向宝兴某矿支付固定数额的费用，李某自行组织生产、营销的人员，承担工资费用，照章纳税。李某享有生产经营的自主权。这些均符合承包合同的特点，而不具有采矿权转让的特点。采矿权转让是将采矿权所有的全部权益进行转让，并且要变更采矿权主体。而本案中《协议书》首先明确约定，宝兴某矿具备有效的采矿许可证及相关的法律规定的证照，保证在法律规定和允许的情况下的一切合法采矿手续，由宝兴某矿提供采矿现场和电力设施、公路、炸药库房等基础设施，采矿权的主体不发生任何变化。在实际履行过程中，对外关系上均是以宝兴某矿的名义。虽然《协议书》约定李某的经营期限为 10 年与宝兴某矿现有的采矿许可期限大约一致，但依照相关法律法规规定，宝兴某矿在期满后可申请续期。因此，《协议书》只是合同双方当事人之间权利义务关系的内部约定，不以转让采矿权为合同目的。原判认定为转让性质不当，本院予以纠正。

《协议书》系双方当事人的真实意思表示，不违反法律、行政法规的强制性规定,应为有效。宝兴某矿根据《探矿权采矿权转让办法》第3条第1款第2项规定,“已经取得采矿权的矿山企业,因企业合并、分立,与他人合资、合作经营,或者因企业资产出售以及有其他变更企业资产产权的情形,需要变更采矿权主体的,经依法批准,可以将采矿权转让他人采矿”;第15条“违反本办法第三条第(二)项的规定,以承包等方式擅自将采矿权转给他人进行采矿的,由县级以上人民政府负责地质矿产管理工作的部门按照国务院地质矿产主管部门规定的权限,责令改正,没收违法所得,处10万元以下的罚款;情节严重的,由原发证机关吊销采矿许可证”的规定,主张《协议书》无效的理由不能成立。理由为:最高人民法院《关于适用〈中华人民共和国合同法〉若干问题的解释(二)》①第14条规定,人民法院确认因“违反法律、行政法规的强制性规定”而无效的,只限于效力性强制性规定,而从《探矿权采矿权转让办法》第15条的规定来看,其法律后果是承担行政处罚责任,不属于效力性强制性规定。故宝兴某矿主张《协议书》无效缺乏法律依据。原判认定《协议书》无效不当,本院予以纠正。由于宝兴某矿主张《协议书》无效的理由不能成立,基于无效要求李某立即停止在宝兴某矿的生产并退场,将矿山及相关设备设施交付宝兴某矿的诉讼请求,本院不予支持。李某主张驳回宝兴某矿诉讼请求的上诉请求,本院予以支持。

例案二

李某进与杨某虹、罗某斌、何某兴合同纠纷案

【法院】

陕西省安康市中级人民法院

【案号】

(2016)陕09民终817号

① 该文件已于2021年1月1日废止。

【当事人】

上诉人(原审被告):李某进

被上诉人(原审原告):杨某虹

原审被告:罗某斌

原审被告:何某兴

【基本案情】

2011年7月9日,乙方杨某虹以紫阳县某沙石厂名义与甲方富平县某采石厂签订《合同书》,富平县某采石厂将自有山场转租给乙方。合同约定租赁费按照销售量乘以2.5元/立方米计算,租赁期为10年。合同签章处有甲方富平县某采石厂签章及法定代表人杨某喜签名,乙方仅有杨某虹个人签章。合同签订后,杨某虹陆续出资建厂,并开始经营。2014年7月20日,杨某虹与何某兴、罗某斌签订《承包合同》,将其承租的富平县某采石厂连同机械设备承包给何某兴、罗某斌,合同约定乙方(何某兴、罗某斌)每月支付给甲方(杨某虹)承包费160,000元。同时乙方还需履行甲方与山主杨某喜(富平县某采石厂)签订的承包合同的费用。富平县某采石厂法定代表人在合同上签名。同年7月24日,何某兴、罗某斌与李某进签订了《生产合作协议》,协议约定三方共同承租富平县某采石厂生产及销售,共同承担风险,共同分享利益。2014年12月3日,富平县某采石厂与罗某斌签订了《某采石厂承包协议》。后双方因承包费引发纠纷诉至法院。

【案件争点】

涉案《合同书》《承包合同》是否有效。

【裁判要旨】

从2011年7月9日杨某虹与采石厂签订的《合同书》约定内容及履行情况看,该采石厂的采矿权人未发生变更,杨某虹按期向采石厂支付租金,在租赁期限内享有一定的自主经营权,符合《矿业权出让转让暂行规定》第49条规定的矿业权出租情形,故应认定为矿业权出租合同。虽然《矿业权出让转让暂行规定》第36条第2款规定:“矿业权的出租、抵押,按照矿业权转让的条件和程序进行管理,由原发证机关审查批准。”但该文件属于部门规章,不属于法律、行政法规效力性强制性规定。涉案《合同书》系双方真实意思表示,内容不违反法律、行政法规强制性规定,应为有效合同。2011 年 7 月 20 日,杨某虹在征得采石厂法定代表人杨某喜的同意下,与罗某斌、何某兴签订《承包合同》,将采石厂承包给罗某斌、何某兴,没有违反现行法律、行政法规的强制性规定,故该《承包合同》为有效合同。

例案三

鄯善县鑫某矿业开发有限公司与吐鲁番英某矿业有限责任公司、新疆盛某矿业投资有限公司股权转让纠纷案

【法院】

最高人民法院

【案号】

(2016)最高法民终 520 号

【当事人】

上诉人(原审被告、反诉原告):吐鲁番英某矿业有限责任公司

上诉人(原审被告):新疆盛某矿业投资有限公司

被上诉人(原审原告、反诉被告):鄯善县鑫某矿业开发有限公司

被上诉人(原审第三人、反诉被告):石某兵

【基本案情】

2011 年 6 月 8 日,鄯善县鑫某矿业开发有限公司(以下简称鑫某公司)作为甲方与吐鲁番英某矿业有限责任公司(以下简称英某公司)作为乙方签订一份《租赁、股权转让合同》约定:"经双方商议,在前两年双方合作协议的基础上,就乙方租赁开采甲方盐碱坡金矿的事宜达成一致,并形成本合同书,供双方遵守:一、甲方将盐碱坡金矿(矿区现有条件、现有手续)租赁给乙方开采,租赁时间壹年,从 2011 年 6 月 8 日至 2012 年 6 月 7 日止。租金为贰佰陆拾万元。二、在现有手续的前提下,还需办理的手续及应延续手续的办理由乙方负责,甲方配合。

各项费用由乙方承担,包括租赁期的各项税费。乙方在租赁期内所缴纳的各项费用归乙方,租赁到期后,属于甲方。三、乙方应当严格按照国家有关法律、法规和安全生产部门批准的开采方案进行开采,并经甲方书面同意后方可施工。在开采期内所发生的任何质量安全事故和各项民事、刑事、经济责任由乙方全部负责。四、甲方指定由石某华负责该公司的所有事项,乙方按合同付给甲方的款项由石某华壹人签收。五、乙方在租赁期内,另出资贰仟万元购买甲方该公司70%的股权,并给甲方付清全款。股权变更后,甲方余30%的干股。该公司所有的投资均由乙方投资。乙方股权收购后,承诺该公司所属的矿区产品进行深加工后按股权比例分红。"盛某公司在担保人处加盖公章。

英某公司于2011年6月10日、2011年6月15日、2012年5月15日,分别以电汇方式向石某华汇款130万元、30万元、130万元,合计290万元。鑫某公司认可其收到上述款项,确认其中260万元系租金,因30万元电汇凭证上注明系投资款,鑫某公司否认该款系保证金。

英某公司于2012年7月14日向石某华发出《通知函》,内容为:"我公司于2012年6月8日撤出鑫某公司盐碱坡金矿后,由于无法联系鑫某公司法定代表人及相关工作人员,为防止金矿设施丢失,一直安排工作人员看管,并于6月17日将矿井封闭。7月11日我公司向鑫某公司住所地送达接管通知函无果,现再次通过石某华先生通知鑫某公司,即日起我公司看管现场及井下抽水人员将不再承担任何义务,请鑫某公司务必安排人员看矿井,并继续进行抽水工作,否则设备丢失或损毁的责任由鑫某公司自行承担。"

2008年1月4日,鑫某公司变更为石某兵为出资人的一人有限责任公司。签订2011年6月8日的《租赁、股权转让合同》时,石某兵持有鑫某公司100%股权,石某兵在该合同上签章并加盖鑫某公司公章。

后《租赁、股权转让合同》履行过程中发生争议,庭审过程中英某公司、盛某公司主张合同中关于股权转让、矿业权租赁部分的约定无效。

【案件争点】

《租赁、股权转让合同》中关于采矿权租赁部分的约定是否有效。

【裁判要旨】

《租赁、股权转让合同》系由鑫某公司、英某公司签订,合同落款处分别加盖有英某公司印章及其法定代表人袁某财签字，鑫某公司印章及其法定代表人石某兵私人印章，约定的主要权利义务为鑫某公司将盐碱坡金矿（矿区现有条件、现有手续）租赁给英某公司开采，英某公司在租赁期内另出资 2000 万元购买鑫某公司 70% 的股权，英某公司支付相应款项。上述内容均为当事人的真实意思表示。

双方当事人之间基于《租赁、股权转让合同》的约定，形成案涉盐碱坡金矿采矿权租赁及鑫某公司股权转让两种法律关系。

就案涉盐碱坡金矿采矿权租赁部分的效力而言，矿业权交易实践中，存在矿业权人在不转移矿业权权属的情况下将矿业权的部分权能在一定期限内让渡给他人使用、收益，并由他人支付租金的交易模式。矿业权出租具有不同于矿业权转让的法律属性，不宜适用《探矿权采矿权转让办法》第 10 条第 3 款关于"批准转让的，转让合同自批准之日起生效"的规定，以未经批准为由径行认定矿业权出租合同具有效力瑕疵。同时，亦应尊重矿业权出租在交易市场中的现实存在和实践意义，不宜将其当然地视为矿业权的变相转让或者非法倒卖牟利行为，一概予以禁止。《矿产资源法》第 42 条①关于"买卖、出租或者以其他形式转让矿产资源的，没收违法所得，处以罚款。违反本法第六条的规定将探矿权、采矿权倒卖牟利的，吊销勘查许可证、采矿许可证，没收违法所得，处以罚款"的规定，其性质为管理性强制性规定，据此认定矿业权出租合同无效，不符合最高人民法院《关于适用〈中华人民共和国合同法〉若干问题的解释（二）》②第 14 条规定关于"合同法第五十二条第（五）项规定的'强制性规定'，是指效力性强制性规定"的规定。且从文义解释出发，《矿产资源法》第 42 条亦系针对"出租……形式转让矿产资源"而作出的否定性法律评价，而非对矿业权出租的一律禁止。故本案中，英某公司上诉以案涉采矿权租赁未经国土资源主管部门批准，违反《矿产资源法》第 42 条的规定为由，主张《租赁、股权转让合同》中关于采矿权租赁部分的约定无效，欠缺法律依据。英某公司、盛某公司在上诉状中还称有新证据证明案涉盐碱坡金矿系采空矿，位于军事管理区内，但二审庭

① 该条已被《矿产资源法》（2024 年修订）删除。

② 该文件于 2021 年 1 月 1 日废止。

审中并未出示任何新证据,所谓采空矿以及位于军事管理区内的主张亦与案涉盐碱坡金矿的采矿权仍被行政机关许可延期、具备合法有效的采矿许可证等事实不符。英某公司据此主张合同目的不能实现,其不存在违约情形,证据不足。

综上所述,一审判决确认《租赁、股权转让合同》合法有效,认定事实和适用法律均无不当,本院予以维持。

2. 要点分析

我国《民法典》沿袭了原《物权法》的规定,《民法典》第二编物权第三分编用益物权第 329 条规定:“依法取得的探矿权、采矿权、取水权和使用水域、滩涂从事养殖、捕捞的权利受法律保护”,从而以法典的形式确立了矿业权的用益物权属性。矿业权人对其矿业权依法享有占有、使用和收益的权利。矿业权作为一项重要的财产权,矿业权人会将矿业权转让、出租、发包给他人经营或者与他人合作经营,这既是用益物权人享有的基本权利,又是市场经济的基本要求。

在矿产资源开发利用过程中,矿业权租赁、承包是两种最为常见的流转方式。应该说,矿业权租赁、承包在一定程度上丰富了矿产资源开采利用的方式和途径,有利于双方优势互补,缓解矿产资源勘查、开采过程中存在的融资、技术、管理等实际困难,对盘活矿产资源、促进矿产资源经济效用的最大化和社会的发展进步,具有积极意义。

但是,我国矿业权制度不完善,法律法规相关规定之间存在冲突,地方规定与国家规定不统一,在矿业权租赁、承包合同纠纷中,有关合同性质、合同效力、不同流转方式的区分等方面的实务争议较多,一方面影响了当事人对矿业权交易的商业预期,另一方面也影响了法院裁判尺度的统一。

鉴于此,笔者认为有必要作一专题,对矿业权租赁、承包的有关法律问题进行分析、探讨。本专题包括三部分内容,一是简要分析矿业权租赁、承包的法律特征和法律适用等问题；二是结合司法实务案例，总结矿业权租赁、承包与矿业权转让、劳务承包、合作勘探开采、托管等流转方式的区别；三是分析矿业权租赁、承包合同的效力问题。

2.1 概述

笔者认为，只有充分理解矿业权租赁、承包合同的法律性质、法律特征、适用的法律规范，才能准确识别矿业权租赁、承包与其他流转方式，确定争议主体之间的法律关系，在此基础上适用相应的法律规则或者规范作出正确裁判。

2.1.1 法律特征

关于矿业权租赁，《矿业权出让转让暂行规定》第三章第二节作了专门规定，其中第49条第1款规定："矿业权出租是指矿业权人作为出租人将矿业权租赁给承租人，并向承租人收取租金的行为。"而对于矿业权承包，并无明确的法律规范加以说明或者解释，这是否可以理解为承包不是合法的矿业权流转方式呢？

笔者认为，并非如此。在矿产资源开发利用过程中，矿业权承包经营的方式较为常见，在发生纠纷后，法院一般认可合同效力。此外，《矿业权纠纷案件司法解释》第12条第1款规定"当事人请求确认矿业权租赁、承包合同自依法成立之日起生效的，人民法院应予支持"，也间接承认了矿业权承包的经营方式。

何为矿业权承包呢？参考前述矿业权出租的定义，笔者认为，矿业权承包，是指矿业权人作为发包人将矿业权交由他人承包经营，并向承包人收取承包费的行为。

根据上述定义，并对比矿业权流转的其他方式，我们不难发现，矿业权租赁、承包的典型法律特征为：在矿业权权属主体不发生变动、矿业权人继续履行法定义务并承担法律责任的情况下，矿业权人将其享有的部分权能让渡给承租人、承包人使用或经营管理，由承租人、承包人投资经营、自负盈亏，租赁期、承包期届满后由矿业权人收回该部分权能。

2.1.2 法律适用

矿业权租赁的法律性质是租赁关系,因此,矿业权租赁适用《民法典》有关租赁合同的各项规定,同时还应当遵守《矿业权出让转让暂行规定》有关矿业权出租的各项规定。

实务难点在于矿业权承包合同如何适用法律。如前所述,并无法律法规对矿业权承包这一经营方式予以明确规范,这就会产生实务中出现矿业权承包合同纠纷时,该如何适用法律规则或者法律规范的问题。

虽然《民法典》明文规定的承包合同种类仅包括两种:农村土地承包合同以及建设工程承包合同,但是这并不意味着我国法律不承认其他形式的承包关系。在社会经济生活中,承包形式丰富多样,如企业经营权的内部承包或外部承包就是一种为我国司法实践所认可的合法经营行为。矿业权承包合同作为合同的一种,属于民事法律行为,不同于行政行为的"法无授权不可为",民事活动遵循的原则是"法无禁止即可为"。

在矿业权流转过程中,租赁、承包两种经营方式通常难以明确区分,法律特征相同或者高度相似,按照最高人民法院环境资源审判庭编著的《最高人民法院矿业权司法解释理解与适用》一书的观点,实务中对两种经营方式予以严格区分的意义不大,故《矿业权纠纷案件司法解释》将矿业权租赁、承包作为一种类型的流转方式进行规定,适用共同的法律规则。

2.2 矿业权租赁、承包与其他流转方式的区别

除矿业权租赁、承包外,矿业权流转方式还包括矿业权转让、合作勘探开采、托管、劳务承包等。实务中容易混淆矿业权租赁、承包与其他流转方式,不同的流转方式适用不同的法律规则及法律规范,一旦发生纠纷或者争议,若是无法准确识别流转合同的性质,则最终的裁判结果千差万别,因此有必要对比分析不同流转方式之间的区别。

2.2.1 与转让的区别

矿业权租赁、承包合同与矿业权转让合同存在本质的区别,但实务中关于案涉合同应当认定为矿业权租赁、承包合同,还是名为租赁/承包、实为转让的

合同关系的纠纷较多。两者之间的区别具体可以从以下六个方面进行对比分析：

(1)从合同目的来看，采矿权转让合同的目的是，采矿权人将采矿权转移给受让人以获得转让价款，受让人通过支付转让价款以获得采矿权，原采矿权人完全退出矿山的生产管理，不再享有采矿权；采矿权租赁、承包合同的目的是，采矿权人通过将矿山的经营权出租、发包给承租人、承包人以获得租金、承包费，承租人、承包人通过支付租金、承包费以获得矿山的生产经营权，采矿权人不退出，仍应承担法律规定的采矿权人的责任。

(2)从是否变更采矿权主体来看，采矿权转让需要双方按照相关规定办理采矿权转移登记手续，将采矿权人变更为受让人，采矿权主体发生变化；采矿权租赁、承包并不需要办理采矿权转移登记手续，采矿权主体不发生变化。这是两者之间最大的区别。

(3)从涉及采矿权范围以及期限来看，采矿权转让是采矿权人将矿山剩余许可开采期限内的开采权整体转让予受让人；采矿权租赁、承包是采矿权人将约定期限内的矿山开采权出租、发包给承租人、承包人，租赁或者承包的标的既可以是全部矿山，也可以是矿山部分开采区域，可以是剩余全部开采期限，也可以是剩余部分开采期限。

(4)从对外关系处理上来看，采矿权转让后，采矿权相关手续以及对外关系的处理，与原采矿权人无关；采矿权租赁、承包后，承租人、承包人需要以采矿权人名义办理矿山建设以及生产经营有关的全部手续，若发生行政处罚的，行政主管部门的处罚对象仍是采矿权人。

(5)从法定责任承担主体来看，采矿权转让后，矿山管理、安全生产和环境修复等法定责任由受让人承担，与原采矿权人无关；采矿权租赁、承包后，采矿权人仍应承担矿山管理或者安全生产、环境修复等法定责任，采矿权人不得将该等法定责任全部转由承租人、承包人承担，否则该租赁、承包行为会被认定为转让行为。

(6)从合同生效时间来看，根据《矿业权纠纷案件司法解释》的规定，矿业权租赁、承包合同自依法成立之日起生效，而矿业权转让合同自依法成立之日起具有法律约束力,待主管部门批准后生效。

如例案一中,四川省高级人民法院认为,双方签订《协议书》的性质为采矿权承包合同,而非采矿权转让合同。从《协议书》的内容来看,李某向宝兴某矿支付固定数额的费用,李某自行组织生产、营销的人员,承担工资费用,照章纳税。李某享有生产经营的自主权。这些均符合承包合同的特点,而不具有采矿权转让的特点。采矿权转让是将采矿权所有的全部权益进行转让,并且要变更采矿权人的主体。而本案中《协议书》首先明确约定,宝兴某矿具备有效的采矿许可证及相关的法律规定的证照,保证在法律规定和允许的情况下的一切合法采矿手续,由宝兴某矿提供采矿现场和电力设施、公路、炸药库房等基础设施,采矿权的主体不发生任何变化。在实际履行过程中,对外关系上均是以宝兴某矿的名义……原判认定为转让性质不当,本院予以纠正。

2.2.2 与合作勘探开采的区别

合作勘探开采经营,是指矿业权人引进他人资金、技术、管理等,通过签订合作合同约定权利义务,共同勘探、开采矿产资源的行为。

《矿业权出让转让暂行规定》第 44 条规定了两种合作开采经营的形式:一是法人型合作,即矿业权人以矿业权出资,与他人合作成立法人矿山企业,矿业权变更至该矿山企业名下;二是契约型合作,即矿业权人与合作方是以合同为纽带确定合作关系,无须合资设立法人矿山企业。需要注意的是,实务中还有一种情形,合作各方共同成立合资公司,但并不会将采矿权变更至合资公司名下,合资公司负责矿山具体生产经营和管理工作,这本质上也是一种契约型合作。

在法人型合作模式下,合作合同内容涉及法人企业的注册成立、资金投入、管理权分配、盈亏分担、各方责权利等事项,还包括矿业权由合作一方转让给法人企业的安排,因矿业权转让需要向政府主管部门申请批准,实务中存在法院以矿业权转让未经审批为由径直认定合作合同无效的情况。为此,《矿业权纠纷案件司法解释》第 13 条明确规定:“矿业权人与他人合作进行矿产资源勘查开采所签订的合同,当事人请求确认自依法成立之日起生效的,人民法院应予支持。合同中有关矿业权转让的条款适用本解释关于矿业权转让合同的规定”，即要求法院在审理合作勘查开采合同纠纷时，应当将合同中有关合作勘查采矿的条款与矿业权转让条款分别认定。

合作勘查开采经营与矿业权租赁、承包经营的显著差异在于，前者是各方按照“共同投资、共担风险、共享收益”的原则进行合作，而后者是由承租人、承包人享有矿山自主经营权，自行投资、自担风险、自负盈亏，承租人、承包人需要按照约定支付租金或承包费。

安徽省高级人民法院(2020)皖民终639号民事判决书中，安徽省高级人民法院认为：因程某平与某公司签订的《某石材石料厂合伙经营书》不具有共同经营、共享利润、共担风险等合伙关系的法律特征，一审认定案涉合伙经营协议实质属于采矿权承包合同正确，本院予以确认。

2.2.3 与劳务承包的区别

涉矿劳务承包，是指采矿权人将矿山发掘、开采任务发包给他人，采矿权人按照实际采掘工作量向承包人支付劳务报酬，采矿权人享有开采出的矿产品的所有权。

关于涉矿劳务承包的效力，司法实践中有法院认为涉矿劳务承包构成变相转让采矿权，应为无效合同。在最高人民法院发布10起审理矿业权民事纠纷案件典型案例之五：资中县某矿业公司、何某华与吕某鸿劳务承包合同纠纷案中，一审法院认为，《矿山开采劳务承包合同》构成矿业权变相转让，应为无效。但是二审法院认为，某公司与吕某鸿签订《矿山开采劳务承包合同》，将矿山的开采劳务承包给吕某鸿，仅是采矿劳务的承包，并不属于以承包形式擅自转让采矿权，合同应为合法有效，双方均应按照合同约定履行义务。该案典型意义在于，涉矿劳务承包在矿产资源开发利用中大量存在，认定劳务承包合同的性质和效力有利于稳定交易秩序和维护交易安全。最高人民法院以发布典型案例的形式解决了涉矿劳务承包的合同效力争议。

司法实践观点认为，涉矿劳务承包与建设工程施工合同中的劳务分包合同相似，可以适用建设工程施工合同的相关规定。例如，最高人民法院(2015)民申字第1689号民事判决书中，三级法院均区分了矿业权承包与采矿工程承包，将案由定性为建设工程施工合同纠纷，并认定案涉《采矿工程承揽合同》系当事人真实意思表示,未违反法律、行政法规的强制性规定,合法有效。

矿业权承包合同与涉矿劳务承包的区别主要有三点:其一,从承包内容来看,矿业权承包合同的合同标的是矿业权,承包人享有矿山生产经营权;而涉矿劳务承包的合同标的是采剥、采掘工程,承包人负责对矿山进行发掘、开采。其二,从收益分配来看,矿业权承包合同项下承包人享有矿山开采经营收益,矿产品归承包人所有;而涉矿劳务承包合同项下承包人享有的是劳务报酬收益,矿产品归发包人所有,与承包人无关。其三,矿业权承包合同项下,因承包人自负盈亏,矿业权人通常不会对承包人提出矿山开采考核要求;而涉矿劳务承包合同项下,发包人会提出工程任务及进度(如每月的剥离量、采出矿量、掘进米数等)、工程质量标准(如矿石规格等)及采出矿工程质量(如采矿损失率、矿石贫化率等)。

2.2.4 与煤矿托管的区别

本书专题八“矿山外包与煤矿整体托管”就煤矿整体托管进行详细、深入梳理分析。为了本专题内容的完整性,笔者仅以对比的形式,对矿业权租赁、承包和煤矿托管之间的区别予以说明。

为规范煤矿托管工作,加强托管煤矿安全监管检查,国家煤矿安全监察局印发于2020年4月1日生效实施的《煤矿整体托管办法(试行)》,对煤矿托管方式、范围及程序,承托方的准入条件,委托方的权利与义务,承托方的权利义务,惩戒与监管等事项予以明确。

与矿业权租赁、承包相比,两者的主要区别在于:一是法律关系不同。煤矿托管的法律关系是委托,而矿山租赁或承包的法律关系是租赁或承包。二是适用对象不同。租赁或者承包的经营方式适用于全部类型的矿山,但是托管规则适用的对象为煤矿托管。三是范围不同。煤矿托管必须实行整体托管,并且应涵盖所有井下生产系统和为煤炭生产直接服务的地面生产系统以及所有生产活动,但矿山租赁或承包的范围不限,可以是部分开采区域,不要求对矿山全部生产活动的系统进行租赁或承包。四是期限不同。煤矿托管的期限要求不得低于3年,但租赁、承包的期限没有要求,但都要求在矿业权剩余许可期限内。五是主体资格不同。如前所述,矿业权承租人、承包人并不需要特定资质,甚至是自然人都可以承租或承包矿业权，但煤矿托管对承托方的资格条件有明确要求，通常是具有法人资格，是大型国有煤炭企业或者具有煤矿生产专业运营管理经验且上一年度未有较大及以上生产安全事故，具有满足需要的煤矿专业技术人员和技能熟练的员工队伍等。六是办理手续不同。矿业权租赁或承包的，承租人或承包人无须另行办理安全生产许可证，可继续使用矿业权人所得的采矿权手续，但是托管煤矿必须重新办理安全生产许可证，重新取得安全生产许可证前，承托方不得组织生产。七是再发包的要求不同。煤矿托管后，不得违规将采掘工作面或者井巷维修作业作为独立工程对外承包，但是矿山租赁或者承包的，则没有该等限制。

2.3 合同效力问题分析

案涉合同的效力是人民法院依职权主动审查事项，实务中有关矿业权租赁、承包合同效力的纠纷较多，各地法院对于矿业权租赁、承包合同效力认定的意见多有不同，为此，《矿业权纠纷案件司法解释》针对争议较大的合同效力问题作出明确规定。

2.3.1 未取得勘查许可证或开采许可证

根据《矿业权纠纷案件司法解释》第 5 条“未取得矿产资源勘查许可证、采矿许可证，签订合同将矿产资源交由他人勘查开采的，人民法院应依法认定合同无效”的规定，出租人或者发包人在无证的情况下，将矿山出租或发包给他人勘查或者开采的，租赁合同、承包合同无效。

无证勘查开采行为多发生在农村集体土地上或“以探代采”场合中，前者表现为农村集体经济将本集体土地尚未取得许可证的矿产资源交由他人勘查开采，并获得利益；后者表现为探矿权人将其勘查许可证项下勘查作业区内的矿产资源交由他人开采并获得利益。[①]

《民法典》第 153 条第 1 款规定，“违反法律、行政法规的强制性规定的民事

① 参见最高人民法院环境资源审判庭编著：《最高人民法院矿业权司法解释理解与适用》，人民法院出版社 2018 年版，第 79 页。

法律行为无效。但是,该强制性规定不导致该民事法律行为无效的除外。”我国法律制度中,法律、行政法规的强制性规定包括效力性强制规定以及管理性强制规定,违反效力性强制规定的,人民法院应当认定合同无效,违反管理性强制规定的,人民法院应当根据具体情形认定其效力。

在法律法规条文未明确违反该条规定即合同无效的情况下,如何识别该禁止性规定是否为效力性强制规定呢?最高人民法院《民商事合同纠纷指导意见》指出:“如果强制性规范规制的是合同行为本身即只要该合同行为发生即绝对地损害国家利益或者社会公共利益的,人民法院应当认定合同无效。”

为何《矿业权纠纷案件司法解释》对无证勘查开采行为给予否定性评价?《矿产资源法》《矿产资源法实施细则》等法律法规规定,国家对矿产资源的勘查、开采实行许可证制度,勘查或者开采矿产资源,必须依法申请登记,领取勘查许可证或开采许可证,取得探矿权或者采矿权。虽然相关规定未明确无证情况下将矿山交由他人勘查或者开采的行为无效,但是该行为无疑会严重损害社会公共利益,因此许可证制度的规定是效力性强制规定,一旦违反该规定,应当给予否定性评价。

甘肃省高级人民法院(2021)甘民再109号民事再审民事判决书中,博某公司在未取得勘查许可证的情况下,将探矿施工发包给金某公司,后双方因合同履行涉诉。再审法院认为,博某公司、金某公司明知博某公司未取得探矿权证、采矿权证,双方却签订《承包合同》《承包合同补充协议》,探采矿产资源,违反了相关法律规定。根据《合同法》第52条①第5项规定,双方签订的《承包合同》《承包合同补充协议》无效,原二审判决认定合同有效错误。

2.3.2 矿业权人放弃承担责任

在矿业权租赁、承包经营过程中,常有矿业权人要求承租人、承包人完全承担本应由矿业权人承担的矿山管理、安全生产和环境修复等法定义务,矿业权人仅收取租金、承包费。实际上,这属于“名为出租、实为转让”或“名为承包、实为转让”。

① 该条已被《民法典》废止。

《矿业权纠纷案件司法解释》第 12 条第 2 款规定:“矿业权租赁、承包合同约定矿业权人仅收取租金、承包费,放弃矿山管理,不履行安全生产、生态环境修复等法定义务,不承担相应法律责任的,人民法院应依法认定合同无效。”

根据上述规定可知,针对“名为出租、实为转让”或“名为承包、实为转让”的行为,司法态度是直接认定为无效,而非按照隐藏的转让行为进行处理。两种处理方式的法律效果完全不同,《矿业权纠纷案件司法解释》第 6 条规定,矿业权转让合同自依法成立之日起具有法律约束力,经主管部门审批后合同生效;而无效合同自始无效。

鉴于本书专题六“矿业权人的法定义务”,专门就该无效行为认定所涉采矿权人矿山管理义务、安全生产义务以及生态环境修复义务等法定义务进行了全面分析,故此处不再赘述。

2.3.3 未经审批

根据《矿业权出让转让暂行规定》第 36 条第 2 款“矿业权的出租、抵押,按照矿业权转让的条件和程序进行管理,由原发证机关审查批准”之规定,矿业权租赁的,需要原发证机关审批,如果未经批准,合同是否未生效或者无效呢?

《矿业权纠纷案件司法解释》出台后,这个问题的答案非常明确,该解释第 12 条第 1 款规定:“当事人请求确认矿业权租赁、承包合同自依法成立之日起生效的,人民法院应予支持。”但是在《矿业权纠纷案件司法解释》出台前,法院对此裁判意见不一。

最高人民法院(2011)民提字第 81 号民事再审判决书[①]中,关于案涉合同的效力问题,最高人民法院再审意见为:采矿业属于特许行业,根据有关法律、行政法规的规定,取得涉案金矿的采矿权和租赁权都要经过辽宁省国土资源厅审批,其中任何一项权利未经批准,其采矿行为不受法律保护。1998 年 2 月 12 日国务院《探矿权采矿权转让办法》第 10 条第 3 款规定:“批准转让的,转让合同自批准之日起生效。”2000 年 11 月 1 日国土资源部《矿业权出让转让暂行规定》第 36 条第 2 款规定:“矿业权的出租、抵押,按照矿业权转让的条件和程序

① 该案为最高人民法院公报案例。

进行管理,由原发证机关审查批准。”据此,本院认定涉案租赁协议已合法成立,尚未生效,该协议条款对双方当事人没有约束力,也不产生违约责任。

最高人民法院(2016)最高法民再254号民事再审判决书中,关于案涉合同的效力问题,最高人民法院再审意见为:根据相关规定,采矿权的出租按照矿业权转让的条件和程序进行管理,需要原发证机关审查批准方可生效。由于本案中双方合同的性质属于采矿权租赁合同,陈某波作为个人,不具备开采矿山的资质和条件,且该采矿权租赁合同也未经政府主管部门批准,因此,应当认定本案的《租赁经营合同》因未经政府主管部门批准而未生效。

上述两案中,再审法院均以案涉矿业权租赁合同未经审批为由,认定合同未生效。但是在最高人民法院审理的同类案件中,却认为矿业权租赁合同未经审批,不影响合同效力。例如,在例案三中,最高人民法院认为,矿业权出租具有不同于矿业权转让的法律属性,不宜适用《探矿权采矿权转让办法》第10条第3款关于“批准转让的,转让合同自批准之日起生效”的规定,以未经批准为由径行认定矿业权出租合同具有效力瑕疵……故本例案中,某公司上诉以案涉采矿权租赁未经国土资源主管部门批准,违反《矿产资源法》第42条①的规定为由,主张《租赁、股权转让合同》中关于采矿权租赁部分的约定无效,欠缺法律依据。不难发现,法院在不同案件中对于未经审批的矿业权租赁合同的效力认定有所不同。

《矿业权纠纷案件司法解释》第12条对矿业权租赁、承包合同的效力作出明确规定,原因主要在于以下两点:一是在很长一段时期,矿业权租赁、承包行为被当作为一种变相转让矿业权或倒卖牟利行为处理,并且以违反法律、行政法规的强制性规定为由,给予“无效”的否定性法律评价;二是如前所述,法院在审理涉矿业权租赁合同纠纷案件时存在以合同未经审批为由认定合同未生效的情形。为纠正这些错误,确保法院作出符合立法原意和规范目的裁判,《矿业权纠纷案件司法解释》第12条明确规定,矿业权租赁、承包合同自依法成立之日起生效。

---

① 该条已被《矿产资源法》(2024年修订)删除。

2.3.4 转租、转包

《矿业权出让转让暂行规定》第53条第1款规定："矿业权承租人不得再行转租矿业权。"在涉矿业权转租、转包的纠纷案件中，能否据此认定矿业权转租、转包合同无效呢？

根据《民法典》第153条的规定，违反法律、行政法规的强制性规定的民事法律行为无效，违背公序良俗的民事法律行为无效。最高人民法院《民商事合同纠纷指导意见》《民商事审判会议纪要》等司法文件，对强制性规定的识别予以明确，明示违反规章一般情况下不影响合同效力，但该规章的内容涉及金融安全、市场秩序、国家宏观政策等公序良俗的，应当认定合同无效。人民法院在认定规章是否涉及公序良俗时，要在考察规范对象基础上，兼顾监管强度、交易安全保护以及社会影响等方面进行慎重考量，并在裁判文书中进行充分说理。《民法典合同编司法解释》第16条更是以列举的方式对合同违反法律、行政性法规的强制性规定时的合同效力认定进行进一步释明规定。根据前述规定，《矿业权出让转让暂行规定》是原国土资源部制定的部门规章，并非法律或者行政法规，且矿业权转租和转包也不会违背公序良俗①。矿业权承租人再行转租矿业权的，法院不得以违反法律、行政法规的强制性规定为由认定矿业权转租、转包合同无效。

在例案二中，法院查明，2011年7月9日，杨某虹与富平县某采石厂签订《合同书》，富平县某采石厂将自有山场转租给杨某虹，2014年7月20日，杨某虹与何某兴、罗某斌签订《承包合同》，将其承租的富平县某采石厂连同机械设备承包给何某兴、罗某斌。法院经审理认为，案涉《合同书》应认定为采矿权承包合同，杨某虹将承包权转让给何某兴、罗某斌，案涉《承包合同》的性质是采矿权转包合同，两合同系各方真实意思表示，不违反法律、行政法规的强制性规定，亦合法有效。

---

① 最高人民法院《关于适用〈中华人民共和国民法典〉合同编通则若干问题的解释》第17条第1款规定："合同虽然不违反法律、行政法规的强制性规定，但是有下列情形之一，人民法院应当依据民法典第一百五十三条第二款的规定认定合同无效：（一）合同影响政治安全、经济安全、军事安全等国家安全的；（二）合同影响社会稳定、公平竞争秩序或者损害社会公共利益等违背社会公共秩序的；（三）合同背离社会公德、家庭伦理或者有损人格尊严等违背善良风俗的。"

虽然法律、行政法规并不禁止矿业权的转租、转包，但是采矿权人通常会对承租人、承包人的转租、转包行为加以限制，合同约定，未经矿业权人事先同意，不得擅自转租、转包矿业权，若承租人、承包人违约，则矿业权人有权解除矿业权租赁、承包合同，收回矿山生产经营权，由承租人、承包人自行向次承租人、承包人承担全部责任。

2.3.5 承租人、承包人不具有特定资质

矿业权的承租人、承包人是否应为具有矿山安全生产资质的矿山企业，是否应当另行办理安全生产许可证？自然人能否成为矿业权的承租人或承包人？若承租人或者承包人为未取得安全生产许可证的非矿山企业，矿业权租赁合同或者承包合同的效力该如何认定？关于以上问题实务中相关争议较大，法院类案裁判观点不一。

实务中有两种观点。一种观点认为，矿业权租赁或承包后，矿山的生产经营活动实际由承租人、承包人自行负责，作为实际经营主体的承租人、承包人当然应当是具有矿山生产管理能力的企业，具有安全生产资质，否则矿山正常的安全生产无法得到保障；另一种观点认为，矿业权租赁或承包，并未改变矿业权主体，承租人、承包人是以矿业权人名义开展矿山生产经营活动，无须另外具有安全生产资质。

笔者赞同第二种观点。虽然矿业权租赁、承包模式下，矿山生产经营由承租人、承包人负责，但是承租人、承包人仍是以矿业权人的名义开展矿山生产经营活动，包括办理各项生产许可手续以及对外关系的协调处理等，矿业权租赁或承包的标的既包括矿山生产经营权又包括矿山生产的全部证照和手续，承租人、承包人无须再以自己名义另外办理其他生产经营许可。这就类似于，在企业承包经营模式下，承包人无须以自己的名义另外办理营业执照等经营许可手续，如在租赁或者承包经营加油站的情况下，承租人或者承包人无须再以自己的名义另外办理成品油零售经营批准证书以及危险化学品经营许可证。

如黑龙江省七台河市中级人民法院（2018）黑09民终123号民事判决书中，某矿业精煤（集团）有限责任公司下属某煤矿与柏某文签订《企业内部单位

经营责任状》,一审法院认为,根据《安全生产法》第 41 条[①]的规定,生产经营单位不得将生产经营项目、场所、设备发包或出租给不具备安全生产条件或者相应资质的单位或者个人,原告柏某文不属于被告单位内部职工,且不具有煤矿经营资质,违反法律的规定,故原告与被告签订的内部井口经营责任状无效。但是二审法院认为,上诉人某矿业精煤(集团)有限责任公司下属某煤矿与被上诉人柏某文签订的《企业内部单位经营责任状》,只是煤炭生产承包,不发生采矿权主体的变更,而且依据双方的约定煤矿安全监察权、资产所有权、技术管理权等均属上诉人。故双方签订的《企业内部单位经营责任状》不违反法律、行政法规的强制性规定,并已实际履行,具有法律效力。原审认定双方协议无效,属适用法律错误,应予纠正。该案中法院并未因煤矿的承包人为自然人,并非具有矿山安全生产资质的矿业企业,而否定案涉合同的效力。

① 《安全生产法》(2002 年)第 41 条已被《安全生产法》(2021 年修正)第 49 条修改吸收。

专题六　矿业权人的法定义务

要点描述

本书专题五“矿业权租赁、承包”对矿业权租赁、承包的法律特征和法律适用，以及矿业权租赁、承包与矿业权转让、劳务承包、合作勘探开采等流转方式的区别等重点难点问题进行了深入详细阐述，同时着重列举了矿业权租赁、承包合同的效力问题，点明在矿业权租赁、承包合同中约定由承租人、承包人完全承担本应由矿业权人承担的矿山管理、安全生产和环境修复等法定义务，矿业权人仅收取租金、承包费的情形下，属于“名为出租、实为转让”或“名为承包、实为转让”，矿业权租赁、承包合同无效。司法实践中，法院审理矿业权租赁、承包合同纠纷时对于如何适用《矿业权纠纷案件司法解释》第12条第2款；矿业权人的法定义务主要有哪些；如何认定采矿权人放弃矿山管理，不履行安全生产、生态环境修复等法定义务；如何准确判断合同约定的履行法定义务条款是真实约定并非为了规避法律法规的规定，而仅在名义上进行相关约定；以哪些标准或要件来准确认定双方的真实法律关系等问题，均存在一定难度。为厘清此等问题，法院不仅要审核合同约定，还要对双方实际履行情况进行调查。本专题将对该等难点问题，进行梳理、分析。

1. 可供参考的例案

例案一

万某友与曹某强、曹某耀等租赁合同纠纷案

【法院】

吉林省延边朝鲜族自治州中级人民法院

【案号】

(2022)吉24民终926号

【当事人】

上诉人(原审原告):万某友

上诉人(原审被告):曹某耀

被上诉人(原审被告):曹某强

被上诉人(原审被告):郭某松

原审第三人:抚松县某采石有限公司

【基本案情】

2009年,万某友在抚松县抚松镇鸡冠砬子村承包了案涉采石场,2010年办理了抚松县抚松镇某采石场营业执照,性质为个体工商户,经营者万某友。办理采矿许可证等一系列合法手续后,万某友自己开采,经营期间生产了一万多立方米石料。2014年8月29日,万某友将该采石场租赁给曹某强、曹某耀、郭某松三人,并签订了《租赁协议书》,约定:甲方万某友,乙方曹某强、郭某松。甲方因各种原因无法自主经营,现将此采石场租给乙方生产经营。……二、租赁内容:甲方将现有采石场场地租赁给乙方开采及加工石料使用,所需有关手续由乙方自行办理,所需费用由乙方承担,采石场所有机械由乙方自行购买和安

装,设备所有权归乙方;……五、双方责任及义务:1. 甲方应保证现有证件坐标范围内的开采场地(附原采矿证复印件)。2. 原有林地、林木、土地等补偿手续复印件提供给乙方,已赔偿部分由甲方负责。3. 甲方应保证石场至大路段道路的使用权,否则由此给乙方造成的一切损失由甲方承担……5. 在租赁期间,甲方需要提供采石场的公章财务章及银行开户所需资料,全权委托乙方使用,乙方全权负责采石场的资金使用,甲方不得干涉。6. 乙方租赁经营期间按国家有关规定及时足额缴纳税费,由此造成损失由乙方负责……9. 生产期间发生一切安全事故损失均由乙方负责承担。

签订《租赁协议书》后,在万某友的原抚松县抚松镇某采石场的相关手续的基础上,办理了抚松县某采石有限公司营业执照,法定代表人万某友,营业期限为2015年1月9日至2019年1月8日。

2015年4月1日曹某耀以抚松县某采石有限公司的名义,向抚松县国土资源局矿山地质环境治理恢复保证金管理专户缴纳现金310,800元,作为抚松县某采石有限公司矿山地质环境治理保证金,并办理了采矿权人为抚松县某采石有限公司的采矿许可证,有效期限为2015年2月13日至2018年4月13日。

曹某强、曹某耀、郭某松承租该采石场,开始投入资金和设备自主合伙经营抚松县某采石有限公司,开采石料,万某友不参与经营和管理,约定只收取1,200,000元的租赁费用。公司资金使用的经营风险、税金、地质环境治理恢复费用、安全生产事故损失等法律责任均由曹某耀等三名合伙人承担。

【案件争点】

租赁合同的性质以及效力问题。

【裁判要旨】

二审法院认为,万某友与曹某强、郭某松签订的租赁协议中虽然约定“将采石场场地租赁给乙方”,但协议中还约定“甲方应保证现有证件坐标范围内的开采场地(附原采矿许可证)”“甲方需要提供采石场的公章、财务章及银行开户所需资料,全权委托乙方使用,乙方全权负责采石场的资金使用,甲方不得干涉”“生产期间发生一切安全事故损失均由乙方负责承担”,综合分析租赁协议的全部内容及双方的实际履行情况,应认定双方的主要目的是由承租人使用抚松县抚松镇某采石场原有的采矿手续及名义进行采石经营,并不是单纯的采石场场地租赁。

曹某强、曹某耀、郭某松承租采石场后,开始投入资金和设备自主合伙经营抚松县某采石有限公司,开采石料,万某友不参与经营和管理,只收取1,200,000元的租赁费用,资金使用的经营风险、纳税、地质环境治理恢复费用、安全生产事故损失等法律责任均由曹某耀等三名合伙人承担。万某友放弃采石场管理,不履行安全生产等法定义务,该合同在形式和字面上是采石场场地租赁,但就其签订内容及履行情况来看,实质为矿业权租赁,依据《矿业权纠纷案件司法解释》第12条第2款的规定,双方之间的矿业权租赁合同无效。

例案二

西乡某煤矿有限责任公司、易某游等确认合同无效纠纷案

【法院】

陕西省高级人民法院

【案号】

(2021)陕民申3773号

【当事人】

再审申请人(一审被告、二审上诉人):西乡某煤矿有限责任公司

再审申请人(一审被告、二审上诉人):易某游

被申请人(一审原告、二审被上诉人):大竹县某矿业技术咨询有限责任公司

【基本案情】

西乡某煤矿有限责任公司(以下简称某煤矿公司)有自然人股东2名,即易某游和龙某彬。2018年3月20日,某煤矿公司作为甲方与作为乙方的大竹县某矿业技术咨询有限责任公司(以下简称某公司)经协商签订了《协议书》。

《协议书》约定:经甲方全体股东会议研究决定,自愿将陕西省西乡某煤矿

有限责任公司(以下简称某煤矿)股权转让给乙方,包括某煤矿所有的一切资产、资源,转让金额共计为3500万元。由于某煤矿现属于9万吨/年的生产规模矿井(属于国家和陕西省淘汰的落后产能矿井),甲方承诺全力配合乙方将某煤矿扩能至45万吨/年的生产规模,经双方友好协商,达成委托管理、股权转让协议。主要约定如下:一、托管事宜(一)委托管理资格及范畴:1.甲方将某煤矿全权委托乙方实行经营管理。乙方以独立的法人企业作为受托方对某煤矿全权经营管理……(三)煤矿托管费及支付办法:……3.乙方在受托对煤矿经营管理期间,总计应向甲方分期支付管理费人民币贰仟伍佰万元整(2500万元)……4.在托管期间,甲方收取的乙方风险抵押金1000万元和乙方支付的管理费2500万元均作为股权转让金,乙方按所支付的总体金额持有某煤矿股份比例(3500万元)……6.如乙方在托管期间提前支付了全部3500万元股权转让价款的,托管协议自动结束,转让协议生效,即甲方股东不再持有某煤矿的股份,其煤矿的所有一切有形或无形的资产资源均属乙方所有……(四)双方的责任和权利:……2.托管期间甲方无偿提供证照、现有的井上下一切设施设备现状交给乙方。甲方的公章及证照由乙方管理,乙方负责延续办理,做到煤矿生产经营手续合法有效……7.在托管期间,办理扩能、扩采矿范围手续费用由乙方负责,甲方负责配合。二、转让事宜……(二)转让煤矿的资产包括矿业权、矿井、井下巷道、机器设备,煤矿享有的土地使用权、承租权、房屋所有权,其他固定资产和一切设备,煤矿有关技术资料、证照包含的权益等……(四)乙方受让甲方资产后,可依法变更煤矿名称、采矿权主体及其他相关法律手续、证照。甲方不再享有煤矿的任何权益。

2018年3月21日,某公司向易某游个人账户转款100万元,3月22日两次向易某游个人账户转款共计200万元,3月24日向易某游个人账户转款100万元,3月26日向易某游个人账户转款1万元作为公关生活开支。同年3月28日,某公司按照协议约定进入某煤矿,进行投资后开始采煤。同年6月27日,某公司向易某游个人账户转款50万元,以上共计451万元。

2018年3月28日,某公司按照协议约定进入某煤矿,进行投资后开始采煤。

2018 年 10 月 18 日，因违法采煤，国家煤矿安全监察对某煤矿下发陕煤安监渭处〔2018〕(1016)号现场处理决定书，责令立即停止违法生产行为，矿井永久关闭，移送西乡县人民政府立案调查。

2018 年 11 月 10 日，西乡县安全生产监督管理局下发(西)安监罚〔2018〕05 号行政处罚决定书，没收违法所得 1,087,832 元，并处罚款 100,000 元，对易某游、王某某、罗某、杨某某、方某某分别下发(西)安监罚〔2018〕06 号、07 号、08 号、09 号、10 号行政处罚决定书，分别处以罚款，上述罚没款均已缴纳。

2020 年 6 月 15 日，西乡县发展和改革局下发《关于开展我县年产 30 万吨以下煤矿关闭退出验收工作通知》(西发改能源〔2020〕214 号)，明确关闭某煤矿。

某公司认为其与某煤矿公司签订的煤矿托管及股权转让《协议书》无效，某煤矿公司应返还其各项费用(包括风险抵押金、罚款、工作经费、代付款)，故引发本案。

【案件争点】

某公司与某煤矿公司签订的《协议书》的性质认定、效力问题以及托管行为是否属于承包变相转让采矿权。

【裁判要旨】

法院认为，关于本案《协议书》的性质，应根据《协议书》签订主体、内容约定，以及后期实际履行来综合予以判断。首先，合同主体甲方、乙方在协议书的首部记载明确，甲方是西乡某煤矿公司，乙方是某公司，根据合同中约定的各项内容，甲方、乙方也是两家公司，在合同的尾部易某游、龙某彬作为甲方股东签字，罗某作为乙方法定代表人个人签字。其次，《协议书》主要由两部分组成：第一部分为托管事宜，该部分确定某煤矿公司将某煤矿全权委托某公司经营管理，某公司支付托管费用，委托期限为两年。第二部分为转让事宜。第 2 条第 2 项约定“转让煤矿的资产包括矿业权、矿井、井下巷道、机器设备，煤矿享有的土地使用权、承租权、房屋所有权、其他固定资产和一切设备，煤矿有关的所有技术资料、证照包含的权益等”。第 2 条第 4 项约定“乙方受让甲方资产后，可依法变更煤矿名称、采矿权主体及其他相关法律手续、证照。甲方不再享有煤矿的任何权益。甲方法定代表人必须配合乙方办理变更采证、营业执照、安证等手续事宜”。从上述内容可看出某公司受让资产后可依法变更煤矿名称、采矿权主体,这是对采矿权的转让。《协议书》实际上是通过委托管理的过渡方式及股权转让的表象最终实现采矿权的转让,规避国家行政监管,属于以合法形式掩盖非法目的,应当认定为无效。

关于适用《矿业权纠纷案件司法解释》第 12 条第 2 款:“矿业权租赁、承包合同约定矿业权人仅收取租金、承包费,放弃矿山管理,不履行安全生产、生态环境修复等法定义务,不承担相应法律责任的,人民法院应依法认定合同无效”是否正确的问题。《协议书》约定:委托管理期间由被申请人对某煤矿全权经营管理,井下生产安全、地面物资供应、煤炭销售、企业职工任用和解聘处置、煤矿附近村民的与煤矿相关事宜均由被申请人负责。托管期间甲方的公章及证照由乙方管理,乙方负责延续办理。乙方为井下作业的职工缴纳工伤等社会保险,乙方承担委托经营期间煤矿发生的债权债务及发生的生产安全事故费用和法律责任。甲方按照协议书的约定收取管理费。从合同内容可以看出,《协议书》的约定符合此条款规定的情况,应当认定为无效。

例案三

会理县河口乡某铁矿、会理县黎溪镇人民政府等确认合同有效纠纷案

【法院】

四川省凉山彝族自治州中级人民法院

【案号】

(2021)川 34 民终 1190 号

【当事人】

上诉人(原审被告、反诉原告):会理县河口乡某铁矿

上诉人(原审第三人):会理县黎溪镇人民政府

被上诉人(原审原告、反诉被告):会理县某矿业开发有限公司

【基本案情】

2012年5月10日,会理县河口乡某铁矿(以下简称某铁矿)作为甲方、会理县某矿业开发有限公司(以下简称某矿业)作为乙方签订《某铁矿与某矿业联营开发协议》,协议约定的主要内容为:某铁矿以原与绿水乡政府商定的矿区范围为界,将该界线以西的矿产资源划为与乙方联营开发区;乙方每年与甲方在联营利润中分成;联营后,某铁矿延续开采证的费用按所占矿区面积由某矿业承担相应比例的费用;该协议的有效期为某铁矿的采矿许可证有效期同步,该矿山资源联营合作枯竭为止。

合同签订后,双方均按协议履行至2015年停产。

河口乡人民政府并入黎溪镇人民政府,2020年10月30日某矿业向黎溪镇人民政府缴纳了2014年至2020年的联营费用。因双方就"联营"约定是否真实、某矿业是否承担了办理采矿权许可证费用、履行联营协议约定的按期足额支付费用等义务,以及双方是否应利润共享等问题产生分歧,故引发本案。

某矿业诉至一审法院,要求确认2012年5月10日双方签订的《某铁矿与某矿业联营开发协议》合法有效。审理过程中,某铁矿提起反诉,要求确认2012年5月10日双方签订的《某铁矿与某矿业联营开发协议》无效。

法院另查明,某矿业持有某矿业58%的股权,未参与经营管理,而是延续以前的承包方式。

一审法院认为,依法成立的合同,受法律保护。本案原告、被告签订的《某铁矿与某矿业联营开发协议》系双方当事人的真实意思表示,且不违反法律、行政法规的强制性规定,当属有效。某矿业的诉讼请求符合法律规定,一审法院予以支持。某铁矿抗辩及反诉称,签订假联营真承包的目的,是规避国家对采矿权转让的监管,对此,一审法院认定2019年4月28日四川省自然资源局颁发的《采矿许可证》的采矿权人仍然是某铁矿,本案无论是联营还是承包,案涉采矿权主体均未发生变更,不予支持某铁矿主张联营开发协议无效的反诉请求。

一审法院作出判决后,某铁矿不服,依法提起上诉。

【案件争点】

某铁矿与某矿业签订的联营开发协议性质及效力。

【裁判要旨】

二审法院认为，双方签订《某铁矿与某矿业联营开发协议》的主要内容为："乙方（某矿业）在每年与甲方（某铁矿）在联营利润中分成；联营后，某铁矿延续开采证的费用按所占矿区面积由某矿业承担相应比例的费用；乙方在上述范围内生产所涉及的税、规费、农民补偿等各项费用由乙方自行承担；该协议的有效期为某铁矿的采矿许可证有效期同步，该矿山资源联营合作枯竭为止；乙方在经营过程中所发生的一切安全事故由乙方自行负责"等，从以上协议的主要内容来看案涉矿区的生产经营由某矿业负责，相应的矿区管理、安全生产、相关费用缴纳补偿都由某矿业自行负责，某铁矿只是收取"联营"费用，因此，双方签订的协议虽然名为联营，实为转包，且从双方协议有效期来看是到矿山资源枯竭为止，实际上是变相转让采矿权，对国家矿产资源造成损害。按照《矿业权纠纷案件司法解释》第12条第2款的规定，双方签订的《某铁矿与某矿业联营开发协议》应当认定为无效。

2. 要点分析

实务中，在采矿权不具备转让条件的情况下，部分交易主体为规避采矿权转让的法律规定或者减轻税费负担（当转让溢价较高时，交易税费将显著增加），采用名为租赁、承包、托管等形式实质转让矿业权的事情比比皆是。本书专题五"矿业权租赁、承包"就矿业权租赁、承包与转让、合作勘探开采、劳务承包、托管等矿业权流转方式之间的区分和认定进行了详细阐述。本专题重点讨论的是矿业权租赁、承包合同的合同条款约定，必须具备哪些内容或要件方符合矿业权租赁、承包的法律特征。在矿业权租赁、承包合同的约定内容完备也符合法律特征的情形下，为什么还会被人民法院认定为无效合同？笔者先明晰矿业权人的法定义务，结合实务案例对《矿业权纠纷案件司法解释》第12条第2款进行分析，提炼司法实践中人民法院在审查矿业权租赁、承包合同效力时对于矿业权人放弃矿山管理、不履行法定义务的裁判规则。

2.1 矿业权人的法定义务

《矿业权纠纷案件司法解释》第12条第2款规定，矿业权租赁、承包合同约定矿业权人仅收取租金、承包费，放弃矿山管理，不履行安全生产、生态环境修复等法定义务，不承担相应法律责任的，人民法院应依法认定合同无效。矿业权人的法定义务是什么？鉴于司法实务中常见的矿业权租赁、承包合同纠纷多涉及采矿权租赁、承包，因此本专题将重点阐述采矿权人的法定义务。

2.1.1 矿山管理义务

采矿权人作为矿山的管理者和经营者，对矿山享有控制权、支配权、管理权、收益权等权利。采矿权人通过采矿权出让或者转让的方式取得对矿山的强控制权，能够对矿山享有实际控制的权利，可对矿山的一切重大事项（包括但不限于矿山基建、开采、技改、安全生产、资源合理利用与保护、重大合同签署等）行使决定权。基于采矿权依行政许可审批取得的特性，采矿权人在行使矿山管理权利的同时，必须履行矿山管理的法定义务，且该义务不得以任何形式转由他人承担。

2.1.2 安全生产义务

矿山开采是一项高风险、高难度工程，安全生产是矿山企业的首要任务，采矿权人必须严格遵循安全生产规范进行开采活动。由于安全生产意识薄弱以及生产安全保障措施不达标等因素所引发的事故，已对从业人员及周围居民的生命和财产安全构成严重威胁。为了加强矿山安全生产管理，矿山企业必须建立健全安全生产责任制，建立有效的安全生产管理体系，确保各项安全生产措施得到有效执行。《矿产资源法》（2009年修正）第31条①规定："开采矿产资源，必须遵守国家劳动安全卫生规定，具备保障安全生产的必要条件。"《安全生产法》第4条第1款规定："生产经营单位必须遵守本法和其他有关安全生产的法律、法规，加强安全生产管理，建立健全全员安全生产责任制和安全生产规章

---

① 该条已被《矿产资源法》（2024年修订）第42条修改。

制度,加大对安全生产资金、物资、技术、人员的投入保障力度,改善安全生产条件,加强安全生产标准化、信息化建设,构建安全风险分级管控和隐患排查治理双重预防机制,健全风险防范化解机制,提高安全生产水平,确保安全生产。”

根据上述规定,在矿山开采活动中,为了保障生产活动安全运转,采矿权人必须进行安全生产资金、技术、人员等方面的投入,健全相关安全生产规章制度。

(1)安全生产人员管理

在矿山生产活动中,资金、物资和技术投入无疑是提高安全生产水平的重要保障,但矿山生产活动中最核心要素在于人,安全意识淡薄、技能不足或管理不善都可能导致事故发生。因此,挑选符合条件的人员、安排专职安全生产管理人员参加到生产活动中,提升管理和生产人员的安全意识、技术水平,实施有效的管理策略以及监督检查安全生产活动,是实现安全生产的关键,是确保安全生产的重中之重。《安全生产法》第 24 条第 1 款规定:“矿山、金属冶炼、建筑施工、运输单位和危险物品的生产、经营、储存、装卸单位,应当设置安全生产管理机构或者配备专职安全生产管理人员。”

对于安全生产人员的安排以及需要具备的条件,国家有相应的规定。根据《矿山安全法》的规定,矿山安全生产工作由矿长负责,矿长要具备安全生产的专业知识,且必须通过考核,具有领导安全生产和处理矿山事故的能力。《煤炭法》规定,煤矿企业的安全生产管理,实行矿务局长、矿长负责制。《国务院关于预防煤矿生产安全事故的特别规定》(已失效)规定,矿长未依法取得矿长资格证、矿长安全资格证的,煤矿不得从事生产。

为保障矿山生产活动安全运行,除需要矿长、一般职工、一般技术人员外,还需要安排特种作业人员参与矿山开采活动。《矿山安全法实施条例》第 37 条规定,特种作业人员有近二十种,包括瓦斯检查工、爆破工、通风工、信号工、拥罐工、电工、金属焊接(切割)工、矿井泵工、瓦斯抽放工、主扇风机操作工、主提升机操作工、绞车操作工、输送机操作工、尾矿工、安全检查工和矿内机动车司机。《矿山安全法》第 26 条第 2 款规定,矿山企业安全生产的特种作业人员必须接受专门培训,经考核合格取得操作资格证书的,方可上岗作业。

矿山生产活动属于高危行业,因此对职工的安全教育和培训非常重要。除矿长、特种作业人员,其他职工也需要进行相关的安全教育、培训,并达到合格后才能上岗。《安全生产法》第58条规定,从业人员应当接受安全生产教育和培训,掌握本职工作所需的安全生产知识,提高安全生产技能,增强事故预防和应急处理能力。《矿山安全法》第26条第1款规定,矿山企业必须对职工进行安全教育、培训;未经安全教育、培训的,不得上岗作业。《国务院关于进一步加强企业安全生产工作的通知》第6条规定,企业主要负责人和安全生产管理人员、特殊工种人员一律严格考核,按国家有关规定持职业资格证书上岗;职工必须全部经过培训合格后上岗。

(2)安全生产费用投入

为了达到合格的安全生产标准,矿山企业必须安排适当的资金,用于改善安全设施、更新安全技术装备、器材、仪器、仪表以及其他安全生产投入,以保证企业达到法律法规、标准规定的安全生产条件,并对安全生产所必需的资金投入不足导致的后果承担责任。

根据《矿山安全法》的规定,安全生产投入主要集中在两个部分:一个是矿山建设,另一个是矿山开采。

在矿山建设阶段,主要投入有:(1)主体工程;(2)通风系统;(3)供电系统;(4)提升、运输系统;(5)防水、排水系统和防火、灭火系统;(6)防瓦斯系统和防尘系统;(7)露天矿的边坡处理;(8)有关矿山安全的其他项目。

在矿山开采阶段,主要投入有:(1)特殊安全要求的设备、器材、防护用品和安全检测仪器;(2)机电设备、机电设备防护装置、安全检测仪器及上述设备的检查、维修;(3)有毒有害物质和井下空气含氧量的检测;(4)排土场、石山、尾矿库与矿山闭坑危害的预防措施;(5)法律规定的其他项目。

2.1.3 生态环境修复义务

矿山开采会对矿区及周边区域的水源、大气、土壤及生态系统等造成不同程度的污染或破坏,甚至引发地质灾害。对此,采矿权人一方面应当采取科学的开采方法和选矿工艺,遵守有关环境保护法律规定,矿山开采过程中严格执行政府审批的环境保护方案,防止造成环境污染和生态破坏;另一方面矿山开采结束后应当负责矿山生态环境修复治理。矿山地质环境保护,坚持预防为主、防治结合,“谁开发、谁保护,谁破坏、谁治理,谁投资、谁受益”的原则。

在2024年实质性修改之前,《矿产资源法》仅有个别条款规定矿区生态环境保护,且这些规定多为宣示性条款,可操作性不强。为了实现“加强矿产资源和生态环境保护”的立法目的,《矿产资源法》(2024年修订)专门增加“矿区生态修复”一章作为第四章,对矿区生态修复作出明确规定。一是明确矿区生态修复应当坚持自然恢复与人工修复相结合,遵循“因地制宜、科学规划、系统治理、合理利用”的原则。二是合理划分矿区生态修复的责任主体,采矿权人是矿区生态修复的责任主体,应当依法履行矿区生态修复义务。采矿权人的生态修复义务不因采矿权消灭而免除;采矿权转让的,由受让人履行矿区生态修复义务;历史遗留的废弃矿区,矿区生态修复责任人灭失或者无法确认的,由所在地县级以上地方人民政府组织开展矿区生态修复。三是建立矿区生态修复方案编制制度。开采矿产资源前,采矿权人应当编制矿区生态修复方案,随开采方案报原矿业权出让部门批准;采矿权人应当按照经批准的矿区生态修复方案进行矿区生态修复。四是明确企业的矿区生态修复费用计入生产成本。采矿权人应当按照规定提取矿区生态修复费用,专门用于矿区生态修复①。

《矿产资源法》(2024年修订)第四章“矿区生态修复”,用了6个条款对矿区生态修复进行规定。

第一,第44条明确了矿区生态修复应当坚持自然恢复与人工修复相结合,遵循“因地制宜、科学规划、系统治理、合理利用”的原则。国务院自然资源主管部门会同国务院生态环境主管部门等有关部门制定矿区生态修复技术规范,县级以上地方人民政府应当加强对矿区生态修复工作的统筹和监督。矿区生态修复要采取工程、技术、生物等措施,做好地质环境恢复治理、地貌重塑、植被恢复、土地复垦等。涉及矿区污染治理的,应当遵守相关法律法规和技术标准等要求。

第二,第45条规定了矿区生态修复的责任主体是采矿权人。采矿权人的

① 《新矿产资源法的十大亮点》,载自然资源部网2024年11月9日,https://www.mnr.gov.cn/dt/ywbb/202411/t20241109_2873921.html。

生态修复义务并不因采矿权的消灭而免除。采矿权转让的,由受让人履行矿区生态修复义务,国家另有规定或者矿业权出让、转让合同另有约定的除外。对于历史遗留的废弃矿区,矿区生态修复责任人灭失或者无法确认的,矿区所在地县级以上地方人民政府为矿区生态修复的责任主体,由其组织开展矿区生态修复。本条还明确国家鼓励社会资本参与矿区生态修复。

第三,第 46 条明确了采矿权人应当依法依规依约编制矿区生态修复方案。矿区生态修复方案应当包括尾矿库生态修复的专门措施,应当在矿区涉及的有关范围内公示征求意见,并专门听取矿区涉及的居民委员会、村民委员会、农村集体经济组织和居民代表、村民代表的意见。矿区生态修复方案随开采方案报原矿业权出让部门批准。需要说明的是,虽然《矿产资源法》(2024 年修订)第 33 条仅列明矿业权人进行矿产资源勘查、开采作业前,应分别编制勘查方案、开采方案,并无明确要提交矿区生态修复方案,但并不意味着矿业权人申请采矿许可证时无须提交矿区生态修复方案。因为本条款已明确规定"矿区生态修复方案,随开采方案报原矿业权出让部门批准",即矿业权人申请取得采矿许可证的前提条件之一就是要依法依规依约编制矿区生态修复方案。

第四,第 47 条规定,采矿权人应当按照经批准的矿区生态修复方案进行矿区生态修复,履行矿区生态修复的法定义务。能够边开采、边修复的,应当边开采、边修复;能够分区、分期修复的,应当分区、分期修复;不能边开采、边修复或者分区、分期修复的,应当在矿山闭坑前或者闭坑后的合理期限内及时修复。

第五,第 48 条主要规定了矿区生态修复的验收主体等验收事宜。矿区生态修复由县级以上地方人民政府自然资源主管部门会同生态环境主管部门等有关部门组织验收,验收应当邀请有关专家以及矿区涉及的居民委员会、村民委员会、农村集体经济组织和居民代表、村民代表参加,验收结果应当向社会公布。矿区生态修复分区、分期进行的,应当分区、分期验收。

第六,第 49 条规定矿区生态修复费用计入生产成本。采矿权人应当按照规定提取矿区生态修复费用,专门用于矿区生态修复,并由县级以上人民政府自然资源主管部门会同财政等有关部门对矿区生态修复费用的提取、使用情况进行监督检查,具体办法由国务院财政部门会同国务院自然资源主管部门制定。该笔生态修复费用虽仍在采矿权人账户中，但并不能随意处置和挪用，倘若采矿权进行转让，生态修复义务随之转让，生态修复费用则也应同时进行转让。

同时《矿产资源法》(2024年修订)第七章"法律责任"第71条规定了采矿权人不履行矿区生态修复义务或者未按照经批准的矿区生态修复方案进行矿区生态修复的，由县级以上人民政府自然资源主管部门责令改正，可以处矿区生态修复所需费用二倍以下罚款；拒不改正的，处矿区生态修复所需费用二倍以上五倍以下罚款，由县级以上人民政府自然资源主管部门确定有关单位代为修复，所需费用由采矿权人承担。

目前，我国对于矿山地质环境保护的监督管理措施包括以下三个方面：一是要求采矿权人在办理采矿权申请手续时，应当编制矿山地质环境保护与土地复垦方案，未编制方案或者方案不符合要求的，有批准权的自然资源主管部门不得颁发采矿许可证；二是要求矿山地质环境保护与治理恢复工程的设计和施工，应当与矿产资源开采活动同步进行，县级以上自然资源主管部门会对采矿权人履行矿山地质环境保护与土地复垦义务的情况进行监督检查；三是要求矿山关闭前，采矿权人应当完成矿山地质环境保护与土地复垦义务，采矿权人在申请办理闭坑手续时，应当经自然资源主管部门验收合格，并提交验收合格文件。

2.2 采矿权人仅享有利益不履行法定义务的认定

《矿业权纠纷案件司法解释》第12条第2款规定："矿业权租赁、承包合同约定矿业权人仅收取租金、承包费，放弃矿山管理，不履行安全生产、生态环境修复等法定义务，不承担相应法律责任的，人民法院应依法认定合同无效。"

矿业权租赁、承包的典型法律特征为：在矿业权权属主体不发生变动、矿业权人继续履行法定义务并承担法律责任的情况下，矿业权人仅是将其享有的部分权能让渡给承租人、承包人使用或经营管理，由承租人、承包人投资经营、自负盈亏，租赁期、承包期届满后由矿业权人收回该部分权能。采矿区租赁、承包法律关系中，采矿权人在收取租金、承包费的同时，仍需履行采矿权人的法定义务,其法定义务不因采矿区租赁、承包而免除。

2.2.1 合同明确约定

合同是民事主体之间设立、变更、终止民事法律关系的协议。在矿业权租赁、承包法律关系中,矿业权人让渡的是部分权能,享有的收益是收取租金、承包费;承租人、承包人付出的租金、承包费,获得的是租赁期内、承包期内矿业权的使用权、承包经营管理权。矿业权租赁、承包合同应根据矿业权人和承租人、承包人的协商结果,就租赁/承包期限、租金/承包费标准、支付时间和方式、违约责任、双方的权利义务等进行清晰明了的约定。矿业权租赁、承包合同自依法成立之日起生效。

若矿业权租赁、承包合同明确约定矿业权人仅收取租金、承包费,放弃矿山管理,不履行安全生产、生态环境修复等法定义务,则直接适用《矿业权纠纷案件司法解释》第 12 条第 2 款的规定,直接认定矿业权租赁、承包合同无效,即虚假的意思表示与隐藏的意思表示均无效。

2.2.2 合同未约定时应全面审查

贵州省高级人民法院(2023)黔民申 8460 号再审审查民事裁定书中,法院认为:《矿业权纠纷案件司法解释》第 12 条是针对变相转让矿业权的行为作出的规范,如承包行为具有明显规避国土资源部门行政监管,规避办理矿业权变更转让的行政审批许可,逃避国家相关税费缴纳的意图,即“名为承包、实为转让”的,应当适用该解释条款认定合同无效。根据本案查明事实,结合案涉矿山在开采过程中受到的行政处罚及刑事处罚可以看出,某公司在矿山开采过程中只收取租金、管理费,而放弃了矿山的管理,未履行安全生产及生态环境修复等法定义务,某公司与徐某某签订《采石场合伙协议》及《补充协议书》,其实质就是规避法律强制性规定应无效。

若矿业权租赁、承包合同没有约定采矿权人仅收取租金、承包费,放弃矿山管理,不履行安全生产、生态环境修复等法定义务,则在合同主体一方提起诉讼主张双方签署的矿业权租赁、承包合同实际上是转让合同时,法院在认定合同性质时,既不局限于合同约定条款和内容进行形式认定,也不直接按合同表意作出判断,而是综合考量合同具体条款所体现出的双方当事人的真实意思表示以及双方实际履约的情况等因素，全面审查后依法作出认定。

对于实践中矿业权租赁、承包合同的认定，其本质特征体现为：通过合同形式明确出租人和承租人、发包人和承包人的权利义务关系。该类合同的内容通常包括：出租人、发包人监督承租人、承包人合理开发利用矿产资源；承租人、承包人支付租金、承包金并自主经营、自负盈亏，享有对矿产品的所有权及处分权，但不享有对矿业权的处分权。典型条款包括：租赁或承包期限和开采范围、租赁或承包费用的支付方式、合同到期后矿山资产仍归属于原矿山企业所有等。该类合同的法律基础是：未改变原有矿山资产的所有者，保持矿业权的权利义务主体不进行变动且未放弃对矿山开采的管理，仅将矿业权和矿山经营权进行有限分离。与此相对，若法院在综合衡量合同约定内容及实际履行情况后发现，合同实质导致出租人或发包人仅收取固定费或收益，完全退出矿山管理，不再履行作为采矿权人的全部法定义务，不再承担任何法律责任，则法院将认定该合同不符合租赁或承包合同要件，直接作出否定性评价，认定其为"名为租赁或承包实为转让"的无效合同。

对于实践中的矿山托管协议效力的认定规则如上所述，若在协议内双方约定采矿权人将矿山工程施工、开采作业进行委托，不对施工、开采中的安全负责，但依然指定矿长或专人负责监督施工、开采及安全，承担监管人员工资费用，享有生产经营自主权，同时在实际履行过程中采矿权的主体未发生变化，对外活动依然以采矿权人名义进行，则此类托管协议应当认定为采矿权的承包合同。反之，若是双方虽然在协议内约定了各方权责以及采矿权人指派专人对施工、开采及安全管理进行监督，但实际上采矿权人并未履行任何监管义务、系统性放弃矿业经营控制权等，该协议的目的将被法院认定为规避法律规定，属于以合法形式掩盖其非法目的的无效合同。

实践中，存在一级政府作为矿山权利人将矿山对外承包的情形，政府在矿山承包关系中具有双重法律地位：一方面，根据《矿产资源法》(2009 年修正)第 38 条①"县级以上人民政府应当指导、帮助集体矿山企业和个体采矿进行技术

① 该条已被《矿产资源法》(2024 年修订)删除。

改造,改善经营管理,加强安全生产”以及《矿山安全法》第 4 条“县级以上地方各级人民政府劳动行政主管部门对本行政区域内的矿山安全工作实施统一监督。县级以上人民政府管理矿山企业的主管部门对矿山安全工作进行管理”的规定,政府对矿山的安全生产检查和管理是其法定职责;另一方面,作为矿山权利人,政府亦与企业或个人一样,须遵守《矿产资源法》等相关法律的规定。如江西省高级人民法院(2020)赣民终 366 号民事判决书中,法院认为:《矿业权纠纷案件司法解释》第 12 条第 2 款规定明确的是矿业权人的法律责任。从协议内容来看,双方约定韩坊镇政府负责煤矿的安全生产检查和管理,安全生产造成的经济损失由刘某平承担,则可以说明韩坊镇政府没有放弃履行其作为发包人对安全生产所负的义务,同时韩坊镇政府提交的证据也可以证明在协议实际履行过程中,韩坊镇政府作为一级政府机关和发包人身份具有双重性,其履行安全生产管理的行政管理职责亦是履行协议约定的安全生产义务的一种形式,从这个方面来说两者是重合的,故该案并不符合实质转让矿业权的要件。

(1)放弃矿山管理

以采矿权转让为例,采矿权人是否享有对矿山控制和支配的权利,是对采矿权人是否放弃矿山管理的一项重要认定依据。

在名为采矿权租赁、承包,实为转让采矿权的情形中,采矿权人必将矿山管理权利一同转让,相应地也放弃了对矿山的管理,即放弃人员委派及用工成本的负担,放弃设备的采购,放弃对矿产品的销售、管理;放弃对矿产资源开采过程中涉及保证金、办证费等费用的负担义务,退出矿山的生产经营;放弃对矿区开采等事宜的监督管理;等等。

采矿权实际转让后,采矿权人必然不再对矿山进行控制和支配,对矿山经营管理中的重大事项也不再享有控制权和决定权,换言之,名义上的承租人、承包人等获得了矿山重大事项的控制权和决定权。陕西省高级人民法院在(2021)陕民申 3773 号再审审查民事裁定书中显示,关于原审法院适用《矿业权纠纷案件司法解释》第 12 条第 2 款,“矿业权租赁、承包合同约定矿业权人仅收取租金、承包费,放弃矿山管理,不履行安全生产、生态环境修复等法定义务,不承担相应法律责任的,人民法院应依法认定合同无效”是否正确的问题,最高人民法院认为,《协议书》约定:委托管理期间由被申请人对某煤矿全权经营管理,井下生产安全、地面物资供应、煤炭销售、企业职工任用和解聘处置、煤矿附近村民的与煤矿相关事宜均由被申请人负责。托管期间某煤矿公司的公章及证照由被申请人管理,被申请人负责延续办理。被申请人为井下作业的职工缴纳工伤等社会保险,被申请人承担委托经营期间煤矿发生的债权债务及发生的生产安全事故费用和法律责任。申请人即某煤矿公司按照协议书的约定收取管理费。从上述合同内容可看出,《协议书》的约定符合《矿业权纠纷案件司法解释》第 12 条第 2 款规定的情形,原审法院适用法律并无不当。

(2)不履行安全生产义务

安全生产是矿山企业的首要任务。为了确保矿山生产活动安全建设、安全运行,矿山经营者需要在人员、资金方面进行大量的投入。总结司法实践观点,采矿权人在将矿山出租或承包后,是否还有资金和人员等方面的继续投入和管理,是判断采矿权人是否实际履行安全生产义务的重要依据。若合同约定由承租人或者承包人对矿山安全生产负全部责任,且矿山生产经营过程中矿业权人对于矿山的安全生产管理未投入任何资金、未安排任何人员,则可以视为采矿权人不履行安全生产义务。

安徽省高级人民法院(2020)皖民终 639 号民事判决书中,法院认为:合伙经营协议书虽约定一切与石料场有关的经济纠纷、劳务纠纷、安全生产、合同纠纷和法律纠纷由程某平负责,与某公司无关。但在合同签订后,某公司向中国人寿财产保险股份有限公司投保了安全生产责任保险并支付了保险费,某公司对该公司安全生产管理机构人员进行了调整,该公司法定代表人王某明为矿山安全管理第一责任人,某公司与皖南区域矿山救护大队泾县中队签订了《非煤矿山有偿应急救援协议》,以上事实表明,矿山安全生产责任仍由某公司承担。而矿业权租赁、承包合同效力的认定应从合同中是否约定矿业权人仅收取租金、承包费,放弃矿山管理,不履行安全生产、生态环境修复等法定义务,不承担相应法律责任四种情形考量,且在没有特别规定的情况下,上述四种情形须同时具备,才可以认定为名为租赁、承包,实为矿业权转让。

（3）不履行生态环境修复义务

对矿山进行生态环境修复是矿业权人的法定义务，并且该等义务不因矿业权注销登记而免除，只有矿业权人发生变更且经自然资源主管部门批准，才能由变更后承继其权利、义务的新采矿权人履行矿区生态修复义务。我国法律对于矿业权人转移生态环境修复这一法定义务作出否定性评价，一旦在矿业权租赁或者承包合同中约定转移该义务，则矿业权人有变相转让矿业权之嫌，矿业权租赁、承包合同就面临无效的法律风险。

安徽省高级人民法院（2020）皖民终639号民事判决书中，法院认为：虽然案涉协议中没有就生态环境修复责任进行约定，上诉人程某平承担了修建环保厂房的责任，但并不足以据此认定被上诉人某公司不承担生态环境修复责任。相反，从王某出具给程某平的两张借条上载明王某向程某平借款系用于矿山环评验收和做水土保持方案报告设计，就表明某公司仍承担了生态环境修复的责任，故案涉协议不符合矿业权人"仅收取租金、承包费，放弃矿山管理，不履行安全生产、生态环境修复等法定义务"的情形，应为有效合同。

另外，笔者特此强调的是：矿区生态环境修复义务是采矿权人的法定义务，如果不履行该法定义务，不仅要面临民事赔偿责任，被责令停产停业、罚款予以行政处罚等行政责任，还可能要面临刑事责任。比如，重庆市绿色志愿者联合会诉恩施自治州建始磺厂坪矿业有限公司水污染责任民事公益诉讼案①中，法院就直接对涉案的矿业公司作出停产停业的处罚措施。而在贵州黄平某实业有限公司等非法占用农用地刑事附带民事公益诉讼案②中，对于涉案的某实业矿业公司，法院在判令其承担刑事责任的同时，还判令其对矿区生态环境进行修复，如未履行修复义务，则承担生态修复费用6335.69万元。

① 人民法院案例库入库案例，入库编号2019－18－2－466－006。

② 人民法院案例库入库案例，入库编号2024－11－1－347－004。

专题七　矿山挂靠

要点描述

为了满足政府有关矿山兼并重组的政策要求，很多不具备独立存续经营条件的矿山，为了保留采矿权，只得将采矿权变更至矿山企业集团名下，形成采矿权代持法律关系。此类操作虽表面符合兼并重组形式要件，实质上是挂靠经营。矿山挂靠经营的风险大，一旦矿山企业集团发生重大债务纠纷或者进入破产程序，挂靠矿山的采矿权可能会作为矿山企业集团的资产被司法查封、处置，挂靠人面临既失去了采矿权又无法就其遭受的损失获得赔偿的风险。本专题从实务出发，分析矿山挂靠的主要纠纷类型，就矿山挂靠纠纷中挂靠人可以采取的救济途径及其如何有效维护自身合法权益予以梳理、总结。

1. 可供参考的例案

例案一

贵州某煤矿有限公司与中国某资产管理股份有限公司贵州省分公司、贵州某矿业有限公司等案外人执行异议之诉案

【法院】

最高人民法院

【案号】

(2019)最高法民终1495号

【当事人】

上诉人(一审原告、执行案外人):贵州某煤矿有限公司

被上诉人(一审被告、申请执行人):中国某资产管理股份有限公司贵州省分公司

一审第三人(被执行人):贵州某矿业有限公司等

【基本案情】

2012年12月10日,贵州某煤矿有限公司(以下简称某煤矿)与贵州某矿业有限公司(以下简称某矿业公司)签订《合作协议》,第1条转让股权范围约定:某煤矿将其所持有的某煤矿51%股权转让给某矿业公司。其中,含采矿权、经营管理权、土地使用权及现有依附煤矿的一切资产。同日,某煤矿与某矿业公司签订《合作补充协议》,第1条约定:《合作协议》中约定的51%股权转让为名义转让,双方均不主张对此股权实质性转让。

2013年8月26日,某煤矿(房某明)与某矿业公司在贵州省矿权储备交易局的鉴证下签订《兴仁县潘家庄镇某煤矿(兼并重组)采矿权转让合同》,第5条

约定:某煤矿(房某明)于2013年8月26日将兴仁县潘家庄镇某煤矿采矿权以合资合作方式转让给某矿业公司,转让金额为600万元。

2013年12月11日,某矿业公司取得案涉煤矿采矿许可证,有效期限自2013年12月至2020年12月。

2013年1月16日,某煤矿缴纳了案涉采矿权价款。2014年3月5日,某煤矿缴纳了矿产资源补偿费。2015年1月13日,某煤矿向兴仁县地方税务局缴纳了包括资源税在内的各种税费。

2015年11月24日,某煤矿(甲方)与某矿业公司(乙方)分别签订了《解除〈合作协议〉之协议书》《解除〈补充协议〉之协议书》《解除合作协议书》。其中,在《解除〈合作协议〉之协议书》的鉴于部分载明:"……2. 甲乙双方的合作仅是为了满足贵州省兼并重组政策要求集团公司产能必须达到200(万吨/年)的要求而签订;3. 甲方持有的贵州某煤矿有限公司与乙方系松散型整合,虽然采矿权过户至乙方名下,但乙方未支付任何价款,其煤矿的经营管理权也没有移交给乙方,仅变更了《采矿证》,其他证照均没有变更。甲方财产仍独立、仍独立经营,因该矿生产经营产生的债权债务概由甲方承担……"在《解除〈补充协议〉之协议书》的鉴于部分载明:"……2. 甲方持有的贵州某煤矿有限公司与乙方系松散型整合,名义转让,仅采矿权过户至乙方名下,实际不存在转让,甲方财产仍独立,仍独立经营,由该矿生产经营产生的债权债务概由甲方承担……"在《解除合作协议书》中约定:"鉴于市场及政策等原因,甲乙双方经协商一致,达成协议如下:1. 甲乙双方一致同意解除签订的《贵州某煤矿有限公司(兼并重组)采矿权转让合同》。2. 甲乙双方自本协议签订之日起,彼此之间的权利、义务关系即行终止消灭,双方同意互不追究在上述协议合同签订、履行过程中和解除后的经济和法律责任。3. 本协议签订后甲方负责将贵州某矿业有限公司兴仁县潘家庄镇某煤矿变更为贵州某煤矿有限公司或另行加入其他集团公司的相关事宜,乙方需配合办理采矿权变更登记手续,过户产生的税费由甲方或该煤矿股东承担……"

因贵州银行金沙支行诉某矿业公司等金融借款合同、担保合同纠纷案中,法院查封了某煤矿的采矿权,法院最终判决某矿业公司等归还金融借款本息及罚息，贵州银行金沙支行申请执行，执行期间某煤矿提出执行异议，法院经审查裁定驳回某煤矿的执行异议。某煤矿不服，遂提起本案诉讼。

另外，2018年1月15日，某煤矿以某矿业公司为被告，向贵州省金沙县人民法院提起诉讼，请求确认双方于2015年11月24日签署的《解除合作协议书》合法有效。贵州省金沙县人民法院于2018年3月7日作出(2018)黔0523民初225号民事判决，支持某煤矿在该案所提诉讼请求。某矿业公司未出庭参加该案诉讼。该案判决已经发生法律效力。

2018年6月28日，贵州省高级人民法院作出(2018)黔破终2号民事裁定，指令贵州省毕节市中级人民法院受理对某矿业公司的破产清算申请。

【案件争点】

1. 某煤矿是否享有案涉采矿权的实际权利；

2. 某煤矿享有的实际权利是否能够排除本案强制执行。

【裁判要旨】

（一）关于某煤矿是否享有案涉采矿权的实际权利的问题

本案中，根据前述查明的事实可以认定，某煤矿享有案涉采矿权的实际权利。理由如下：

1. 从股权转让和采矿权转让系列合同的意思表示来看，某煤矿和某矿业公司均明确案涉企业股权转让和采矿权转让存在虚伪意思表示和真实意思表示，虚伪意思是为重组转让采矿权，真实意思是形式上的重组，实质保留采矿权，即“名重组、实挂名”。

2. 从当地行政主管部门对此交易的态度来看，如第一点所述，某煤矿与某矿业公司实行的是“名重组、实挂名”，虽然存在规避企业重组政策的问题，但从案涉煤矿所属地区的黔西南州能源局出具相关函件为某煤矿的权益进行协调的情况来看，当地行政主管部门对此种形式重组知情且默认。

3. 从某煤矿实际经营和采矿权的实际管理角度来看，在案涉采矿权变更登记至某矿业公司名下后，依然由某煤矿缴纳了案涉采矿权的矿产资源补偿费，及向兴仁县地方税务局缴纳了包括资源税在内的各种税费。而某矿业公司未提供相关证据证明其对案涉采矿权和所属煤矿进行了相关的投入和管理。

4. 某煤矿与某矿业公司在2015年11月24日,即案涉执行案件贵州银行金沙支行诉某矿业公司等金融借款合同、担保合同纠纷案发生诉讼前,签署了《解除合作协议书》,某矿业公司同意将案涉采矿权返还至某煤矿名下。虽然此后案涉采矿权未及时变更,但从该协议书可知,某矿业公司认同某煤矿对案涉采矿权享有实际权利。

据此,某煤矿对案涉采矿权和所属煤矿实际占有、经营、管理和收益,某矿业公司除挂名外,并未介入任何实质性经营和收益,可以认定某煤矿享有案涉采矿权的实际权利。

(二)关于某煤矿享有的实际权利是否能够排除本案强制执行的问题

本院认为,本案应排除强制执行。理由如下:

某煤矿享有案涉采矿权的实际权利,具有排除强制执行的民事权益基础。但并非所有享有执行标的实际权利的案外人都可以排除强制执行,享有执行标的实际权利只是排除强制执行的必要条件,还不是排除强制执行的充分条件。案外人如需排除强制执行,则执行标的不能存在需要让位的优先权利和需要保护的信赖利益,必须达到足以排除强制执行的权利保护程度。

首先,本案执行标的不存在需要让位优先权利的情形。案涉采矿权被查封,系依据另案贵州银行金沙支行诉某矿业公司等金融借款合同、担保合同纠纷案,但在该案金融借款合同中,并未在案涉采矿权上设立担保物权。同时,该案系普通的金钱债权纠纷引发的保全查封转执行查封债权,亦不存在建筑工程优先权和居住权等优先权利的情形。

其次,本案执行标的不存在需要保护的信赖利益问题。权利信赖利益的保护问题,涉及交易者的安全和所有者的安全如何调和的问题,核心是基于信赖利益的交易安全的保护限度问题。在不存在执行标的权利名实不符的情况下,作为债务人实际所有的财产,无论申请强制执行债权发生在何时,执行标的均可被执行追及。在执行标的存在权利名实不符的情况下,执行债权人是否享有信赖利益是执行标的能否被执行追及的主要考量因素。若执行标的权利名实不符情况发生在申请强制执行债权形成之前,债权人存在基于对债务人的该名义财产权利的信赖才与债务人进行交易的可能,则可以认定债权人对债务人的名义财产享有信赖利益，执行时可以追及；若执行标的权利名实不符情况发生在申请强制执行债权形成之后，因不存在债权人基于该名义财产权利的信赖而与债务人进行交易的可能，则不能认定债权人对债务人此后的名义财产权利享有信赖利益，即此时的名义财产不是债务人对该债权的责任财产，也就不存在信赖利益保护问题，执行时不能追及该名义财产权利。本案中，贵州银行金沙支行的债权形成于2013年2—5月，此时的某矿业公司并未与某煤矿完成形式上的兼并重组，而案涉采矿权也尚未变更至某矿业公司名下（案涉采矿权于2013年12月发生变更）。即债权产生或者交易发生时，某矿业公司尚不存在案涉采矿权名义上的权利，那么，也就不存在贵州银行金沙支行基于某矿业公司的案涉采矿权产生需要保护的信赖利益的问题。

据此，在已可明确某煤矿享有案涉采矿权的实际权利，且在贵州银行金沙支行并不存在优先受偿权利和信赖利益保护的情况下，本案排除强制执行更符合实际情况。

例案二

贵州某能源投资（集团）有限公司纳雍县老凹坝乡某煤矿、中信银行股份有限公司贵阳分行等案外人执行异议之诉案

【法院】

最高人民法院

【案号】

（2021）最高法民终686号

【当事人】

上诉人（一审原告）：贵州某能源投资（集团）有限公司纳雍县老凹坝乡某煤矿

被上诉人（一审被告）：中信银行股份有限公司贵阳分行等

一审第三人：贵州某能源投资（集团）有限公司

【基本案情】

根据贵州省人民政府办公厅2012年12月17日作出的《省人民政府办公厅转发省能源局等部门贵州省煤矿企业兼并重组工作方案（试行）的通知》（黔府办法〔2012〕61号），纳雍县老凹坝乡某煤矿（以下简称某煤矿）与贵州某能源投资（集团）有限公司（以下简称某公司）采取控股参股的方式进行兼并重组。

2013年10月22日，某煤矿（转让人、甲方）与某公司（受让人、乙方）在贵州省矿权储备交易局签订《纳雍县某煤矿（兼并重组）采矿权转让合同》，约定的主要内容有：……第5条，甲方于2013年10月22日将某煤矿采矿权以整体转让方式转让给乙方，转让金额为300万元整。

2014年2月20日，贵州省国土资源厅颁发的证号为×××号的《采矿许可证》载明：采矿权人：贵州某能源投资（集团）有限公司，矿山名称：贵州某能源投资（集团）有限公司纳雍县老凹坝乡某煤矿。2014年3月12日，某煤矿由个人独资企业变更登记为某公司分公司，名称变更为贵州某能源投资（集团）有限公司纳雍县老凹坝乡某煤矿，即本案原告。

2013年3月26日，某煤矿（甲方）与某公司（乙方）签订《合作协议书》，约定的主要内容有：……第2条，双方合作的基本思路及架构。甲方的纳雍县某煤矿现为个人独资企业，双方合作后，将该个人独资企业改制为有限公司，以乙方代理甲方持股51%，甲方名义持股49%的形式，使某煤矿形式上成为乙方控股子公司。

中信银行贵阳分行诉某公司金融借款及担保合同纠纷案中，贵州省高级人民法院作出（2016）黔民初12号生效民事判决，判决某公司偿还中信银行贵阳分行借款，该案执行中，法院查封了某煤矿，某煤矿提出执行异议，但法院裁定驳回了某煤矿的异议请求，某煤矿遂提起本案诉讼。

【案件争点】

某煤矿对案涉采矿权是否享有足以排除强制执行的民事权益。

【裁判要旨】

《物权法》第 9 条第 1 款①规定："不动产物权的设立、变更、转让和消灭，经依法登记，发生效力；未经登记，不发生效力，但法律另有规定的除外。"《矿产资源法》第 6 条第 1 款第 2 项②规定："已取得采矿权的矿山企业，因企业合并、分立，与他人合资、合作经营，或者因企业资产出售以及有其他变更企业资产产权的情形而需要变更采矿权主体的，经依法批准可以将采矿权转让他人采矿。"《探矿权采矿权转让办法》第 10 条规定："申请转让探矿权、采矿权的，审批管理机关应当自收到转让申请之日起 40 日内，作出准予转让或者不准转让的决定，并通知转让人和受让人。准予转让的，转让人和受让人应当自收到批准转让通知之日起 60 日内，到原发证机关办理变更登记手续；受让人按照国家规定缴纳有关费用后，领取勘查许可证或者采矿许可证，成为探矿权人或者采矿权人。批准转让的，转让合同自批准之日起生效。不准转让的，审批管理机关应当说明理由。"据上述规定，采矿权转让合同系《合同法》第 44 条第 2 款③规定的应当依法办理批准手续后生效的合同，受让人在办理矿业权变更登记后才能依法取得采矿权。根据《物权法》第 9 条第 1 款的规定，某公司取得的采矿权具有公示公信效力。某煤矿与某公司签订的《合作协议书》中关于案涉煤矿采矿权权属的约定，仅对协议双方具有约束力，不能对抗某公司经依法批准、登记取得的采矿权公示公信效力。

据原审查明，按照贵州省兼并重组政策和相关法律规定，纳雍县某煤矿与某公司在贵州省矿权储备交易局签订《纳雍县某煤矿（兼并重组）采矿权转让合同》，约定将某煤矿采矿权整体转让给某公司。2014 年 2 月 20 日，经贵州省国土资源厅批准，某煤矿采矿权变更登记到某公司名下，且采矿权至今仍登记在某公司。中信银行贵阳分行根据生效判决确定的对某公司享有的金钱债权，申请执行某公司名下包括案涉采矿权在内的财产，符合《最高人民法院关于人民法院办理执行异议和复议案件若干问题的规定》第 25 条第 1 款第 5 项"对案外

① 该条已被《民法典》第 209 条第 1 款吸收。
② 该条已被《矿产资源法》（2024 年修订）删除。
③ 该条已被《民法典》第 502 条第 2 款吸收。

人的异议,人民法院应当按照下列标准判断其是否系权利人:(五)其他财产和权利,有登记的,按照登记机构的登记判断;无登记的,按照合同等证明财产权属或者权利人的证据判断”之规定。

此外,据原审查明,案涉某煤矿采矿权于2014年2月20日变更登记至某公司名下,中信银行贵阳分行与某公司在2015年1月28日至2015年4月14日期间签订七份贷款合同。中信银行贵阳分行的金融借款债权形成于案涉采矿权变更登记至某公司名下之后。某煤矿未提供证据证明中信银行贵阳分行在与某公司签订贷款合同前知道或应当知道某煤矿与某公司之间就案涉煤矿存在挂靠关系,中信银行贵阳分行基于对采矿权登记所产生的物权公示公信效力存在需要保护的信赖利益,符合物权法关于保护交易安全的立法精神。因此,某煤矿称其为案涉煤矿的实际采矿权人、享有足以排除中信银行贵阳分行的强制执行民事权益的上诉理由不能成立,不予支持。原审根据《最高人民法院关于适用〈中华人民共和国民事诉讼法〉的解释》第312条第1款第2项[①]之规定,判决驳回某煤矿的诉讼请求并无不当。

综上所述,某煤矿的上诉请求不能成立,应予驳回。

例案三

郑某生、贵州某新能源投资有限公司、胡某明等采矿权转让合同纠纷案

【法院】

贵州省高级人民法院

【案号】

(2022)黔民终262号

① 该条已修改为《最高人民法院关于适用〈中华人民共和国民事诉讼法〉的解释》(2022年修正)第310条第1款第2项。

【当事人】

上诉人(一审原告):郑某生

被上诉人(一审被告):贵州某新能源投资有限公司

被上诉人(一审被告):胡某明

【基本案情】

2015年7月20日,某煤矿与被告贵州某新能源投资有限公司(以下简称某公司)签订《挂靠协议》,约定某煤矿采矿权挂靠于某公司名下。双方具体约定:"赫章县松林某煤矿采矿权挂靠于某公司名下,为完成挂靠双方签订《采矿权转让合同》并至国土资源厅备案登记,拟定转让价款为人民币贰仟贰佰万元整。因该转让非实质性转让,双方实质为挂靠关系,因而不基于转让合同支付转让款。如果某公司因严重负债、被行政机关处罚、破产、管理运营不良、社会影响恶劣等不利因素给某煤矿造成严重影响、损失,该矿有权解除《采矿权转让合同》或确认合同无效,提出脱离某公司,取回矿权。若此,某公司应当配合。"原告郑某生在该协议甲方(某煤矿)实际投资人处签字。2015年7月30日,某煤矿和某公司签订《采矿权转让合同》约定:某煤矿采矿权作价1200万元,整体转让给某公司。

2015年9月9日,某煤矿的采矿权在贵州省公共资源交易中心进行转让,并至贵州省国土资源厅办理矿山名称更名,某煤矿采矿权更名为:"贵州某新能源投资有限公司赫章县松林某煤矿。"某公司未支付前述约定转让款。某公司于2017年12月4日取得某煤矿采矿许可证,采矿权人为某公司。

另查明:2019年8月26日,一审法院作出(2019)黔05破10民民事裁定书受理了对某公司的破产清算申请。

某煤矿原系袁某华设立的个人独资企业,前述合同签署后,袁某华申请注销了某煤矿,某公司向工商行政管理机关申请成立了新煤矿(全称为贵州某新能源投资有限公司赫章县松林某煤矿)作为某公司分公司。

【案件争点】

1. 某煤矿财务是否独立;

2.《采矿权转让合同》是否应该解除;

3. 上诉人是否可以取回某煤矿采矿权。

【裁判要旨】

关于争点1。从在案证据看,某煤矿与某公司之间内部关系为“挂靠”。某公司以其为某煤矿提供担保并为某煤矿配备关闭指标等经济往来为由主张某煤矿财务不独立。法院认为,(1)关于某公司所提其分别于2013年2月21日、2015年2月16日为某煤矿借款2500万元提供担保事宜。根据本案查明事实,案涉挂靠协议及采矿权转让合同均签订于2015年7月,担保贷款发生在前,挂靠发生在后,某公司以此为由主张某煤矿财务不独立的抗辩主张不能成立,不予采纳。(2)关于某公司所提郑某生经营某煤矿期间收取了某公司合同履约保证金2000万元事宜。经查,该款系某公司于2013年3月11日向某煤矿打款2000万元,摘要为合同履约保证金。同日,某煤矿向某公司打款2000万元,摘要为汇款。因此,该款已经归还某公司,且上述款项往来发生在案涉挂靠协议之前,某公司以此为由主张某煤矿财务不独立的抗辩主张不能成立,不予采纳。(3)关于某公司所提某煤矿无偿获得某公司配置的云峰煤矿和青龙山煤矿。经查,该两个煤矿系某煤矿从贵州某煤炭销售有限公司以置换的方式取得,某公司主张某煤矿无偿取得缺乏事实依据,某公司以此为由主张某煤矿财务不独立的抗辩主张不能成立,不予采纳。综上所述,某煤矿与某公司之间是财务独立的。

关于争点2。郑某生请求解除《采矿权转让合同》并主张某公司返还某煤矿采矿权的依据系《挂靠协议》。该协议系双方真实意思表示,对双方均具有约束力。《采矿权转让合同》约定,如果某公司因严重负债、被行政机关处罚、破产、管理运营不良、社会影响恶劣等不利因素给某煤矿造成严重影响、损失,该矿有权解除《采矿权转让合同》或确认合同无效,提出脱离某公司,取回矿权。现法院受理了某公司的破产申请,郑某生提出解除《采矿权转让合同》的条件已经成就,根据《合同法》第93条第2款[①]“当事人可以约定一方解除合同的条件。解除合同的条件成就时,解除权人可以解除合同”的规定,郑某生请求解除《采矿权转让合同》的诉讼请求符合合同的约定,本院予以支持。

关于争点3。上诉人是否可以取回某煤矿采矿权。根据前述分析,某煤矿

① 该条已被《民法典》第562条第2款吸收。

与某公司之间财务是独立的，因此，为了最大限度地保护当事人的合法权益，保护交易安全，维护经济秩序，合同解除后，某公司应该依法返还某煤矿采矿权，并依法协助办理某煤矿采矿权的过户登记手续，这不仅符合贵州省兼并重组政策，也与双方合同精神一致，因此上诉人主张取回某煤矿采矿权的上诉请求应予准许。

2. 要点分析

矿山挂靠是在国家加快推进矿山企业兼并重组政策背景下，采矿权人为保留采矿权而采取的一种重要手段，其核心是通过将单矿采矿权登记于矿山企业集团名下的方式，使原本因不符合政策规定而面临关停的矿山采矿权得以存续。在矿产品市场景气的情况下，这似乎是一种多赢的模式：一方面单矿采矿权被保留，另一方面矿山企业集团既能向挂靠矿山收取管理费，又能做大企业账面资产规模，从而增强集团公司融资能力和市场议价能力。然而一旦市场下行，由矿山挂靠关系所引发的各类风险和经济纠纷就会大量爆发。

下文主要包含三部分内容，第一部分介绍矿山兼并重组政策、矿山挂靠方式以及矿山挂靠的主要纠纷类型，第二部分是有关矿山挂靠的案外人执行异议之诉的实务要点分析，第三部分是有关矿山挂靠的实际权利人取回采矿权诉讼的实务要点分析。

2.1 矿山兼并重组与矿山挂靠

兼并重组政策出台后，大部分矿山企业积极响应并落实政策要求，然而也存在部分矿山企业因其特殊性无法完成真正的兼并重组，转而采取了“挂靠”这种权宜性变通模式，即名义上签署股权转让协议，办理矿业权登记变更手续，实际上矿山仍然由原权利人经营管理。

2.1.1 矿山兼并重组政策

矿山兼并重组，是指矿山企业之间通过企业并购、协议转让、联合重组、控股参股等多种形式进行兼并整合，实现矿山企业自身优化生产的一种经济行为和法律行为，也是国家为实现淘汰落后产能，调整优化矿产产业结构，提高矿产生产集约化程度和生产力水平，促进矿产业持续稳定健康发展而推行的一项重大产业政策。

实务中，煤矿企业的兼并重组更为多见，国家以及地方主要产煤大省均出台煤矿企业兼并重组的相关政策，推动煤矿企业实施多层次的兼并重组。其实这点不难理解，相较于非煤矿山，煤矿开采生产的准入门槛相对较低，所涉及的安全生产、产能、环保等问题尤为突出。虽然国家先后出台了一系列促进煤炭工业健康发展的政策措施，在安全生产监管体系优化、煤炭资源开发利用效率提升等方面取得显著成效。但是，煤炭工业长期粗放发展积累的矛盾仍很突出，具体表现为产业集中度低、技术落后，煤炭资源回采率低，资源浪费和环境污染严重，一些地区煤炭勘查开发秩序混乱导致生产安全事故多发，不能适应经济和社会发展需要。

2010 年 10 月 16 日，国家发展和改革委员会《关于加快推进煤矿企业兼并重组的若干意见》提出，要加快推进煤矿企业兼并重组，通过兼并重组，全国煤矿企业数量特别是小煤矿数量明显减少，形成一批年产 5000 万吨以上的特大型煤矿企业集团，煤矿企业年均产能提高到 80 万吨以上，特大型煤矿企业集团煤炭产量占全国总产量的比例达到 50% 以上。

随后，各地方积极开展煤矿企业兼并重组工作，四川、山西、贵州等地针对各地煤矿企业实际情况发布煤矿企业兼并重组政策文件。

以贵州省为例，2012 年 12 月 17 日出台《贵州省煤矿企业兼并重组工作方案（试行）》，明确煤矿企业兼并重组工作目标、工作要求、工作步骤、配套政策措施，提出到 2015 年基本淘汰 15 万吨/年以下煤矿；煤矿企业（集团）控制在 100 个以内，矿井调整到 1000 处左右；毕节市、六盘水市煤矿企业（集团）年生产能力不低于 200 万吨，其他市（州）煤矿企业（集团）年生产能力不低于 150 万吨。2013 年 3 月 22 日出台《贵州省煤矿企业兼并重组工作实施细则》，详细介绍了如何办理煤矿企业兼并重组的各项事宜，包括兼并重组主体资格申报、规划的编制与报审、证照变更和项目审批手续办理等。2013 年 8 月 29 日出台《关于进一步深入推进全省煤矿企业兼并重组工作的通知》(黔府办发〔2013〕46 号),对煤矿企业兼并重组工作提出要求。

以四川省为例,2013 年 3 月 20 日出台《关于推进煤矿企业兼并重组的实施意见》(川府发〔2013〕15 号,已失效),明确要求重点推进规模低于 30 万吨/年的煤矿企业兼并重组,清理整顿小煤矿,提出 2013 年 6 月底以前,30 万吨/年以下规模的企业所属小煤矿仍未参与兼并重组或未签订兼并重组初步协议的,暂停生产或建设,所有停产停建煤矿的证照一律暂扣。

2.1.2 矿山挂靠方式

煤矿企业兼并重组政策要求之一,是实行煤矿企业的总量严格控制,通过兼并重组淘汰落后产能,减少煤矿企业以及采矿权数量,煤矿企业实行集团化经营。对于不符合独立存续经营条件的煤矿企业,只能选择兼并收购其他煤矿,做大年产规模;或接受其他煤矿企业的兼并收购,并入煤矿企业集团,失去原煤矿企业的独立经营主体资格。

煤矿的经济价值大,投资人往往并不甘心长期苦心经营的煤矿被关闭或者被兼并重组。在这种情况下,就催生出了煤矿挂靠这一异化交易模式,即“名为转让、实为挂靠”的交易,这种交易的本质是规避监管政策,保住采矿权。

在操作层面,煤矿挂靠通常呈现双重协议架构:一方面,双方签订采矿权转让协议,约定一方(挂靠方)将其名下采矿权以约定价格转让给另一方(被挂靠方),协议签订后,双方共同办理采矿权转让过户变更手续,采矿权登记至另一方(被挂靠方)名下;另一方面,双方签订挂靠协议明确双方实际的权利义务关系,挂靠协议约定,双方实质为采矿权挂靠关系,为完成挂靠双方签订采矿权转让合同并办理采矿权转让变更登记手续,该合同并不实际履行,因而另一方无须基于转让协议支付转让款,挂靠方需要向被挂靠方定期支付管理费。

完成兼并重组程序后,集团公司名下的挂靠煤矿仍由挂靠方各自负责独立经营、独立核算、自负盈亏。挂靠协议通常还约定,被挂靠方无权擅自干涉挂靠煤矿生产经营活动,无权处置煤矿任何资产和权益,且被挂靠方应当配合办理煤矿生产经营各项手续,若发生影响挂靠煤矿安全或者无法继续挂靠的情形,挂靠方有权要求被挂靠方配合办理采矿权变更手续。

关于挂靠后挂靠煤矿的经营主体,实务中有三种常见情形:一是原煤矿企业未注销,投资人仍以原煤矿企业的名义开展挂靠煤矿的生产经营活动,涉及人、财、物、产、供、销的各个环节,均以原煤矿企业名义实施;二是在煤矿挂靠后,原煤矿企业完成了注销,原投资人以被挂靠方的名义开展挂靠煤矿的生产经营活动;三是在原煤矿企业已经注销的情况下,被挂靠方另外设立分公司,由挂靠方以分公司的名义经营挂靠煤矿。

2.1.3 因矿山挂靠引起的纠纷

在挂靠协议履行过程中常会产生纠纷,例如,挂靠煤矿未按照挂靠协议的约定向煤矿企业集团及时足额支付挂靠管理费,或者煤矿企业集团未履行管理人义务,不配合办理挂靠煤矿生产经营相关审批手续等。

另外,在煤炭市场上行周期里,煤矿生产经营利润高,在完成兼并重组后,虽然煤矿企业集团与挂靠煤矿之间、挂靠煤矿相互之间存在资金往来、融资借款以及互相担保等情况,但仍能维持有序生产经营,整体保持良好运转状态。然而,一旦国家政策发生重大变化,或者煤炭市场进入下行周期,煤矿挂靠模式潜藏的风险便会被全面引爆,进而产生大量的争议纠纷。

实务中主要包括两种纠纷类型:一是当煤矿企业集团因自身债务或者关联挂靠煤矿的债务引发诉讼时,正常经营的挂靠煤矿的采矿权可能被人民法院裁定查封,进而导致无法继续生产经营并面临被拍卖处置的风险;二是当煤矿企业集团因严重资不抵债被法院裁定进入破产程序时,其名下挂靠煤矿将被纳入破产财产范围并面临司法处置的风险。

对于第一种纠纷,在出现挂靠煤矿因债权人申请被人民法院裁定查封的情况下,作为挂靠煤矿的实际投资人,为避免挂靠煤矿被当作债务人的自有财产拍卖执行进行偿债,通常会向受理案件的法院提出执行异议。若法院裁定驳回执行异议请求,则异议人有权提起案外人执行异议之诉,主张其享有案涉采矿权的实际权利,且享有的实际权利足以排除强制执行。

对于第二种纠纷,在煤矿企业集团因债权人申请等原因被法院裁定进入破产程序后,为维护全体债权人利益,管理人依法会将挂靠煤矿列入破产财产范围,在破产财产处置过程中,挂靠煤矿可能被单矿拍卖。为避免挂靠煤矿被处置,在煤矿企业集团被裁定进入破产程序后,挂靠煤矿的投资人会向管理人提出取回挂靠煤矿的采矿权,要求配合办理采矿权过户登记手续。若管理人不予理会或拒绝履行,挂靠煤矿的投资人则可以被挂靠人严重违约、煤矿挂靠的合同目的已经无法实现为由向破产受理法院提起民事诉讼,主张解除采矿权转让合同及挂靠协议,并判令将采矿权过户登记至投资人名下。

上述两种类型的纠纷十分常见,案外人执行异议之诉或者采矿权取回的案件一旦败诉,挂靠煤矿的投资人只能考虑依据挂靠协议向煤矿企业集团提起索赔诉讼,要求煤矿企业集团赔偿损失。然而,陷入重大债务纠纷的煤矿企业集团往往不具有完全赔偿能力,尤其是煤矿企业集团已经进入破产清算程序时,即使法院判决支持赔偿请求,判决确认的债权也只是作为普通债权处理,投资人往往不会完全获得赔偿。

2.2 矿山挂靠典型纠纷之案外人执行异议之诉

当挂靠煤矿因被挂靠人债务纠纷面临强制执行时,投资人往往会选择在执行程序中向执行法院提出执行异议申请以期达到保全挂靠煤矿的目的。若经审查异议理由成立,法院会裁定中止对该标的的执行;若经审查异议理由不成立,法院会裁定驳回,投资人可以自裁定送达之日起 15 日内向人民法院提起案外人执行异议之诉。

案外人执行异议之诉,是指案外人在执行程序中不服执行异议申请的裁定,主张对法院查封、扣押、冻结的执行标的享有排除强制执行的实体权利,向执行法院提起的兼具程序救济与实体确认功能的诉讼。

最高人民法院《关于人民法院办理执行异议和复议案件若干问题的规定》(2020 年修正)第 24 条规定:“对案外人提出的排除执行异议,人民法院应当审查下列内容:(一)案外人是否系权利人;(二)该权利的合法性与真实性;(三)该权利能否排除执行。”

因此,涉挂靠煤矿的案外人执行异议之诉中,法院归纳的案件焦点通常有两个,一是案外人是否享有案涉采矿权的实际权利,二是案外人享有的实际权利能否排除强制执行。

笔者将在下文中结合司法实践中的典型案例，对涉挂靠煤矿的案外人执行异议之诉的审理思路和裁判要点进行梳理、提炼和总结。

2.2.1 案外人是否享有案涉采矿权的实际权利

案外人享有案涉采矿权的实际权利是其诉请得到支持的前提，那么实务中法院是如何认定的呢？

（1）煤矿挂靠的意思表示

挂靠相关协议会约定，挂靠人转让给被挂靠人的采矿权以及全部权益实际系挂靠人所有，与被挂靠人无关，被挂靠人无权处置挂靠煤矿的采矿权，双方签署的采矿权转让协议仅为实施煤矿企业的兼并重组，办理转让过户之用，并不实际履行。在这种情况下，采矿权转让存在虚伪意思表示和真实意思表示，虚伪意思是为重组转让采矿权，真实意思是形式上的重组，实质保留采矿权，即“名重组、实挂靠”。

最高人民法院（2019）最高法民终287号民事判决书中，关于某煤矿是否为案涉采矿权的实际权利人的问题，最高人民法院提出：采矿权虽然是依据行政许可产生的权利，但对矿产品的开采利用本身是一种用益物权，属于物权范畴。关于采矿权初始设定之后的权利利用问题上，存在名义权利和实际权利分离的问题，即存在采矿权名义持证人之外的人享有采矿权的实际权利而名义权利人并无实际权利的可能，并且因这种分离造成的名实不符情况下的实际权利是物权不是债权。根据《物权法》第33条①的规定，“因物权的归属、内容发生争议的，利害关系人可以请求确认权利”。当名义权利人和实际权利人就采矿权的实际权利发生争议时，通过民事确权之诉的方式予以确定或者在执行异议之诉中请求确认实际权利，符合民事诉讼的制度目的。

因此，若签署挂靠相关协议，则可以依据双方的真实意思表示，确认挂靠人享有案涉采矿权的实际权利，即挂靠人是案涉采矿权的实际“采矿权人”。

（2）未支付采矿权转让价款

因采矿权转让协议并不实际履行，因此被挂靠人并不会向挂靠人支付采矿

---

① 该条已被《民法典》第234条吸收。

权转让价款,而挂靠人需要按照挂靠协议约定向被挂靠人支付管理费。在诉讼过程中,挂靠人会向法院提交管理费的支付凭证,以此证明双方之间确属挂靠关系。

需要注意的是,实务中存在挂靠人未按期足额支付挂靠费的情形,尤其是双方出现争议或纠纷,或者被挂靠人进入破产程序后,这并不妨碍法院认定双方之间存在挂靠关系。挂靠人向法院提交部分管理费支付凭证即可。

(3)政府及主管部门认可

虽然煤矿挂靠行为存在规避煤矿企业兼并重组政策的问题,但实际上案涉煤矿所属地的政府以及能源主管部门通常默认此种形式的重组。

实务中通常表现为:①在涉挂靠煤矿的会议中,政府是通知煤矿的实际投资人参加会议,在政府相关会议纪要中显示挂靠人是挂靠煤矿的实际权利人;②挂靠煤矿在经营过程中违法违规经营的,主管部门也是将行政处罚通知直接出具给原煤矿企业,而非作为被挂靠人的煤矿企业集团;③挂靠煤矿经营过程中的各项价款和税费也是由原煤矿企业直接向税务等部门缴纳。

政府及主管部门的知情和默许,一定程度上也能证明案涉煤矿挂靠的事实,因此诉讼过程中,挂靠人会向法院提交原煤矿企业缴纳税款、受到行政处罚的文件以及缴款罚款的相关证据。

(4)实际管理控制

真实的采矿权转让交易,转让人需要向受让人移交矿山、生产资料、生产设备以及各项经营手续,完成交付义务。在煤矿挂靠的情况下,并不会发生交付行为,煤矿自始至终均由挂靠人实际管理和控制。挂靠人可向法院提交煤矿挂靠期间案涉煤矿始终由其实际管理控制的证明文件,以此证明挂靠人对挂靠煤矿享有实际权利。

(5)独立经营

独立经营主要体现在几个方面,即"人、财、物、产、供、销"。在煤矿挂靠的情况下,煤矿人员都是由挂靠人聘用并承担用工成本、支付报酬;挂靠煤矿实行财务独立,独立核算,自行申报纳税;煤矿的全部资产由挂靠人自行管理、支配和使用;挂靠煤矿生产的煤炭归挂靠人所有,由挂靠人处置;煤矿经营所需的各类设备和材料由挂靠人出资购买;采出的煤炭加工和销售也是由挂靠人负责,并收取销售款项。

独立经营可以说明双方之间的挂靠关系。因此,在诉讼过程中,挂靠人会充分提交相关证据,主要包括挂靠人与员工之间签署的聘用合同、发放工资和缴纳社保的凭证,挂靠人对外签署的采购合同、销售合同等。独立经营需要自行投资,因此在诉讼过程中,挂靠人会向法院提交其向挂靠煤矿实际出资的付款凭证,证明煤矿系由挂靠人自行投资、独立经营。

依据以上要点,法院可以认定挂靠人系案涉煤矿的实际权利人,挂靠煤矿由挂靠人独立经营、自负盈亏。

2.2.2 案外人享有的实际权利能否排除强制执行

案外人是案涉采矿权的实际权利人,具有排除强制执行的民事权益基础,但享有执行标的实际权利只是排除强制执行的必要条件,而不是排除强制执行的充分条件。实际权利人如需排除强制执行,则执行标的不能存在需要让位的优先权利和需要保护的信赖利益,所主张的民事权益必须达到足以排除强制执行的权利保护程度。

(1)不能存在需要让位的优先权利

优先权利应当是法律明确规定的权利,法定的优先权类型主要包括担保物权、建筑工程价款优先受偿权和居住权等,若执行标的上存在需要让位的优先权利,则案外人即使对执行标的享有实际权利,也不足以排除强制执行,优先权利应当被优先保护。

最高人民法院(2019)最高法民终 287 号民事判决书中,最高人民法院认为:本案不存在实际权利人需要让位优先权利的情形。案涉采矿权被查封,系依据另案贵州银行金沙支行诉某矿业公司等金融借款合同、担保合同纠纷案,但在该案金融借款合同中,并未在案涉采矿权上设立担保物权。同时,本案系普通的金钱债权纠纷引发的保全查封转执行查封债权,亦不存在建筑工程优先权和居住权等优先权利的情形。

(2)不存在需要保护的信赖利益

权利信赖利益的保护问题,涉及交易者的安全和所有者的安全如何调和的问题,核心是基于信赖利益的交易安全的保护限度的问题。在涉挂靠煤矿的案外人执行异议之诉中,是否存在需要保护的信赖利益是法院重点审查事项之一。

以申请执行的债权为银行对煤矿企业集团的贷款为例,需要根据该笔贷款的发生时间,确定是否存在信赖利益保护的问题。若该笔贷款发生在案涉煤矿挂靠前,则不存在贷款行基于对该名义财产权利(挂靠煤矿)的信赖而向煤矿企业集团发放贷款的可能,因而不能认定贷款行对煤矿企业集团此后登记在名下的财产权利享有信赖利益,不存在信赖利益的保护问题;若该笔贷款发生在案涉煤矿挂靠后,贷款行存在基于对煤矿企业集团的该名义财产权利的信赖才向其发放贷款的可能,则可以认定贷款行对煤矿企业集团的名义财产享有信赖利益,执行时可以追及。当然还需要注意的一种情况是,若挂靠人能够举证证明贷款行在发放贷款之时明确知道案涉采矿权挂靠的事实,则贷款行的信赖利益也不应当受到法律保护,因为此时贷款行并不是善意的。

最高人民法院(2019)最高法民终 287 号民事判决书中,贵州银行金沙支行的债权形成于 2013 年 2—5 月,此时的某矿业公司并未与某煤矿完成形式上的兼并重组,而案涉采矿权也尚未变更至某矿业公司名下(案涉采矿权于 2013 年 12 月发生变更)。即债权产生或者交易发生时,某矿业公司尚不存在案涉采矿权名义上的权利,也就不存在贵州银行金沙支行基于某矿业公司的案涉采矿权产生需要保护的信赖利益的问题。最终,最高人民法院认为,某煤矿是案涉采矿权的实际权利人,且在贵州银行金沙支行并不存在优先受偿权利和信赖利益保护的情况下,本案排除强制执行更符合实际情况。

2.3 矿山挂靠典型纠纷之采矿权取回之诉

挂靠人与被挂靠人签署的挂靠协议通常会明确约定,若被挂靠人因严重负债、被行政机关处罚、破产、管理运营不良、发生社会影响恶劣事件等不利因素给挂靠煤矿造成严重影响、损失,则挂靠人有权解除采矿权转让合同,脱离煤矿企业集团,取回采矿权。

在发生被挂靠人被法院裁定进入破产程序、挂靠人向管理人提出取回采矿权的请求不被理会后,挂靠人可以被挂靠人违约、挂靠目的无法实现为由向破产受理法院提起诉讼,要求解除采矿权转让合同以及挂靠协议,取回采矿权,避免挂靠煤矿被当作破产财产处置。

2.3.1 民事诉讼案由的确定

挂靠人在起诉过程中,需要确定民事诉讼案由,法院也会根据审查情况确定合适案由。实务中,该类型的民事诉讼案由主要有以下三种。

(1)物权确认纠纷之诉

物权确认纠纷,是指因物权的成立、内容及物权的归属而产生的纠纷,物权确认纠纷之诉包括所有权确认之诉、用益物权确认之诉及担保物权确认之诉。物权确认纠纷之诉的请求权基础规范为《民法典》第 234 条之规定:“因物权的归属、内容发生争议的,利害关系人可以请求确认权力。”

采矿权是用益物权的一种,因采矿权归属发生的纠纷属于物权确认纠纷。比如,贵州省高级人民法院(2020)黔民终 1132 号民事判决书中,法院确定的民事诉讼案由为物权确认纠纷。

(2)取回权纠纷之诉

取回权,是指债务人进入法院破产案件审理程序后,对于债务人占有的不属于债务人的财产,或债务人作为买受人尚未支付全部价款并实际控制的财产,财产所有人或出卖人所依法享有的取回该财产的权利。取回权纠纷之诉的请求权基础规范为《企业破产法》第 38 条之规定:“人民法院受理破产申请后,债务人占有的不属于债务人的财产,该财产的权利人可以通过管理人取回。但是,本法另有规定的除外。”

贵州省毕节市中级人民法院(2021)黔 05 民初 100 号民事判决书中,法院确定的民事诉讼案由为取回权纠纷。原告(挂靠煤矿投资人)主张,2019 年 8 月 26 日,某公司经法院裁定进入破产程序,现因被告陷入破产,加之贵州省煤矿产业政策调整后允许单个煤矿以独立主体生产经营,故原告现特向法院提起诉讼。在笔者原参与代理的一起涉挂靠煤矿诉讼案件(后撤诉)中,法院确定的民事诉讼案由即为取回权纠纷。

(3)采矿权转让合同纠纷之诉

采矿权转让合同纠纷,是指双方当事人因订立、履行、变更、终止采矿权转让合同发生的权利义务纠纷。因煤矿挂靠引起的采矿权取回纠纷本质上是采矿权合同纠纷。如贵州省高级人民法院(2022)黔民终 262 号民事判决书中,原告诉请取回采矿权,法院确定的民事诉讼案由为采矿权转让合同纠纷。上诉人(挂靠煤矿投资人)主张,赫章县松林某煤矿与某公司系挂靠关系,并非采矿权转让合同关系,双方签订的《采矿权转让合同》名为转让实为挂靠,挂靠人要求解除《采矿权转让合同》及《挂靠协议》。

需要注意的是,采矿权是用益物权,采矿权纠纷是物权纠纷,不能涵盖采矿权转让合同纠纷,故 2021 年起实施的《民事案件案由规定》将采矿权转让合同纠纷作为独立的第三级案由规定在合同纠纷部分。在确定本案由时,需注意与采矿权纠纷案由的区分,采矿权权属的纠纷,应适用采矿权纠纷案由;采矿权转让合同引起的纠纷,则用本案由。

2.3.2 案件审理争议焦点

在挂靠人诉请被挂靠人返还挂靠煤矿采矿权的纠纷案件中,法院在类案中的审判思路为:先查明原告与被告之间是否存在煤矿挂靠关系,再认定采矿权转让合同是否应当解除以及挂靠人是否可以取回案涉采矿权。

(1)是否存在煤矿挂靠关系

如前所述,煤矿挂靠关系可以通过原告方提交的挂靠协议、管理费支付凭证以及受让方并未支付煤矿采矿权受让价款等加以证明。在诉讼案件中,双方对于煤矿挂靠的事实一般没有争议,这种情况下,法院不会将双方之间是否存在煤矿挂靠关系作为争议焦点之一。

(2)采矿权转让合同是否应当解除

要求解除双方之间的采矿权转让合同,是原告方的诉讼请求之一,只有解除了采矿权转让合同,才能讨论挂靠煤矿采矿权是否可以取回的问题。

原告方主张应当解除采矿权转让合同的依据是,挂靠协议约定,若被挂靠人因严重负债、破产等不利因素给挂靠煤矿造成严重影响、损失,挂靠人有权提出解除采矿权转让合同,脱离被挂靠人,取回采矿权。

法院需要审查的是挂靠协议的效力，若挂靠协议无效，则原告方无权依据无效合同提出主张。在诉讼案件中，被挂靠人往往以挂靠协议违反煤矿兼并重组政策为由，主张挂靠协议约定无效。

无效制度是对合同自由的一种干预，是法律对当事人的私人意志越界的一种否定性评价。根据现行法律，无效合同大致有以下情形：

①与无民事行为能力人订立的合同无效。

《民法典》第 144 条规定："无民事行为能力人实施的民事法律行为无效。"

②行为人与相对人以虚假的意思表示订立的合同无效。

《民法典》第 146 条第 1 款规定："行为人与相对人以虚假的意思表示实施的民事法律行为无效。"

③违反法律、行政法规的强制性规定的合同无效。

《民法典》第 153 条第 1 款规定："违反法律、行政法规的强制性规定的民事法律行为无效。但是，该强制性规定不导致该民事法律行为无效的除外。"

根据《全国法院民商事审判工作会议纪要》第 30 条的规定，"违反法律、行政法规的强制性规定的民事法律行为无效"中所指的"强制性规定"特指"效力性强制性规定"，而与效力性强制性规定对应的则是管理性强制性规定；所谓效力性强制性规定，就是指那些直接决定合同效力的法律法规的规定。

④违背公序良俗的合同无效。

《民法典》第 153 条第 2 款规定："违背公序良俗的民事法律行为无效。"

《民法典合同编通则司法解释》第 17 条第 1 款规定："合同虽然不违反法律、行政法规的强制性规定，但是有下列情形之一，人民法院应当依据民法典第一百五十三条第二款的规定认定合同无效：(一)合同影响政治安全、经济安全、军事安全等国家安全的；(二)合同影响社会稳定、公平竞争秩序或者损害社会公共利益等违背社会公共秩序的；(三)合同背离社会公德、家庭伦理或者有损人格尊严等违背善良风俗的。"

⑤恶意串通的合同无效。

《民法典》第 154 条规定："行为人与相对人恶意串通，损害他人合法权益的民事法律行为无效。"

我国矿业资源相关法律法规并未明确禁止煤矿挂靠行为，不存在煤矿挂靠违反法律、行政法规的强制性规定的情形，在挂靠协议是双方真实意思表示的情况下，挂靠协议对双方均有约束力，挂靠方有权依据挂靠协议约定向被挂靠人主张要求解除挂靠协议以及采矿权转让合同。

(3)挂靠人是否可以取回采矿权

要求取回采矿权是原告方的最主要诉讼请求，这是原告方提起诉讼的目的。如同涉挂靠煤矿案外人执行异议之诉中，即使案外人享有案涉煤矿的实际权利，但若是存在需要让位的优先权利，或者存在需要保护的信赖利益，则案外人享有的实际权利也不足以排除强制执行一样，在挂靠煤矿采矿权取回诉讼中，法院也需要审查挂靠人取回案涉煤矿采矿权是否会损害其他人合法权益，在被挂靠人已经进入破产程序的情况下，尤其需要注意保护全体债权人的利益。因此，在挂靠期间挂靠煤矿的财务是否独立就成为法院的审查重点。

2021 年 11 月 9 日，贵州省高级人民法院联合贵州省自然资源厅、贵州省能源局、贵州省财政厅印发的《关于涉煤矿破产案件若干问题的会议纪要》(黔高法〔2021〕254 号)第六条“支持挂靠煤矿取回矿权”明确提出，“对于兼并重组过程中与主体企业(集团公司)存在实质挂靠关系、但财务独立且符合办理独立法人的煤矿，支持其实际控制人取回矿权，凭破产法院协助执行通知书办理相关手续……”

因挂靠煤矿采矿权登记在煤矿企业集团名下，在煤矿挂靠期间，挂靠煤矿不可避免会与煤矿企业集团之间发生大量的经济往来，这主要表现为：煤矿企业集团为挂靠煤矿配备关闭指标，向关闭煤矿矿主支付了购买指标的费用，煤矿企业集团代挂靠煤矿支付了银行贷款本金及利息，煤矿企业集团向挂靠煤矿拆借资金，等等。在诉讼案件中，被挂靠人会以双方之间存在大量的经济往来为由，否认挂靠煤矿财务独立，认为双方财务混同，因此不具备取回的条件。

笔者认为，若虽然双方之间存在经济往来，但是这些经济往来构成双方之间的债权债务关系，相关债权债务是明确、具体的，甚至挂靠期间双方就此进行了书面确认，挂靠人认可对被挂靠人负有还款责任，财务上也是独立核算，分别列支列收，各自建立了独立规范的财务制度，财产上也没有混同，则不能简单以双方之间存在经济往来为由认定双方财务混同,否认财务独立的事实。

2.3.3 胜诉后采矿权的过户登记问题

学界通说认为,矿业权是一种具有公权性质的私权,比如采矿权的转让除需要具备转让与受让双方的真实意思表示外,还需要取得主管部门的审批同意并履行法律法规所规定的程序,这与其他权利转让不同。行政机关对采矿权的审批登记,不仅具有证明采矿权权利归属的效力,而且还具有行政许可的设权性质,采矿权权利人的认定,原则上应当以行政机关的审批登记为准。采矿权的取得和变更必须向行政机关提出申请,不能依民事约定直接取得或者直接由司法判决径行确权,否则将导致司法权逾越权限边界,进而损害行政机关依法享有的行政许可裁量权。

需要说明的是,《矿产资源法》(2024 年修订)首次确立了矿业权物权登记和行政许可登记相分离的制度,明确规定取得矿业权后应先办理物权权属登记,在勘查、开采矿产资源前经行政许可审批再办理探矿许可证、采矿许可证。也就是说,矿业权的物权权属证书和行政许可证书已由行政主管部门单一审批登记模式,转变为依不同法律程序分别设立取得。矿业权经依法设立登记取得权属证书后,是否能通过行政许可审批取得许可证书,须由行政机关依法审查后作出决定。在涉及挂靠煤矿采矿权取回的诉讼案件中,若原告方主张法院判决原告方为案涉煤矿的采矿权人的诉讼请求于法无据,则不会得到支持。原告方可以通过主张案涉采矿权物权返还请求权,或者请求判令被告方配合办理采矿权过户登记手续等途径实现权利救济。

在挂靠人取得法院生效判决后,被挂靠人有义务配合挂靠人办理案涉采矿权的转让过户登记手续,若被挂靠人拒不配合,挂靠人可以向法院申请执行,由法院出具协助执行通知书办理。需要注意的是,挂靠煤矿的采矿权人最终能否办理采矿权转让过户登记手续,还需要获得行政机关的审批许可,行政机关会根据相关政策,审查该煤矿是否具备独立办理采矿权的许可条件。

需要注意的是,在挂靠煤矿失去煤矿企业集团破产保护后,在煤矿企业集团裁定进入破产程序前,挂靠煤矿上的司法查封会被恢复,如黔高法〔2021〕254号文件就提到,挂靠煤矿的采矿权原有查封的,办理完独立法人手续后,属于独立法人煤矿自身债务产生的查封,破产法院应按照原查封顺序告知原查封法院重新向自然资源主管部门送达查封文书继续查封。

胜诉后采矿权过户登记还涉及另外一个问题就是,案涉挂靠采矿权上存在抵押权,抵押担保的是煤矿企业集团的债务或者挂靠煤矿自身债务。这种情况下,挂靠煤矿采矿权能否办理过户登记手续呢?

笔者认为,根据《民法典》第406条第1款"抵押期间,抵押人可以转让抵押财产。当事人另有约定的,按照其约定。抵押财产转让的,抵押权不受影响"的规定,在法院判决支持采矿权取回的情况下,采矿权是可以带着抵押过户登记的。

专题八　矿山外包与煤矿整体托管

要点描述

矿山外包实质是矿山企业将矿产资源开采活动中具有核心竞争力的业务、辅助性的业务或作业环节外包给外部专业公司。在依法获批的矿区范围内,以外包方式开展煤矿的建设、生产活动,以及金属、非金属矿山的勘查、建设、生产、闭坑等工程施工作业。这种外包模式在一定程度上可以将矿山企业资产所有权与经营权相分离,借助外包专业公司整合的专长和优势来提升矿山企业的整体运营效率和竞争力。

鉴于矿山生产经营具有极高的专业性,且安全生产问题始终是矿山企业关注的焦点,矿山专业化运营在市场化竞争下得到快速发展。我国相关的管理政策首先聚焦专业性、危险性较高的煤矿企业,围绕煤矿开采等环节的整体托管政策在全国范围内推广实施。煤矿整体托管模式在山西、陕西、新疆、内蒙古、贵州等煤炭资源富集地区得到广泛应用;随着《非煤矿山外包暂行办法》和《金属非金属地下矿山外包管理规定》的出台,国家针对非煤矿山外包工程的管理制度基本确立。鉴于矿山外包的合法合规是矿山企业合规管理的重要领域,本章根据有关法律和政策要求,我们从非煤矿山外包工程、煤矿整体托管等实务角度对矿山外包的合规要求进行介绍,以期对矿山企业有所帮助。

1. 可供参考的例案

例案一

西乡某煤矿有限责任公司，易某游与大竹县某矿业技术咨询有限责任公司确认合同无效纠纷案

【法院】

陕西省汉中市中级人民法院

【案号】

(2020)陕07民终1606号

【当事人】

上诉人(原审被告)：西乡某煤矿有限责任公司

上诉人(原审被告)：易某游

被上诉人(原审原告)：大竹县某矿业技术咨询有限责任公司

【基本案情】

西乡某煤矿有限责任公司(以下简称某煤矿公司)取得陕西省国土资源厅颁发的《采矿权许可证》，被许可的有效期限自2017年6月9日至2020年6月9日。2018年3月16日，陕西煤矿安全监察局“关于对府谷县新民镇后大井沟6处煤矿安全生产许可证有效期满未申请办理延期手续的提示函”(陕煤安政法函〔2018〕1号)，提示某煤矿公司《安全生产许可证》有效期届满未办理延期手续，且在函告之日起3个月仍未申请延期的，将依法注销。

2018年3月20日，某煤矿公司作为甲方与作为乙方的大竹县某矿业技术咨询有限责任公司(以下简称某公司)经协商签订了《协议书》，约定：“经甲方全体股东会议研究决定，自愿将木竹坝煤矿股权转让给乙方，包括木竹坝煤矿

所有的一切资产、资源,转让金额共计为3500万元。由于木竹坝煤矿现属于9万吨/年的生产规模矿井(属于国家和陕西省淘汰的落后产能矿井),甲方承诺全力配合乙方将木竹坝煤矿扩能至45万吨/年的生产规模,经双方友好协商,达成先委托管理、股权转让协议。主要约定如下:一、托管事宜(一)委托管理资格及范畴1.甲方将木竹坝煤矿全权委托乙方实行经营管理。乙方以独立的法人企业作为受托方对木竹坝煤矿全权经营管理……,(三)煤矿托管费及支付办法1.签订协议后,乙方先付定金100万元,汇入甲方指定账户。2.甲方收取乙方风险抵押金壹仟万元整(1000万元),扣除乙方先付定金100万元,余下900万元在本协议签订后7个工作日内乙方支付400万元,待甲方将15万吨/年生产规模批文获取后3个工作日内乙方支付500万元。3.乙方在受托对煤矿经营管理期间,总计应向甲方分期支付管理费人民币贰仟伍佰万元整(2500万元)……。4.在托管期间,甲方收取的乙方风险抵押金1000万元和乙方支付的管理费2500万元均作为股权转让金,乙方按所支付的总体金额持有木竹坝煤矿股份比例(3500万元)……。6.如乙方在托管期间提前支付了全部3500万元股权转让价款的,托管协议自动结束,转让协议生效,即甲方股东不再持有木竹坝煤矿的股份,其煤矿的所有一切有形或无形的资产资源均属乙方所有……,(四)双方的责任和权利2.托管期间甲方无偿提供证照、现有的井上下一切设施设备现状交给乙方。甲方的公章及证、照由乙方管理,乙方负责延续办理,做到煤矿生产经营手续合法有效……。7.在托管期间,办理扩能、扩采矿范围手续费用由乙方负责,甲方负责配合。二、转让事宜……,(二)转让煤矿的资产包括矿业权、矿井、井下巷道、机器设备,煤矿享有的土地使用权、承租权、房屋所有权,其他固定资产和一切设备,煤矿有关技术资料、证照包含的权益等……(四)乙方受让甲方资产后,可依法变更煤矿名称、采矿权主体及其他相关法律手续、证照。甲方再不享有煤矿的任何权益。甲方法定代表人必须配合乙方办理变更采证、营业执照、安证手续事宜……"

自2018年3月21日起,某公司向易某游共计支付451万元。2018年3月28日,某公司按照协议约定进入某煤矿,进行投资后开始采煤。

自2018年3月起,西乡县安全生产监督管理局等主管部门陆续对某煤矿公司下发停产整改、责令立即停止违法生产行为、矿井永久关闭等行政处罚决定书。

2020年6月15日,西乡县发展和改革局下发“关于开展我县年产30万吨以下煤矿关闭退出验收工作通知”(西发改能源〔2020〕214号),明确关闭某煤矿公司。

某公司向一审法院起诉请求确认某公司与某煤矿公司签订的煤矿托管及股权转让《协议书》无效,判令某煤矿公司返还原告各项费用,判令某煤矿公司向原告赔偿因合同无效造成的投资损失,判令被告法定代表人易某游对上述款项承担连带责任。

【案件争点】

托管行为是否属于变相转让采矿权,是否属于《最高人民法院〈关于审理矿业权纠纷案件适用法律若干问题的解释〉》第12条第2款规定的无效情形。

【裁判要旨】

按照陕政发〔2012〕42号《陕西省人民政府关于“十二五”期间深入开展煤矿整顿关闭资源整合和淘汰落后产能工作的通知》,汉中、商洛市淘汰9万吨/年以下矿井。本案中,涉案某煤矿公司依据《采矿许可证》记载,生产规模属于9万吨/年的小煤矿,对此,双方当事人均知悉,在《协议书》中也明确记载“属于国家和陕西省淘汰的落后产能矿井”,采矿权转让的合同目的在签订合同时不具有实际履行的可能性。且在协议书签订后的实际履行中,双方均未提交证据证明就扩能升级为45万吨/年的生产规模有实际履行行为,双方就案涉合同的实际履行行为是“托管”,并且明知《安全生产许可证》已过有效期,还继续开采煤矿,违法生产经营,某煤矿公司作为矿业权人对上述行为均未履行相应法定义务,托管期间的实际履行情况符合《最高人民法院〈关于审理矿业权纠纷案件适用法律若干问题的解释〉》第12条第2款规定:矿业权租赁、承包合同约定矿业权人仅收取租金、承包费,放弃矿山管理,不履行安全生产、生态环境修复等法定义务,不承担相应法律责任的,人民法院应依法认定合同无效。故一审法院据此确认合同无效正确,维持原判。

例案二

和田某矿业有限责任公司、某建设集团有限公司合同纠纷案

【法院】

新疆维吾尔自治区高级人民法院

【案号】

(2022)新民终36号

【当事人】

上诉人(一审被告、反诉原告):和田某矿业有限责任公司

被上诉人(一审原告、反诉被告):某建设集团有限公司

【基本案情】

2019年3月22日,某建设集团有限公司(以下简称某集团)中标和田某矿业有限责任公司(以下简称某矿业)某煤矿一号井的整体托管经营权,双方于2019年4月2日签订《托管合同》,约定:某集团负责某煤矿一号井安全生产组织机构建设,人员培训,井下煤炭开采,井绞车房、机修、配电室、监控室、风压机房、矿灯房、主风机房、两堂一舍、水池等地面辅助生产系统的管理,生产期间的技术方案优化与技术管理,井下及地面主要生产系统的安全生产管理工作,采面原煤回采和掘进工作,地面煤厂的管理,等等。《托管合同》签订后,某集团组织了具有煤矿安全生产管理资质的工程技术人员及产煤工人(属某集团实际缴纳社保的员工),对已闲置多年的某煤矿一号井进场启封,并进行维修和技术改造。

2019年11月25日,某矿业向新疆煤矿安全监察局申请重新办理煤矿安全生产许可证,在其申请办理安全生产许可证的类别中确认为首次申请。某矿业在提交的申报资料中,所有的特种作业人员以及管理人员均属于某集团实际缴纳工伤保险的从业人员。上述资料经新疆煤炭安全监察局审核后,某煤矿一号井取得了安全生产许可证。某矿业未将某煤矿一号井已整体托管经营的事实向新疆煤炭安全监察局报备,而是以自营方式取得安全生产许可证。

2020年4月22日,新疆煤矿安全监察局南疆监察分局在履行煤矿安全生

产检查监督职责过程中，对某煤矿一号井、新疆能源(集团)某能源有限责任公司(系某矿业主管单位)法定代表人陈某、某煤矿一号井矿长孙某文等作出了新煤安监南罚(2020)22001号、(2020)22002号、(2020)22003号、(2020)22004号《国家煤矿安全监察行政处罚决定书》。新疆煤矿安全监察局南疆监察分局认定某煤矿一号井实施整体托管生产经营后，未重新取得安全生产许可证，仍然进行生产，违反了《国务院关于预防煤矿安全事故的特别规定》，责令停产整顿30日，罚款人民币100万元，暂扣煤矿安全生产许可证。

2020年4月17日，新疆能源(集团)某能源有限责任公司就终止《托管合同》事宜向某集团发出《催办函》。2020年4月23日，新疆能源(集团)某能源有限责任公司再次向某集团发出《解除合同通知书》，并要求某集团安排相关人员处理《托管合同》解除后续事宜。

2020年6月27日，某矿业与某集团签署《6·27纪要》，约定从2020年6月28日开始，双方共同对某集团自托管期间所购置的矿山材料、设备等清点核实确认，自2020年6月28日开始，双方共同对某集团在托管某煤矿一号井期间，生产前期施工完成的各项工程量进行现场核实确认等事宜。《6·27纪要》签署后，双方委托各自的煤矿工程技术人员对某集团购置的设备材料、库存物资、已完成井巷工程量等逐项进行核实签字确认，双方共同委托中煤科工设计院对双方已确认的工程项目、设备、材料进行造价评估。根据新疆煤矿安全生产监督局档案资料载明的内容证实，某煤矿一号井安全生产许可证于2014年7月4日到期，后经新疆煤矿安全监察局审核对某矿业持有的编号为(2015)477Y2G1号安全生产许可证核准有效期为2015年7月14日至2018年7月14日止。2019年7月16日，新疆煤矿安全监察局注销了某煤矿一号井的安全生产许可证[编号:(2015)477Y2G1号]。新疆煤矿安全监察局于2019年12月20日为某煤矿一号井核发了新的安全生产许可证，有效期为2019年12月20日至2022年12月19日。

某集团起诉请求某矿业承担单方毁约造成的全部投资损失、承担某集团已完工程费用、赔偿某集团人工损失费、返还履约保证金等；某矿业反诉请求确认某集团中标某煤矿一号井托管项目结果无效、确认双方于2019年4月2日签订的《托管合同》无效、请求某集团支付罚款赔偿金、赔偿停产损失等。

【案件争点】

案涉《托管合同》效力及《托管合同》解除后过错方主体的确定问题。

【裁判要旨】

一审法院认为，煤矿企业只有取得安全生产许可证才能从事生产经营活动的规定，属于管理性规定，该管理性规定不构成《合同法》第52条第5项[①]规定的"合同无效情形"。涉案《托管合同》系双方自愿协商达成，意思表示真实，应为有效。某矿业已于2019年12月20日以自营方式申领了安全生产许可证，某集团已无法再申领托管后的安全生产许可证，涉案《托管合同》在事实上已无法继续履行，应当解除，双方的权利义务应当终止。

二审法院认为，《托管合同》签订后，某集团即配备齐全管理人员、技术人员并对安全生产规章制度和操作规程进行修订，组织全体员工经上岗考核合格后，及时向某矿业提交了重新办理某煤矿一号井托管后的安全生产许可证的相关申报材料。但是，某矿业在重新申报安全生产许可证的过程中并没有如实向新疆煤矿安全监察局说明某煤矿一号井已由某集团整体托管经营，而是以自营方式于2019年12月20日将安全生产许可证办到了自己名下。某集团已向某矿业交付重新办理安全生产许可证的相应资料及手续，已履行《托管合同》约定的义务。但是，某矿业未如实报备，且将某集团资料作为自营材料予以申报，并取得安全生产许可证。因此，致使《托管合同》不能继续履行而予以解除的责任在于某矿业。

例案三

黔西南州某矿业(集团)有限公司晴隆县大厂镇某煤矿、郑某红采矿权纠纷案

【法院】

贵州省高级人民法院

① 该条已被《民法典》删除。

【案号】

(2020)黔民终892号

【当事人】

上诉人(一审被告):黔西南州某矿业(集团)有限公司晴隆县大厂镇某煤矿

被上诉人(一审原告):北京宏达某矿业工程技术有限公司

一审原告:郑某红

一审被告:黔西南州久丰矿业(集团)有限公司

【基本案情】

2012年11月15日,黔西南州某矿业(集团)有限公司晴隆县大厂镇某煤矿(以下简称某煤矿)作为甲方,北京宏达某矿业工程技术有限公司(以下简称某公司)作为乙方,双方签订了《托管协议》,约定甲方委托乙方全面负责某煤矿的工程施工和煤炭开采,其中煤矿井田工程建设主要包含井田巷道掘进、矿井设备采购安装,巷道支护形式为锚喷、锚网喷、砌碹。托管方式为甲方指定矿长、工程师、材料工程验收员各一名,负责监督乙方工程施工及煤炭生产,由甲方负责协调政府主管部门及当地社会关系,乙方负责井田建设及煤炭生产的人员组织、工程管理及施工安全……项目管理部分约定施工及生产方案由甲方指定,乙方负责实施,乙方施工人员应服从甲方人员指导,工程施工、煤炭开采中的安全由乙方负责……乙方确保井田设施建设在2012年12月底前完成,迎接相关部门验收,确保验收通过。如因乙方原因未能验收通过由乙方负责到相关部门申请验收延期,产生的费用由乙方负责……验收后第一年乙方保产70万吨,第二年保产100万吨,第三年保产120万吨。

《托管协议》签订后,实际由郑某红组织施工队伍进入某煤矿施工,在施工期间,2013年4月28日,黔西南州安全生产监督管理局作出州安监〔2013〕93号文件,评定某煤矿为二级安全质量标准化矿井以及州安监〔2013〕94号文件认定某煤矿井下紧急避险系统合格。

2013年7月3日,贵州省煤矿安全监察局盘江监察分局作出黔煤安监盘字〔2013〕56号文件,同意某煤矿安全设施及安全条件通过竣工验收。2014年3

月 31 日，黔西南州安全生产监督管理局煤矿专项检查组到某煤矿进行安全检查，发现煤矿有 21 处安全隐患，于当日作出(州)安监管煤现决〔2014〕16 号《现场处理措施决定书》，责令某煤矿立即停产整顿。在履行《托管协议》期间，有关部门作出行政处罚决定，对某煤矿进行关停。

2014 年 5 月 26 日，晴隆县安全生产委员会办公室作出晴安办〔2014〕19 号晴隆县 2014 年煤矿复工报告，同意某煤矿恢复生产。

某煤矿于 2014 年 6 月 12 日向一审法院提起诉讼，诉讼请求确认某煤矿与被告某公司 2012 年 11 月 15 日签订的《贵州省某县全力煤矿与北京宏达某矿业工程技术有限公司托管协议》无效……2018 年 7 月 3 日某煤矿向一审法院提出书面撤诉申请，一审法院于 2018 年 7 月 9 日作出(2018)黔 23 民初 59 号民事裁定书，准予某煤矿撤诉。

之后，某公司、郑某红以某煤矿、黔西南州某矿业(集团)有限公司(以下简称某矿业)为被告提起诉讼，请求判令某煤矿、某矿业支付某公司、郑某红托管项目结算款，判令某公司、郑某红对被告某煤矿的井田建设工程(含设备设施)价款享有优先受偿权……

【案件争点】

案涉《托管协议》是否有效。

【裁判要旨】

法院认为，案涉《托管协议》涉及矿山工程施工和采矿权承包的内容，根据《最高人民法院关于审理建设工程施工合同纠纷案件适用法律问题的解释》第 1 条①："建设工程施工合同具有下列情形之一的，应当根据合同法第五十二条第(五)项②的规定，认定无效：……(二)没有资质的实际施工人借用有资质的建筑施工企业名义的；(三)建设工程必须进行招标而未招标或者中标无效的"之规定，某煤矿与某公司签订的《托管协议》中约定了矿山巷道掘进、煤炭委托开采等，协议签订后，某公司虽有矿山施工资质，但并未实际履行该协议组织施工，实际由无施工资质的郑某红履行该协议，三方均认可郑某红为该

---

① 现已废止。

② 该条已被《民法典》删除。

工程实际施工人,郑某红个人并不具备矿山施工资质,故本案所涉《托管协议》无效。

2. 要点分析

2.1 矿山外包的合规要求

一直以来,我国的矿山资源开发主要采用单一的自主生产经营模式。随着矿山企业投资主体日益多元化,国家对矿产资源的整合力度与安全生产管理力度不断加大,矿山企业生产运营模式也发生了深刻的变化。探索适合的矿产资源开发模式,对各类型矿山外包活动进行严格管理,是推动矿产开发企业发展、确保安全生产的重大问题。

2.1.1 国家及各地政府当前允许的合法矿山外包

对于煤矿,除允许按照《煤矿整体托管办法(试行)》实行整体托管外,目前国家和各地政府允许煤矿外包给专业化公司的主要工程是:

(1)矿井的一期、二期、三期建设工程;

(2)井下工作面安装、撤除工程;

(3)大型设备安装、维护工程;

(4)瓦斯抽采钻孔施工、抽采管路安装工程。

对于煤矿以外的金属、非金属矿山,目前国家和各地政府允许外包给专业化公司的主要工程是:

(1)矿山的勘探、建设、生产、闭坑等工程;

(2)矿山主通风、主提升、供排水、供配电、主供风系统及其设备设施的运行管理。

2.1.2 国家及各地政府当前多次明确要求打击的违法外包

根据现行政策,对存在违法违规外包情形的矿山,行政机关将可能依法责令停产停建整顿。国家矿山安全监察局在《矿山外包工程和资源整合煤矿整治通知》(矿安〔2021〕43 号)文件中明确指出,无论何种类型的矿山,若外包过程中出现以下问题,则属于应整治的违法违规外包行为:

(1)矿山委托方(发包单位)技术交底不清的;

(2)矿山承托方(承包单位)法定代表人(实际控制人或主要负责人)未对其项目部每半年至少进行一次安全生产现场检查的,或者未定期对项目部人员进行安全生产教育培训与考核的;

(3)矿山承托方(承包单位)新入职人员未经培训上岗的,特种作业人员无证上岗的;

(4)矿山委托方(发包单位)未按规定提取并拨付安全生产费用的;

(5)矿山承托方(承包单位)及其项目部负责人未确保安全生产费用使用到位的。

对于金属非金属矿山,国家矿山安全监察局指出若外包活动存在以下问题,属于应打击的违法违规外包行为:

(1)一个生产系统承包单位超过 3 家的,或者将主通风、主提升、供排水、供配电、主供风系统及其设备设施的运行管理进行分项发包的;

(2)承包单位未取得矿山安全生产许可证和相应等级的施工资质,或者在资质等级范围外承揽工程的;

(3)发包单位未按规定与承包单位签订《外包工程安全生产管理协议》,或者存在转嫁安全生产责任等行为的;

(4)承包金属非金属地下矿山工程的项目部负责人兼任其他工程项目部负责人、项目部负责人未到岗履职的;

(5)承包单位将其承包的全部工程转包,或者将其承包的全部工程肢解后以分包名义分别转给其他单位或者个人施工的;

(6)承包单位以转让、出租、出借资质证书等方式允许他人以本单位的名义承揽工程的;

(7)承包单位及其项目部未根据所承揽工程内容配备采矿、地质、机电等矿山相关专业技术人员,专业技术人员不具备相关学历、技术职称或者注册安全

工程师执业资格的;

(8)承包单位项目部管理人员、技术人员和特种作业人员未与项目部上级法人单位签订劳动合同、未按规定缴纳社会保险的。

综合陕西、山西、贵州、内蒙古等地政府发布的专项整治指导性文件可知,各地在贯彻落实国家矿山安全监察局严厉打击矿山违法违规外包行为的精神和指示时,依据《煤矿整体托管办法(试行)》《非煤矿山外包管理办法》《金属非金属地下矿山外包管理规定》《加强煤矿安全生产工作的意见》等文件,对依法应打击的违法违规外包行为进行了补充,总结情形如下:

(1)矿山的任何生产、建设内容承包或分包给不具备相应资质单位的,承包单位在资质等级范围外承揽工程的;

(2)矿山的任何承包单位将其承包的全部工程转给其他单位或个人施工的(转包);

(3)矿山的任何承包单位将其承包的全部工程肢解后,以分包名义分别转给其他单位或个人施工的;

(4)井工生产煤矿将井下采掘作业或者井巷维修作业(井筒及井下新水平延深的井底车场、主运输、主通风、主排水、主要机电硐室开拓工程除外)作为独立工程发包给其他企业或者个人的;

(5)井工生产煤矿的承包单位转包井下新水平延深开拓工程的。

另外,因煤矿生产危险性较高,国家重点对煤矿托管过程中名为托管实为违法分包的情况进行打击。虽然煤矿整体托管在逐步正规化,但仍有一些托管煤矿名为整体托管实为传统的承包。这些煤矿将生产系统肢解,甚至干脆仅将采掘工作面作为独立工程发包,矿山的其他系统如电力、通风、安全监控及井下调度仍由委托方管理。此类"托管"违反《煤矿整体托管办法(试行)》,煤矿安全生产责任得不到落实,国家矿山安全监察局指出,若存在以下问题,则属于煤矿的违法违规外包行为,应重点整治:

(1)托管煤矿未按照《煤矿整体托管办法(试行)》的规定进行整体托管,或者违规将井下采掘工程分包转包的;

(2)托管煤矿承托方管理机构设置、管理人员配备以及特种作业人员配备

不符合要求,不具备托管能力的;

(3)托管煤矿委托方超能力下达生产计划和经营指标的;

(4)托管煤矿承托方上级公司未按规定将托管煤矿纳入本单位统一管理、未实施安全生产监督检查,存在包而不管情形的;

(5)托管煤矿委托方不顾生产实际设置高额利润指标,在承包合同中设置诱导煤矿超能力、超强度、超定员生产的条款,转嫁经营风险,致使承包方违规组织生产的;

(6)煤矿在工作面安装、撤除等各类专业化服务工程外包中,未与承包单位签订《外包工程安全生产管理协议》,或者承包方不履行协议、不落实安全生产责任的;

(7)资源整合煤矿没有设立统一安全管理机构的;

(8)资源整合煤矿存在2个及以上法人主体,对井下队伍没有实现统一管理的;

(9)资源整合煤矿对整合区域内隐蔽致灾因素普查不清组织生产的;

(10)资源整合煤矿存在2套及以上生产系统,一矿多井的;

(11)资源整合煤矿未按照批复的设计进行施工的;

(12)资源整合煤矿整合技改期间违法组织生产的。

2.1.3 矿山企业开展外包活动的基本合规要求

结合各地政府当前允许的合法矿山外包行为、严厉打击的违法外包行为,我们为矿山企业的外包活动提出基本合规建议如下:

(1)无论是何种外包活动,矿山企业作为发包单位均需要对外包活动的安全生产负主体责任。

安全生产主体责任不仅仅是事后责任,在经营过程中也要落实安全生产管理责任。实务中很多矿山企业(发包单位)虽在外包合同中约定自身承担安全生产主体责任但实际疏于对承包单位实施统一管理,这存在较大的合规风险。为切实强化外包安全管理,发包单位应当配备专职安全生产管理人员和采矿、机电、通风、地测(防治水)等工程技术人员,发包单位主要负责人(实际控制人或者法定代表人)应当每月组织相关人员对承包单位执行安全生产法律法规、隐患排查治理、教育培训等情况至少进行一次监督检查;发包单位应当建立外包工程安全生产绩效考核机制,制定考核细则,对承包单位及其项目部每月进行一次安全生产绩效考核;发包单位的上级企业应当将外包工程纳入安全管理范围,实行监督检查,不得以增加公司层级等方式下放安全管理责任。

根据现行规定,若发包单位未对承包单位实施安全生产监督检查或者考核,没有落实安全生产主体责任的,主管机关有权责令限期改正,给予警告,并处 1 万元以上 3 万元以下的罚款。

(2)根据现行法律法规的规定,矿山外包的承包单位数量要合规。

按照现行《关于加强金属非金属地下矿山外包工程安全管理的若干规定》及 2023 年 9 月《关于进一步加强矿山安全生产工作的意见》以及《煤矿整体托管办法(试行)》的规定,煤矿外包应实行整体托管,金属非金属矿山总发包单位对地下矿山一个生产系统进行分项发包的,承包单位原则上不得超过 3 家,大中型金属非金属地下生产矿山采掘工程承包单位数量不得超过 2 家,小型金属非金属地下生产矿山采掘工程承包单位数量不得超过 1 家,承包单位严禁转包和分包采掘工程及爆破作业项目。而且应避免相互影响生产、作业安全。另外,发包单位在地下矿山正常生产期间,不得将主通风、主提升、供排水、供配电、主供风系统及其设备设施的运行管理进行分项发包,若地下矿山生产过程中将主通风、主提升、供排水、供配电、主供风系统及其设备设施的运行管理进行分项发包的,主管机关有权责令限期改正,处 2 万元以上 3 万元以下罚款。

(3)必须依法选择具备相应资质的承包单位,否则发包单位需要承担责任。

对于非煤矿山的外包工程,发包单位应当审查承包单位的非煤矿山安全生产许可证和相应资质,不得将外包工程发包给不具备安全生产许可证和相应资质的承包单位。若承包单位的项目部承担施工作业,发包单位除审查承包单位的安全生产许可证和相应资质外,还应当审查项目部的安全生产管理机构、规章制度和操作规程、工程技术人员、主要设备设施、安全教育培训和负责人、安全生产管理人员、特种作业人员持证上岗等情况。若项目部不符合《非煤矿山外包暂行办法》第 21 条第 2 款、第 3 款规定的安全生产条件(项目部应当配备与工程施工作业相适应的专职工程技术人员,其中至少有 1 名注册安全工程师或者具有5年以上井下工作经验的安全生产管理人员;项目部具备初中以上文化程度的从业人员比例应当不低于50%;项目部负责人应当取得安全生产管理人员安全资格证。承包地下矿山工程的项目部负责人不得同时兼任其他工程的项目部负责人),发包单位不得向该承包单位发包工程,否则面临处罚风险。

(4)各类外包活动必须签订安全生产管理协议并抄送矿山安全监察部门。

发包单位应当与承包单位签订安全生产管理协议,明确各自的安全生产管理职责。协议内容包含强制性条款,即安全投入保障、安全设施和施工条件、隐患排查与治理、安全教育与培训、事故应急救援、安全检查与考评等。若发包单位与承包单位、总承包单位与分项承包单位未依照规定签订安全生产管理协议的,主管机关可以责令限期改正,可以处5万元以下的罚款,对其直接负责的主管人员和其他直接责任人员可以处以1万元以下罚款;逾期未改正的,可以责令停产停业整顿。

(5)发包单位需要依规编制事故应急预案。

在矿山外包活动中,发包单位作为安全生产责任的主体,应当按照国家有关规定建立应急救援组织,编制本单位事故应急预案,并定期组织演练。如果实行总承包,发包单位有义务监督总承包单位统一组织编制外包工程的事故应急预案;若采取分项发包,应将承包单位编制的外包工程现场应急处置方案纳入本单位的应急预案体系,并定期组织演练。

(6)外包单位未对承包单位进行安全技术交底将承担行政责任。

发包单位应当向承包单位进行外包工程技术交底。发包单位应当按照合同约定向承包单位提供与外包工程安全生产相关的勘查、设计、风险评价、检测检验和应急救援等资料,并保证资料的真实性、完整性和有效性。如未履行上述义务,主管机关有权责令限期改正,给予警告,并处1万元以上3万元以下的罚款。

(7)若发生事故,发包单位应依法合规处理和上报。

根据现行规定,矿山外包工程发生事故后,事故现场有关人员应当立即向承包单位及项目部负责人报告,承包单位及项目部负责人接到事故报告后应当立即如实地向发包单位报告。同时,承包单位应立即主动启动相应的应急预案,采取有效措施,组织抢救,防止事故扩大。发包单位在接到工程事故报告后,除启动相关事故应急预案、组织抢救外,需要立即依照《生产安全事故报告和调查处理条例》的规定如实地向事故发生地县级以上人民政府安全生产监督管理部门和负有安全生产监督管理职责的有关部门报告。实务中,矿山外包工程事故数据与发包单位事故数据合并统计,纳入发包单位的统计范围。当外包工程发生较大事故,可能导致整个矿山企业停产整顿,待验收符合安全生产条件后方可恢复生产。

2.2 煤矿整体托管

因煤矿生产的高危险性,国家对煤矿的生产和外包活动始终执行严格标准和特殊要求。国家提出的煤矿整体托管,有利于促进煤炭行业的市场化发展,也为小型煤炭企业或非煤矿投资企业充分利用外部优势资源提供了路径,有助于整体提升企业的专业生产能力与安全管理水平,有效防范和遏制煤矿重特大事故。

2.2.1 煤矿托管政策的发展与变化

"矿山托管"并非全新概念,本质源于企业生产服务外包的实践经验。矿山托管实际是将矿山企业委托给其他主体进行管理并从事经营,在委托方、承托方之间形成权责明确、利益共享的制约关系。

矿山托管经历了从实务概念到国家政策规范的一个发展过程。国务院办公厅于 2013 年发布《关于进一步加强煤矿安全生产工作的实施意见》(国办发〔2013〕99 号),鼓励小型煤矿进行托管,首次将矿山的托管管理写入国家指导性政策;原国家安全生产监督管理总局、国家煤矿安全监察局于 2015 年发布了《关于加强托管煤矿安全监管监察工作通知》(安监总煤监〔2015〕15 号),首次明确以安全管理为核心的托管管理内容,对托管煤矿的监管提出更严格要求。2019 年 10 月,原国家煤矿安全监察局局务会议审议通过了《煤矿整体托管办法(试行)》(煤安监行管〔2019〕47 号),进一步加强和完善了托管管理及其安全监管监察规范,并将煤矿托管的定义调整为煤矿整体托管安全管理,明确要求煤矿的托管须采取整体的托管方式。总的来看,我国目前仅对煤矿托管提出强制要求,制定了指导性文件,并未对其他种类矿山的托管提出进一步规范要求。

经过近年来的努力,煤矿托管逐步趋于正规化。多数煤矿能够按照国家的规定和要求实施整体托管,提升了托管煤矿的技术和管理水平,提升了国家总体煤炭资源利用率。但一些托管煤矿由于种种原因,未按照相关规定进行整体托管:有的企业仅把生产系统发包,而调度、安全监控、变电所、通风机房等仍由委托方管理;有的则干脆违反政策要求,只将井下采掘工作面或井巷维修作业作为独立工程对外承包,其他的如辅助、地面服务等仍由委托方自行管理;有的煤矿没有自己的专业运营队伍,仅招揽小团队进行技术指导;等等。这些所谓的"托管",使煤矿安全生产责任得不到落实,增加监管难度的同时也带来安全隐患。值得关注的是,经济发达地区的煤炭资源日趋枯竭,很多拥有较强的专业技术和较高的管理水平大型煤炭企业面临无矿可采的困境,为了挣钱、解决富余劳动力问题,这些企业配合小煤矿进行虚假托管,实际只招揽小团队承包。这种虚假托管,安全投入不足,生产方式落后,资源浪费严重,已成为行业治理的重点难点。

2.2.2 煤矿整体托管政策重心的变化

通过对比分析先后出台的煤矿托管相关规范性文件,发现我国煤矿托管的管理办法在托管方范畴和条件、承托主体资格要求、禁止托管情形的要求上变得更加严格,在托管的合同管理与煤矿安全制度建设、人才培训和失信管理等方面变得更为全面和深入,不仅细化了管理的具体内容和核心工作,而且为煤矿企业生产外包优势资源的准入、安全生产专业化管理、责任与风险规避等方面提供了有效指导。总体来看,托管管理制度的管理趋势和重心逐渐转向全面提升煤矿整体托管水平的安全质量管理,重点指标更加向实务方面靠拢。

(1)在托管对象上,从最初要求托管煤矿必须是"合法生产、建设的煤矿",到要求托管煤矿必须是"证照齐全、合法有效生产矿井"的转变,去除了建设过程的托管,将煤矿托管的管理集中到生产过程中。

(2)在承托方主体资格上,从最初要求承托方是"大型国有煤炭企业或具有煤矿生产专业化运营管理经验的单位、若承托灾害严重的矿井应具有相应的安全管理经验和业绩”,到新增要求承托方必须“具有法人资格且营业执照合法有效、具有煤矿专业技术人员和技能熟练的员工队伍、不存在安全生产领域联合惩戒期内失信行为”,对经营合法、管理专业队伍和失信行为提出具体要求,提升了整体托管的门槛。

(3)在禁止情形上,要求“不得将采掘工作面或井巷维修作业工程作为独立工程发包”,更为关注违规承包问题。

(4)在合同管理上,从仅要求托管合同须明确“托管方式、时间和内容以及双方安全生产责任和权利、义务等”,到新增要求“托管期限原则上不低于3年、进行托管价格测算”,通过增加合同的内容管理,降低双方权责划分不清的风险,特别是对托管定价给予指导,避免经济因素带来的托管安全问题。

(5)在采掘设备上,从之前没有具体要求,到新增“采掘设备原则上由委托方提供、双方可商议决定”,明确了委托方责任,避免委托方推诿的问题。

(6)在安全责任划分上,从最初笼统性地指出“委托方和托管煤矿与承托方均承担安全生产责任”,到明确“委托方对托管煤矿负有保障安全生产的主体责任、承托方负有安全生产管理责任、矿长为安全生产第一责任人、依法追究承托方及上级企业相关人员责任”等内容的转变,细化了安全责任,有效落实个人责任。

(7)在人员培训管理上,将最初的“托管煤矿教育纳入本单位安全生产教育和培训计划”,变为“承托方必须对从业人员建立集中安全教育培训和考核上岗培训”,实现从学习教育到制度考核的全面延伸。

(8)在失信管理上,从没有规定到新对委托方和承托方“建立安全生产失信‘黑名单’联合惩戒制度”,注重委托方和承托方安全生产信用的考核机制建设。

(9)在安全监管和监察管理上,检查内容从之前的“承托方的安全资质、安全生产管理团队、托管煤矿安全生产管理机构、制度、安全责任落实”,到重点审查“承托方是否具备法人资格、营业执照是否合法有效,是否系大型国有煤炭企业或具有煤矿生产专业运营管理经验且上一年度所托管煤矿未发生较大及以上生产安全事故的单位,是否具有满足需要的煤矿专业技术人员和技能熟练的员工队伍,是否无处于安全生产领域联合惩戒期限内的失信行为,承托高瓦斯、煤与瓦斯突出、煤层容易自燃、水文地质类型复杂极复杂、冲击地压等灾害严重矿井的承托方是否具有相应灾害类型矿井安全管理经验、技术水平和良好业绩”,并要求承托方建立健全安全生产责任制和安全生产管理制度,明确托管煤矿托管中的违规管理的具体问题,细化了不同阶段的管理内容,突出对严重实务问题的监察监管。

2.2.3 煤矿整体托管政策出台对已形成托管事实的煤矿的影响

《煤矿整体托管办法(试行)》规定,煤矿托管应将煤矿所有井下生产系统和地面调度室、安全监控室、提升机房、变电所、通风机房、压风机房、瓦斯抽放泵站等为煤炭生产直接服务的地面生产系统,以及所有生产活动均托管给承托方。对于本办法印发前已形成托管事实的煤矿,必须在本办法实施前达到规定的各项要求。

因国家对煤矿提出整体托管要求,很多已经形成托管事实的煤矿需要按照政策进行整改,有些企业顺利完成整改进一步迈向规范化,也有托管双方就整改达不成一致意见或客观上无法完成整改而解除托管合同或发生纠纷。

以山东某矿业集团托管的新疆某煤焦公司煤矿为例,托管双方于2018年订立煤矿托管合同,承托方的管理团队不是整建制的团队,而是从承托方本部的其他煤矿招聘来的人员,作业人员也是面向社会招聘的。在《煤矿整体托管办法(试行)》印发后,要求自2020年4月1日起承托方井下施工队伍原则上整建制调动,重新组建施工队伍的自有员工占比也不得低于60%,且若使用承托方的其他队伍或托管煤矿原有施工队伍必须转隶或重新签订劳动合同,井下不得使用劳务派遣工。委托方山东某矿业集团经与承托方新疆某煤焦公司多次协商后,确认其无法达到国家要求的托管条件,双方只能于2020年4月协商解除托管合同。

2.2.4 煤矿托管合同的合规要素

煤矿托管的合作以双方签订托管合同为依据,合同需明确双方的责权利。托管合同与委托合同类似,除包含通用的条款外,还需要明确约定一些煤矿特有的事项。现结合公开渠道检索到的上市公司就所属煤矿整体托管发布的公告内容与实务经验,举例说明一份合规的煤矿托管合同通常应具备的主要内容。

(1)托管煤矿的概况

合同中应充分披露托管煤矿的现状和相关证照、技术数据及矿井建设等情况,避免双方就此产生异议。

(2)明确托管原则

承托方需要对托管煤矿的概况全面了解和充分认可,且承诺对煤矿的安全、生产、技术、管理工作负责;承托方需要承诺和出示已取得的煤矿整体托管相关证照及其他各类政府审批备案登记文件,确保该等证照合法有效,确保其自身具备煤矿生产专业运营管理经验及业绩,符合煤矿整体托管的承托条件,承诺设置安全生产管理机构、配备专业技术人员、技术熟练的员工队伍及特殊岗位操作技术工人;在确保委托方资产所有权不变、产权关系不变的前提下,由委托方承担安全生产的主体责任。

(3)明确托管范围

按照国家提出的整体托管政策要求,委托方须将托管煤矿的井上、井下安全生产相关范围及区域内的全部资产、安全生产系统及承托方办公生活区域委托给承托方实施全过程管理,包括但不限于:

A. 从井下至原煤仓上的生产系统,包括综采、掘进、提升、机运、通防、供电、供水、防治水、防冲、辅助运输管理等系统,矿务工程、六大系统维护、测量、搬家倒面、初放等业务;

B. 地面生产系统,包括生产指挥中心、安全监控室、防冲监测系统、提升机房、变电所、通风机房、压风机房、防火灌浆站、火工品库、周转材料库、消防材料库、机修车间、车库、高位水池等;

C. 地面辅助系统,包括锅炉房、水处理、物业、食堂、厂区绿化维护、消防供水设施维护、河道清理、零星维修及其他地面生产生活设施的管理等;

D. 地面煤场,包括过磅、验票、现场管理(不含装车)、防冻液喷洒、除尘喷雾、筒仓和磅房的清理维护、排矸现场等;

E. 托管范围系统内各类设备(含特种设备)、仪器仪表所需材料配件供应、维修、检测等工作;

F. 开展安全生产标准化(包括但不限于风险分级管控、隐患排查治理、安全质量达标)建设。

(4)明确托管方式

在整体托管的政策要求下,委托方负责下达各项任务指标,由承托方负责完成,任务指标包含商品煤量、煤质指标、掘进进尺、托管单价、矿井安全生产标准化等,同时委托方有权要求承托方完成整体托管安全生产管理所必需并完成的其他安全生产事项。

承托方则对煤矿的安全生产相关工作实施全权管理,负责矿井煤炭开采、安全生产管理等一切符合国家要求和行业标准的安全生产活动的组织、实施与管理,负责矿井生产经营管理期间的技术方案优化与技术管理,负责井下及地面主要生产系统的安全生产管理、安全制度建设。

承托方须全面履行托管煤矿的安全、生产、技术管理职责,具体包括:负责设立矿井组织机构、组建管理团队、配齐人员、制定管理制度;全权负责对矿井安全、生产、技术、人事劳资、行政办公、托管成本、资产等实施全权管理,涉及采煤、掘进、机电、运输、一通三防、地测、防治水、通信系统、安全监控等各个系统;在计划提报和现场实施过程中进行全面管理,在托管范围内独立经营、管理,同时拥有各类专业化服务、各类工程施工、物资采购、工资发放等管理权和以承托方名义签订合同的权利;承托方月度完成的商品煤总量、完成的掘进工程量和托管单价可以作为月度托管费用的基本结算依据。

(5)明确双方权利及义务

在煤矿托管关系中,委托方负责煤炭销售、法人主体财务管理、矿井采掘规划、生产经营计划预算、征地拆迁、井田巡查、塌陷区治理、公共关系、工程造价、生产服务类合同的签订与结算、对煤矿安全生产技术及机电设备运行的监督与检查、对承托方使用委托方资产的管理监督与考核、对生产经营指标的管理与考核。承托方负责煤矿的安全管理、生产管理、机电管理、技术管理、质量管理、环保管理、综合管理、承托方成本管理、财务管理等各项管理工作及其所有生产活动。

(6)确定托管费用计量考核和结算原则

托管费用从整体托管之日开始计算,托管双方需要明确托管费用的具体构成。实践中托管费用通常包含吨煤结算费用、固定总额费用、定额结算费用和考核奖罚等。

吨煤结算费用和固定总额费用，一般需要依据委托方审核后的采掘接续计划和历年实际消耗情况逐年调整，而定额结算费用通常依据委托方定额指标及承托方实际完成的工程量结算，考核奖罚则依据考核结果兑现。需要注意的是，地质条件变化也许会影响合同履行，届时双方可能需要就托管费用另行签署补充协议。

吨煤结算费用，一般包括生产过程中的材料配件费用、托管范围内计件工资及福利附加费、技术服务及管理费、安全风险费及其他支出；固定总额费用，一般包括托管范围内计时工工资及福利附加费、六大系统运营费、锅炉房服务费、水处理服务费、科研费、设备修理费、设备检测费、日常安全生产标准化日常费用、车辆费用及管理费用等；定额结算费用，一般包括搬家倒面费用、巷道掘进费用、矿务工程费等。

在计量费用方面，吨煤结算费用结算量一般为商品煤量，需要制定详细的计量管理办法。在考核方面，双方需要提前制定各项考核办法，不仅可对成本、掘进、块煤率、煤质、回采率等进行考核，还可对工程质量、机电管理、安全管理、环保管理进行考核。

在结算方面，双方需要明确托管费用的结算公式，确认具体的结算周期、结算时间，明确承托方提供发票的义务。同时，建议双方每年对承托方上一年度托管各项指标（含安全、生产指标、矿井维持费等）的完成情况进行一次全面考核，并出具考核报告，结果由委托方和承托方签字确认。

（7）合同期限

根据整体托管的政策要求，托管合同期限原则上不少于三年。双方可以约定在合同期内各项结算费用和考核指标一年一变。

（8）违约责任

双方在托管合同中设置各自的违约责任。对于委托方来讲，原则上因委托方未履行自身义务造成承托方无法正常开展生产活动，视为委托方违约，包括委托方没有完成设计内容不能向承托方提供满足生产需要的完好设备及系统、未及时支付托管费用等。对于承托方而言,若因承托方自身问题导致委托方利益受到损失或影响委托方长远规划,承托方应承担违约责任,包括未按照合同约定履行职责或由于管理、技术等问题威胁矿井安全生产,发生较大及以上安全事故或无法正常生产的,因承托方自身管理问题未完成委托方审定的年度生产计划的,人为造成煤炭质量低于商定指标影响销售的,等等。

如果由于承托方原因造成较大及以上安全事故,给委托方、承托方的人员及财产造成的损失,原则上应由承托方自行承担,并支付委托方违约金;由于承托方原因导致委托方(托管煤矿)受到主管部门调查、行政处罚或者处理的、被主张承担其他行政、刑事或者民事责任的,承托方也应足额向委托方赔偿损失并支付违约金。

专题九　矿业权抵押

要点描述

矿业权属于用益物权，具有财产权属性。矿业权抵押应当依法办理抵押登记，抵押权自依法登记时设立。颁发矿产资源勘查许可证或者采矿许可证的自然资源主管部门依据相关规定办理的矿业权抵押备案手续视为抵押权登记。《矿产资源法》(2024 年修订)已明确规定矿业权的物权设立取得和行政许可分离，应分别办理矿业权设立登记及勘查、开采许可登记，但并未明确矿业权抵押登记的办理部门。就矿业权抵押的设立与生效，矿业权到期后或者探矿权转采矿权后抵押权的存续问题，以及矿山抵押后矿山进行技改扩能后抵押权的优先受偿范围等在实务中容易引发的诸多纠纷问题，笔者将在专题进行分析探究。

1. 可供参考的例案

例案一

中国某资产管理股份有限公司、贵州某矿业有限公司金融借款合同纠纷案

【法院】

贵州省高级人民法院

【案号】

(2020)黔民终450号

【当事人】

上诉人(一审原告):中国某资产管理股份有限公司

被上诉人(一审被告):贵州某矿业有限公司

被上诉人(一审被告):贵州某矿业有限公司福泉市龙昌镇沙坡煤矿

一审被告:贵州兴伟兴能源投资有限公司大方县文阁乡某煤矿

【基本案情】

2012年1月16日,浦发银行贵阳分行与贵州某矿业有限公司福泉市龙昌镇沙坡煤矿(以下简称沙坡煤矿)签订了编号为370×××的《固定资产贷款合同》,贷款金额为4200万元,贷款期限自首次提款之日起3年,贷款利率为9.975%(同期贷款利率上浮50%),利率按年调整,贷款结息方式为按月结息,逾期罚息利率为当日贷款利率加收50%确定。2012年1月19日至2013年1月10日,浦发银行贵阳分行分七次向被告沙坡煤矿放款共计4200万元。

同日,被告贵州兴伟兴能源投资有限公司大方县文阁乡某煤矿(以下简称某煤矿)与浦发银行贵阳分行签订了编号为ZB370×××的《最高额保证合

同》,合同约定合同项下债务人为沙坡煤矿,担保主债权为债权人与债务人 2012 年 1 月 16 日至 2014 年 12 月 31 日发生 6000 万元范围内的债权。同时,沙坡煤矿与浦发银行签订编号为 ZD370×××的《采矿权最高额抵押合同》,约定以其名下的采矿权为浦发银行贵阳分行设立抵押权,抵押人应配合办理相应的抵押登记。抵押合同签署后双方没有办理抵押登记。

2015 年 12 月 11 日,浦发银行贵阳分行与中国信达资产管理股份有限公司贵州省分公司(以下简称信达贵州分公司)签订《上海浦东发展银行不良资产批量转让协议》并在《贵州日报》上刊登了转让公告;2018 年 7 月 27 日,信达贵州分公司与上海浦银安盛资产管理有限公司(以下简称浦银安盛公司)签订《债权转让合同》,同日浦银安盛公司与原告中国某资产管理股份有限公司(以下简称某公司)签订《债权转让协议》,三方于 2018 年 8 月 9 日在《贵州日报》上发布了《债权转让通知暨债务催收联合公告》,对债务人及担保人进行了通知及催收。某公司于 2018 年 7 月 10 日向一审法院申请变更诉讼主体,将本案原告由浦发银行贵阳分行变更为某公司。

【案件争点】

原告某公司是否已取得沙坡煤矿采矿权的抵押权,是否对案涉煤矿采矿权享有法定优先受偿权。

【裁判要旨】

一审法院认为,《采矿权最高额抵押合同》是双方真实的意思表示,双方应按合同约定履行合同义务,但双方并未对抵押权进行登记备案,依据《矿业权纠纷案件司法解释》第 14 条、第 15 条之规定,抵押合同成立并生效但抵押权未设立,原告某公司对被告沙坡煤矿采矿权享有优先受偿权的主张不予支持,原告某公司要求被告某矿业有限公司、沙坡煤矿配合办理抵押登记备案的诉请符合合同约定,亦并未违反相关法律规定,法院予以支持。

二审法院认为,因某公司未能提供充分证据证明合同约定的采矿权已经法定部门依法进行抵押备案登记,故某公司主张其已取得案涉煤矿采矿权的抵押权,因此对案涉煤矿采矿权享有法定优先受偿权的上诉理由于法无据,不能成立。

例案二

中国银行股份有限公司平顶山分行、鲁山县某清淤工程有限公司金融借款合同纠纷案

【法院】

河南省平顶山市中级人民法院

【案号】

(2019)豫04民终3260号

【当事人】

上诉人(原审原告):中国银行股份有限公司平顶山分行

被上诉人(原审被告):鲁山县某清淤工程有限公司

【基本案情】

2015年3月24日,鲁山县某清淤工程有限公司(以下简称某公司)与中国银行股份有限公司平顶山分行(以下简称中国银行鲁山支行)签订了编号为PDS20E2015×××的《授信额度协议》一份,约定:中国银行鲁山支行向某公司提供授信额度贷款1500万元,使用期限自本协议生效之日起至2016年3月20日止。2015年3月24日、2015年8月27日、2016年1月27日,某公司分三次与中国银行鲁山支行签订《流动资金借款合同》,约定:中国银行鲁山支行向某公司出借流动资金分别为800万元、200万元、500万元。其后,双方又对上述借款签订了延期协议。

2018年5月23日,某公司与中国银行鲁山支行签订最高额抵押合同,对其享有采矿权的某铁矿(采矿许可证号:C4100002013082120131×××)就以上三笔借款总额1420万元及利息向原告抵押,并在宝丰县公证处办理了公证。抵押合同签署后双方没有办理抵押登记。

中国银行鲁山支行向一审法院起诉请求:1. 判令某公司向中国银行鲁山支行偿还借款本金14,140,000元,利息、罚息、复利等58,308.53元,共计14,198,308.53元(利息、罚息、复利等暂计算至2019年7月14日,顺延至实际

偿还日止);2.依法判令中国银行鲁山支行对拍卖、变卖某公司所提供的抵押物(某铁矿采矿许可证,证号:C4100002013082120131×××)价款享有优先受偿权。

【案件争点】

采矿权抵押权是否设立,中国银行鲁山支行是否享有对涉案抵押物的优先受偿权。

【裁判要旨】

关于采矿权抵押权是否设立的问题。《物权法》第123条①将采矿权纳入用益物权予以保护。但《物权法》并没有明确规定探矿权、采矿权系不动产,亦没有关于探矿权、采矿权抵押登记的明确规定。国土资源部《矿业权出让转让暂行规定》(国土资发〔2000〕309号)第3条第1款规定:"探矿权、采矿权为财产权,统称为矿业权,适用于不动产法律法规的调整原则。"因此,在法律、行政法规没有另外规定的情况下,上述部委的规章、规范性文件可以作为认定矿产资源及矿业权属性的重要参考。根据《物权法》第9条第1款②"不动产物权的设立、变更、转让和消灭,经依法登记,发生效力;未经登记,不发生效力,但法律另有规定的除外";第180条第1款第1项③,债务人或者第三人有权处分的建筑物和其他土地附着物财产可以抵押,第187条④"以本法第一百八十条第一款第一项至第三项规定的财产或者第五项规定的正在建造的建筑物抵押的,应当办理抵押登记。抵押权自登记时设立"的规定,矿产资源作为土地附着物,探矿权、采矿权抵押应遵循登记生效主义原则,抵押权应自登记时设立。《矿业权纠纷案件司法解释》第15条规定,当事人请求确认矿业权之抵押权自依法登记时设立的,人民法院应予支持。颁发矿产资源勘查许可证或者采矿许可证的国土资源主管部门根据相关规定办理的矿业权抵押备案手续,视为前款规定的登记。上述法律规定及司法解释,规定了当事人就矿业权实施抵押的,应当办理登记手续,未经登记,不发生效力。

① 该条已被《民法典》第329条修改。
② 该条已被《民法典》第209条修改。
③ 该条已被《民法典》第395条修改。
④ 该条已被《民法典》第402条修改。

本案中,某公司和中国银行鲁山支行于2018年5月23日签订最高额抵押合同,约定某公司将其享有采矿权的某铁矿(采矿许可证号:C4100002013082120131×××)就本案三笔借款总额1420万元及利息向中国银行鲁山支行抵押。该抵押合同系当事人的真实意思表示,内容不违反法律、行政法规的强制性规定,应为合法有效。但某公司未就采矿权抵押权在主管部门进行备案或者登记,故根据上述法律规定和司法解释规定,该最高额抵押合同并不能为本案借款依法设立抵押权,该抵押权不发生效力,故中国银行鲁山支行不享有抵押权,对该抵押物拍卖、变卖所得价款不享有优先受偿权。

例案三

中国建设银行股份有限公司平凉分行、甘肃某矿业有限责任公司金融借款合同纠纷案

【法院】

最高人民法院

【案号】

(2019)最高法民终579号

【当事人】

上诉人(一审原告):中国建设银行股份有限公司平凉分行

被上诉人(一审被告):甘肃某矿业有限责任公司

被上诉人(一审被告):某国际矿业控股有限公司

被上诉人(一审被告):富蕴县某勘查开发有限责任公司

被上诉人(一审被告):陕西某工贸有限责任公司

【基本案情】

2012年4月6日,借款人(甲方)甘肃某矿业有限责任公司(以下简称某矿业公司)、委托贷款人(乙方)甘肃省平凉某工贸开发集团有限责任公司(以下简称某工贸公司)、代理人(丙方)与中国建设银行股份有限公司平凉分行(以

下简称建行平凉分行)共同订立《委托贷款合同》。约定:某工贸公司委托建行平凉分行向某矿业公司发放贷款人民币2.5亿元整。某矿业公司将款项用于生产性流动资金的周转。

2012年4月6日,建行平凉分行与富蕴县某勘查开发有限责任公司(以下简称某勘查开发公司)订立《抵押合同》。约定:某勘查开发公司为某矿业公司在上述《委托贷款合同》项下的债务提供抵押担保。担保范围包括《委托贷款合同》项下本金2.5亿元及利息、违约金、赔偿金和实现债权的其他费用。抵押财产为某勘查开发公司萨尔布拉克金矿采矿权。

2016年8月29日,建行平凉分行与陕西某工贸有限责任公司(以下简称某工贸公司)订立《抵押合同》。约定:某工贸公司为某矿业公司在上述《委托贷款合同》项下的债务提供抵押担保。担保范围包括《委托贷款合同》项下本金2.5亿元及利息、违约金、赔偿金和实现债权的其他费用。抵押财产为陕西安康市汉滨区某钒矿采矿权。

以上两份《抵押合同》均约定:如因抵押人原因导致抵押权未有效设立,且抵押人与债务人不是同一人,抵押人应在本合同约定的担保范围内对担保的债务与债务人承担连带责任。以上两份《抵押合同》签订后,均未办理抵押登记。

2017年8月14日,经平凉市工商行政管理局核准某工贸公司名称变更为某投资公司。

2018年3月16日,某投资公司与建行平凉分行订立《债权转让协议》。2018年3月30日,某投资公司与建行平凉分行共同向某矿业公司、某勘查开发公司、某工贸公司、某矿业公司发送了《债权转让通知书》。

【案件争点】

建行平凉分行是否对案涉抵押财产享有优先受偿权。

【裁判要旨】

法院认为,根据《矿业权纠纷案件司法解释》第14条第1款规定,“矿业权人为担保自己或者他人债务的履行,将矿业权抵押给债权人的,抵押合同自依法成立之日起生效,但法律、行政法规规定不得抵押的除外”,建行平凉分行与某勘查开发公司、某工贸公司签订的两份《抵押合同》是各方当事人真实意思表示,不违反法律、行政法规强制性规定,合法有效。《矿业权纠纷案件司法解释》第 15 条第 1 款规定,当事人请求确认矿业权之抵押权自依法登记时设立的,人民法院应予支持。

本案中,案涉两份《抵押合同》项下采矿权均未依法办理抵押登记,抵押权未有效设立,建行平凉分行要求对某勘查开发公司设定抵押的富蕴县萨尔布拉克金矿采矿权和某工贸公司设定抵押的陕西省安康市汉滨区某钒矿采矿权拍卖、变卖价款享有优先受偿权的诉讼请求不予支持。

2. 要点分析

矿业权是矿山企业最核心的资产,以矿业权进行抵押融资是矿山企业生产经营过程中常见的筹资方式之一。矿业权抵押涉及诸多实务问题,有些问题是不动产抵押的共性问题,有些问题则是矿业权抵押的特性问题,笔者认为有必要对这些问题,尤其是特性问题加以分析和总结,为读者处理类似问题提供参考。

本专题不过多讨论共性问题。共性问题主要涉及的是矿业权抵押合同与抵押权的关系,抵押权的善意取得,以及抵押权的实现等问题。当然,这些共性问题中也因抵押财产是矿业权而有所不同,比如协议以矿业权折价受偿,普通债权人因为不具备矿业权受让人的资格和条件,一般不能通过该方式获得受偿。

本专题讨论的重点是矿业权抵押的特性问题。比如,矿业权抵押备案是否具有抵押登记的效力,矿业权许可到期后抵押权是否会灭失,探转采后原探矿权上的抵押权是否会灭失,抵押权人能否对新设的采矿权提出抵押权主张,在矿山完成技改扩能后原抵押权是否可以有效存续,抵押权的效力是否及于技改扩能后矿山价值的增值部分,等等,这些都是矿业权抵押实务中的疑难点问题。

2.1 抵押权的设立与生效

矿业权作为法律、行政法规未被明确禁止抵押的财产性权利,矿业权人可依法将其用于抵押,以担保自己或者他人债务的履行。《矿产资源法》(2024 年修订)第 27 条第 1 款明确规定“矿业权可以依法转让或者出资、抵押等,国家另有规定或者矿业权出让合同另有约定的除外”,第 22 条第 2 款、第 3 款规定,矿业权变更、转让、抵押和消灭的,应当依法办理登记;经依法登记,发生效力;未经登记,不发生效力,法律另有规定的除外。矿产资源属于不动产的范畴,适用不动产法律法规的调整原则,即抵押合同自依法成立时生效,亦遵循登记生效主义原则,抵押权自办理抵押登记时设立。但现行的法律法规未明确将矿业权抵押纳入不动产统一登记范畴,且未对矿业权抵押登记部门作出明确规定。目前在国家尚未就矿业权设立登记、抵押登记作出细则性规定的情形下,由颁发矿产资源勘查许可证或者采矿许可证的自然资源主管部门依据相关规定为抵押当事人办理的矿业权抵押备案,视为矿业权抵押登记。

2.1.1 订立抵押合同

根据《民法典》第 400 条第 1 款“设立抵押权,当事人应当采用书面形式订立抵押合同”以及《矿业权出让转让暂行规定》第 57 条“矿业权设定抵押时,矿业权人应持抵押合同和矿业权许可证到原发证机关办理备案手续”的规定,订立书面矿业权抵押合同是抵押权设立的必要条件之一,抵押合同的生效是抵押权依法设立的前提。

根据《矿业权纠纷案件司法解释》第 14 条第 2 款“当事人仅以未经主管部门批准或者登记、备案为由请求确认抵押合同无效的,人民法院不予支持”的规定,矿业权抵押合同未经批准或者登记、备案并不影响抵押合同的效力,也就是说,根据“物债二分”原则,矿业权抵押权是否登记或备案,是否有效设立,不影响当事人签订的矿业权抵押合同的效力。矿业权抵押合同经依法成立即生效,当然,法律、行政法规规定不得抵押的除外。至于矿业权抵押合同生效后抵押权是否设立、抵押权人是否享有抵押权,则需要根据《民法典》等有关规定及合同履行情况进行认定。

矿业权抵押合同一般包括以下条款：被担保债权的种类和数额、债务人履行债务的期限、矿业权的基本情况、担保的范围等，抵押权的效力范围（是否及于矿区范围内的土地使用权、地上附着建筑物、采矿机械设备、生产设施等全部配套固定资产），矿业权到期前抵押人的延续责任，探矿权转采矿权后抵押权的转化安排，等等。

2.1.2　办理抵押登记/备案

我国现行的法律法规未将矿业权纳入不动产物权统一登记范围，未对矿业权抵押登记部门作出明确规定，但对矿业权备案制效力的规定已非常明确。根据《矿业权纠纷案件司法解释》第15条第2款规定，“颁发矿产资源勘查许可证或者采矿许可证的自然资源主管部门根据相关规定办理的矿业权抵押备案手续，视为前款规定的登记”。而矿业权抵押备案机关不同于一般不动产抵押登记机关，根据《矿业权出让转让暂行规定》第57条规定，需到原发证机关办理备案手续。在司法实践中，法院也以是否登记或备案作为判断矿业权抵押权是否成立的前提。

矿业权属于用益物权。《矿产资源法》（2024年修订）明确矿业权抵押登记的相关规定，即在设立抵押权时应当遵循登记生效主义原则，自办理抵押登记时设立。而对于之前已在颁发矿产资源勘查许可证或者采矿许可证的自然资源主管部门办理了抵押备案但未进行登记的抵押权，是否仍视为进行了矿业权抵押登记、抵押权已依法设立，则有待于国家出台细则予以明确。

在（2018）最高法民终820号案中，由于亿源公司未就采矿权办理抵押登记，且并未提供证据证明江西省国土资源厅已取消采矿权抵押备案手续，故根据《矿业权纠纷案件司法解释》第15条的规定，案涉采矿许可权的抵押权未设立，澄迈工行请求根据《最高额抵押合同》对亿源公司的采矿许可权对应的价款享有优先受偿权的主张，亦无事实和法律依据，法院不予支持。最高人民法院亦认定，在法律、行政法规尚无明确矿业权抵押登记部门的情况下，国土资源主管部门依据部门规章或者地方性法规办理的矿业权抵押备案，可视为矿业权抵押登记，矿业权抵押权自登记或者备案时设立。鉴于不动产物权登记的主要功能和作用在于借此获得对世的公示效力，就目前矿业权抵押备案的主要功能以及法律效果而言,备案与登记并无实质区别,抵押权人可借此取得对抗他人的公示效力和优先受偿权。

实务中需要注意的是,即便是签订了矿业权抵押合同并办理了抵押备案,也可能存在抵押权无效的情形。比如,矿业权挂靠时,若登记的矿业权人未经真正的权利人同意擅自将矿业权进行抵押,这种情况下,抵押合同不因抵押人无权处分而受影响,而抵押权的设立则取决于债权人是否满足善意取得的法定条件,即符合善意取得法定条件的,债权人可主张行使抵押权,不符合善意取得法定条件的,债权人不得主张行使抵押权。因此,《担保制度司法解释》第 37 条第 1 款规定,当事人以所有权、使用权不明或者有争议的财产抵押,经审查构成无权处分的,人民法院应当依照《民法典》第 311 条善意取得的规定处理。《民法典》第 311 条规定,"无处分权人将不动产或者动产转让给受让人的,所有权人有权追回;除法律另有规定外,符合下列情形的,受让人取得该不动产或者动产的所有权:(一)受让人受让该不动产或者动产时是善意;(二)以合理的价格转让;(三)转让的不动产或者动产依照法律规定应当登记的已经登记,不需要登记的已经交付给受让人。受让人依据前款规定取得不动产或者动产的所有权的,原所有权人有权向无处分权人请求损害赔偿。当事人善意取得其他物权的,参照适用前两款规定"。

值得探讨的是,如何认定抵押权的善意取得?善意取得的三要件包括善意、支付合理对价、完成权利公示或完成交付(无须登记的)。有学者认为:抵押是单务行为、无偿行为,不以支付合理对价为必要条件,因而只要在签订抵押合同时抵押权人为善意(不清楚采矿权挂靠的事实),且完成了不动产抵押登记,就构成善意取得。[①]

2.2 抵押权的实现

矿业权抵押权的实现亦遵循《民法典》关于抵押担保的基本原则,即抵押权人可与抵押人协议以抵押财产进行折价或就拍卖、变卖矿业权所得价款优先受

---

① 林文学:《不动产抵押制度法律适用的新发展——以民法典〈担保制度司法解释〉为中心》,载《法律适用》2021 年第 5 期。

偿,或者请求人民法院拍卖、变卖抵押财产以变现受偿。应当注意,因矿业权的特殊性,法院在作出上述处理前将对矿业权竞买人、受让人是否具备相应的资质条件进行审查。同时,于抵押权人而言,即使抵押财产已经毁损、灭失,只要该抵押财产交换价值的替代性还存在,抵押权人即可就抵押人因此获得的保险金、赔偿金或者补偿金优先受偿实现债权。

2.2.1 实现方式

当债务人不履行到期债务或者发生双方当事人约定的实现抵押权的情形时,抵押权人可以实现抵押权。后者是指抵押权人与抵押人约定了提前实现抵押权的条件,一旦相关情形出现,抵押权人有权提前实现抵押权。

抵押权实现的方式和程序是,抵押权人与抵押人协商,寻求达成以抵押财产折价或者以拍卖、变卖抵押财产所得的价款优先受偿的协议,若双方不能达成协议,则抵押权人可以请求人民法院拍卖、变卖抵押财产以变现受偿。

以矿业权进行折价受偿为例,在折价受偿时需要注意以下事项:一是矿业权折价时应当参照市场价格,不得损害其他债权人的利益,否则其他债权人可以根据《民法典》第 410 条第 1 款规定,请求人民法院撤销折价协议;二是折价行为应当发生在债务人不履行到期债务或者发生双方当事人约定的实现抵押权的情形时,双方不得在此之前约定抵押权实现条件满足后则抵押财产归抵押权人或者按照约定价格进行折价,这是因为我国法律禁止当事人约定流押条款;三是根据《探矿权采矿权转让办法》第 7 条的规定,探矿权或者采矿权转让的受让人,应当符合有关探矿权申请人或者采矿权申请人的条件,因此,若银行等金融机构作为采矿权抵押权人时,往往因其自身不满足相应资质要求,并不具备开采矿产资源的资金和技术设备等必要条件,无法以折价方式取得矿业权,不能实现债权清偿。

矿业抵押财产处置可采用双方协议约定的拍卖、变卖方式。其中,拍卖是最为普遍的一种方式,遵循"价高者得"的基本原则;变卖作为不公开的买卖形式,其交易的价格应当公允并参考市场价格确定。

上面讲的是抵押权人与抵押人自愿达成协议实现抵押权的情况,如果双方未能达成协议,则抵押权人可以请求人民法院拍卖、变卖抵押财产以变现受偿。

实现担保物权案件可以适用《民事诉讼法》的特别程序,抵押权人可以直接向担保财产所在地或担保物权登记地法院提出实现抵押权申请,而无须经过诉讼程序。人民法院经审查后,对于符合法律规定的,即当事人对实现担保物权无实质性争议且实现担保物权条件成就的,法院裁定拍卖、变卖矿业权,抵押权人依据该裁定可以向人民法院申请执行;对于不符合法律规定的,即当事人对实现担保物权有实质性争议(如双方对抵押合同的有关条款或者抵押权的效力问题存在争议,这些问题实际上是实现抵押权的前提条件,双方对此发生争议的,也就根本谈不上协议以何种方式实现抵押权了),将不能适用特别程序实现抵押权。此情形下,抵押权人可以向人民法院提起诉讼通过诉讼程序解决。需要强调的是:抵押权以拍卖、变卖方式实现抵押权时,并非必须先以特别程序提出申请实现抵押权,在法院驳回申请后仍可直接提起诉讼程序,即特别程序并非诉讼审判程序的前提,抵押权人可以结合自身情况,自主选择抵押权的实现程序。

在(2021)辽民终1419号案中,法院认为,民生银行大连分行与通化矿业公司签订案涉《最高额抵押合同》后,已就案涉采矿权办理了抵押备案登记,抵押权依法设立,通化矿业公司未按约偿还借款本息构成违约。根据案涉《最高额抵押合同》的约定及《矿业权纠纷案件司法解释》第16条的规定,民生银行大连分行有权对通化矿业公司提供抵押的采矿权(采矿许可证号:C2200002011061140114×××)折价或者以拍卖、变卖该财产所得价款优先受偿。

除上述实现方式外,鉴于矿业权标的巨大、法律关系复杂、配套执行措施缺乏以及抵押人配合意愿较低等因素,在实践中,抵押权人还可向公证机构申请出具强制执行公证书。若对方不履行或不适当履行义务,在抵押权人向公证机构申请出具强制执行证书后,即可直接向法院申请强制执行,从而可以高效实现抵押权。相较于以折价或拍卖、变卖的方式实现抵押权,此种方式因无须经过诉讼程序而成为实践中最为便捷、高效的抵押权实现方式。

2.2.2 矿业权抵押物上代位性

对于抵押权人而言,设立抵押担保物权并不以占有和使用抵押担保财产为目的,而是以支配抵押担保财产的交换价值为实现债权之目的。所以,即使抵押担保财产已经毁损、灭失，只要该抵押担保财产交换价值的替代性还存在，则该替代性的价值应作为抵押担保物的替换物，以便抵押担保物权人能够实现债权。

根据《矿业权纠纷案件司法解释》第 17 条的规定，矿业权抵押期间因抵押人被兼并重组或者矿床被压覆等原因导致矿业权全部或者部分灭失，抵押权人请求就抵押人因此获得的保险金、赔偿金或者补偿金等款项优先受偿或者将该款项予以提存的，人民法院应予支持。根据该规定，抵押权人在设立抵押权的矿业权灭失时，有权就抵押物灭失而获得的保险金、赔偿金或补偿金优先获偿。保险金，是指抵押人(一般为矿业权人)为设立抵押的矿业权投保的，因保险事故发生而致使抵押矿业权毁损、灭失时，保险公司向投保人或受益人支付的保险金。赔偿金，在设立抵押的矿业权因第三人的侵权行为或者其他原因毁损、灭失时，抵押人所获得的损害赔偿金可以作为担保财产的代位物。但是，如果抵押矿业权是债权人的原因导致毁损、灭失的，应当承担赔偿责任，其所支付的损害赔偿金不能作为抵押矿业权的代位物。补偿金，主要指设立抵押的矿业权因公共利益被国家征收或征用，或矿山被政策性关闭时，国家向矿业权人支付的补偿金。

前文已述，无论是因第三人侵权行为获得的赔偿金，还是因矿山事故获得的保险金，抑或矿山被国家征收或因政策调整而关闭获得的补偿金，其核心在于弥补矿业权人遭受的损失。除此之外，有些补偿或赔偿虽然和矿山有关，也由矿业权人领取，但和矿业权人的损失无关，不宜作为抵偿担保物权人受偿的代位物。例如，可以变卖或收益的资产，如煤矿产能指标、地质资料、国家政策补贴等，或因国家政策的调整造成大量矿山被兼并或重组，国家以及地方政府设置专项资金用于解决和安置人员问题的安置款，该等资金虽然与采矿权有关，但又相互独立，并不是用于弥补矿业权人的损失，不宜作为用于清偿矿业权人债务的代位物，不属于抵押权人能够主张优先受偿权的范围。

在四川省泸州市中级人民法院(2020)川 05 民终 604 号民事判决书中，按国家进一步化解煤炭行业过剩产能、推动煤炭企业实现脱困发展的意见，叙永县人民政府于 2016 年 9 月 28 日作出关闭河东煤硫公司的决定，由此河东煤硫公司获得部分财政奖补资金,叙永农商行认为河东煤硫公司因矿山关闭领受的全部补偿款都应清偿欠付担保物权人的债务。但是,法院认为,财政奖补资金应重点用于关闭矿井职工安置以及遗留问题的处置,具有专门用途,资金的支出接受国家财政部门监管,并不是煤矿关闭的赔偿金,也不是抵押物灭失后的代位物,也与煤矿出售的价款或者抵押物灭失后获得的保险金等情形有着本质的区别。叙永农商行主张对该等奖补金行使优先受偿权没有事实和法律的依据。

2.3 矿业权许可到期后抵押权的存续问题

《矿产资源法》(2024 年修订)第 24 条规定,探矿权期限为 5 年,探矿权期限届满可以续期,续期最多不超过 3 次,每次期限为 5 年。探矿权人无正当理由未开展或为实质性开展勘查工作的,探矿权期限届满时不予续期。采矿权的期限最长不超过 30 年,采矿权期限届满,登记的开采区域内仍有可供开采的矿产资源的,可以续期。矿业权期限届满未申请续期或依法不予续期的,矿业权消灭。实践中,矿业权期限届满后能否获得延续,存在较大不确定性。主管部门是否给予延续,重点考虑的是矿产资源本身的价值以及环境保护、安全生产等实质性因素。若经审慎衡量后,主管部门认为矿山的客观情况不符合矿业权续期的相关政策和法规,比如探矿权人一直未实质性开展勘查工作,登记的开采区域内没有可供继续开采的矿产资源,剩余资源储量无法满足矿山开发的经济指标,矿山继续开发已无法保证安全生产,矿山继续开发涉及生态环境破坏,等等,则矿业权将面临延续不能的风险。

一旦矿业权未获得续期,则矿业权消灭,其后果是原矿业权人不再享有勘查开采的探矿权、采矿权,矿业权人不得再对矿产资源进行勘查开采,不再对矿产资源享有占有、使用和收益的权利。矿业权消灭,也就意味着抵押物灭失,抵押物的灭失导致抵押权归于消灭,在债务人未履行到期债务后,抵押权人无法通过拍卖、变卖的方式实现优先受偿权。

在贵州省遵义市中级人民法院(2021)黔 03 民终 8303 号民事判决书中,贵州省遵义市中级人民法院认为,案涉备案证有效期至 2019 年 12 月,即某煤矿采矿权期限于2019年12月即已届满，后某煤矿未再申请采矿权续期，抵押权作为一种对抵押物变现价值的优先受偿权，实现时受制于抵押物的权利和事实状态，在案涉采矿权许可证到期后未再申请续期亦未得到相关行政审批部门授权许可的情况下，采矿权能否继续享有处于不确定状态。某公司虽对某煤矿的采矿权享有优先受偿权，但在某煤矿采矿权到期后未再申请延期的状况下，某煤矿不得从事任何采矿活动，其对矿产资源的享有也只是一种财产性权利而非采矿权，某公司在此情形下主张对案涉采矿权享有优先受偿权，缺乏事实基础和法律依据，故某公司主张因设置于案涉采矿权上的抵押权而享有优先受偿权的诉讼主张法院不予支持。

在采矿权人已申请办理延续但尚未显示该申请已经获得批准的期间，此时是否取得采矿权尚处于不确定状态，法院对于此类案件的审理采取极其审慎的态度。例如，在最高人民法院(2020)最高法民终146号民事判决书中，最高人民法院认为案涉矿业权许可期限届满，矿业权人虽然已移交了续期申请，但主管部门迟迟未作出批准与否的决定，矿业权人能否继续享有案涉采矿权尚不确定，请求对采矿权享有优先受偿权缺乏依据。若后续大远公司的采矿权续期申请获得行政机关批准，某资产云南分公司可另行主张权利。

申请人办理延续矿业权获得主管部门批准同意续期的，即可以理解为对原矿业权进行了延续，采矿权即仍处于有效期内，自然设定在该矿业权上的抵押权也获得了延续。在最高人民法院(2017)最高法民终310号民事判决书中，最高人民法院认为，案涉矿业权许可期限届满，但矿业权人进行了展期且得到主管部门批准同意，采矿权仍处于有效期内，案涉抵押权尚未消灭。

2.4 探转采后原探矿权上的抵押权消灭

实践中，虽以采矿权抵押为主，但是探矿权亦可作为抵押财产设立抵押权。需要注意的是，若抵押财产为探矿权，探矿权转采矿权后对于抵押权的影响。

《矿产资源法实施细则》第16条第1款第6项规定，探矿权人享有优先取得勘查作业区内矿产资源的采矿权的权利，《矿产资源勘查区块登记管理办法》第24条规定，探矿权人申请采矿权的，应当在勘查许可证有效期内，向登记管理机关递交勘查项目完成报告或者勘查项目终止报告,报送资金投入情况报表和有关证明文件,由登记管理机关核定其实际勘查投入后,办理勘查许可证注销登记手续。

在郑州市中级人民法院(2021)豫01行终264号行政判决书中,法院认为,案涉探矿证最后一次保留期限至2017年3月25日,河南宝顺新能源开发有限公司于2017年3月3日向河南省自然资源厅申请采矿许可,河南省自然资源厅于2017年6月1日通知其补充材料。根据《矿产资源勘查区块登记管理办法》第24条第1款第2项之规定,案涉勘查许可证属应予办理注销登记的情形,故河南宝顺新能源开发有限公司因探矿权保留期限届满和其在该期限届满前已申请采矿权的事实及法律明确规定情况下,案涉勘查许可证在享有的探矿权自最后一次保留期限届满的2017年3月25日次日起即丧失,不再享有。

若以探矿权为抵押财产进行抵押,探矿权人有可能在担保期间申请成为采矿权人,探矿权转为采矿权意味着原探矿权的灭失,抵押物灭失后抵押权也随之消灭。虽然形式上采矿权由探矿权转化而来,但是,这是两种不同的权利,除了权利主体相同,其他权利对象及内容均不相同,在采矿权没有抵押给抵押权人的情况下,抵押权人不能当然地对采矿权享有抵押权。因此,作为抵押权人,为了有效实现债权,应在抵押合同中明确,若发生探矿权转采矿权的,则采矿权应作为抵押财产,且应及时办理采矿权抵押登记备案手续。

2.5 矿山技改扩能后的抵押权

矿产企业的生产经营必须符合国家宏观调控的政策要求,在因国家政策调整或因企业重组等需要进行技改扩能时,须向相关行政部门申请并经行政部门审核通过,获取相应产能指标后方可继续进行生产。实务中,在采矿权作为抵押财产进行抵押后,采矿权人在购买扩能指标(矿山关闭指标)后对矿山进行了技改扩能并获得审批,重新办理了采矿许可证,抵押人与抵押权人并未就新的采矿权办理抵押备案手续,此种情况下,原抵押权是否会灭失,若没有灭失,抵押权的范围多大,是原采矿权的价值还是技改扩能后的新采矿权价值?有待通过司法解释或经由司法判例厘清。

2.5.1 矿山技改扩能后的抵押权效力范围

矿山技改扩能是矿山开采经营活动中常见的情形,究其原因:一是贯彻执行矿产资源开发利用与保护并重,保障安全、节约集约、科技发展、绿色发展的原则要求;二是矿业权人为实现更大效益自愿投入资金对矿山进行技改扩能。矿山技改扩能后,矿业权人不变,矿业权也没有改变,改变的是矿业权的生产规模、产能指标等。此种情形下,抵押权人的抵押权是否还存续,抵押权的范围怎么认定,目前并没有明确规定。

笔者认为,矿山技改扩能后的抵押权效力范围认定原则,可以参考《民法典》第 417 条“建设用地使用权抵押后,该土地上新增的建筑物不属于抵押财产。该建设用地使用权实现抵押权时,应当将该土地上新增的建筑物与建设用地使用权一并处分。但是,新增建筑物所得的价款,抵押权人无权优先受偿”的房地一体原则规定,以及《担保制度司法解释》第 41 条第 2 款“抵押权依法设立后,抵押财产被添附,抵押人对添附物享有所有权,抵押权人主张抵押权的效力及于添附物的,人民法院应予支持,但是添附导致抵押财产价值增加的,抵押权的效力不及于增加的价值部分”关于添附物的处理规定。

第一,矿山技改扩能后采矿权的权能发生一定变化,即矿山的年生产规模增加,矿山价值提高,但是作为抵押物的采矿权并没有灭失,因此抵押权仍为有效存续的状态。

第二,抵押权人优先受偿的范围以设定抵押时抵押物的价值为限,抵押权效力以抵押登记时的财产价值为限。在对抵押的矿山进行技改扩能后,抵押权的效力限于扩能前矿山的价值,不能及于扩能后矿山的新增价值部分,新增价值部分不当然纳入抵押范围。

在贵州省贵阳市中级人民法院(2023)黔 01 民终 4778 号民事判决书中,法院认为,在煤炭产业结构调整、煤炭资源优化整合为目标的煤矿兼并重组背景下,某公司与浦发银行遵义分行于 2014 年 11 月 25 日签订了两份最高额抵押合同并予以登记备案,以生产规模均为 15 万吨/年的某 1 煤矿、某 2 煤矿进行抵押。后某 1 煤矿于 2021 年 7 月 20 日、某 2 煤矿于 2019 年 5 月 30 日进行技改扩能并经贵州省自然资源厅许可取得生产规模为 45 万吨/年的采矿许可证,但未就技改扩能后重新签订抵押合同。虽采矿权许可证证号相同,但原抵押备案登记时对新采矿权许可证约束力不变,基于两煤矿经过兼并重组扩能扩界导致的无论是储量还是矿区面积均发生变化,尤其是价值增值的客观事实,对采矿权优先受偿权范围的认定应当根据抵押登记备案、相关抵押合同所体现的当事人意思表示进行确认,而不能仅仅以采矿权证号未发生变化为由认定采矿权优先受偿权范围当然及于技改升级之后的采矿权价值,故抵押担保的范围应以登记机关记载内容为准,即以 15 万吨/年的生产规模的价值为限,不能及于煤矿技改扩能扩界后的采矿权价值。

2.5.2 抵押权价值认定及应对建议

综上所述,矿山技改扩能后在抵押权未更新登记或备案时,抵押权人的抵押权范围不能及于矿山技改扩能扩界后的采矿权价值。仍以贵州省贵阳市中级人民法院(2023)黔 01 民终 4778 号案为例,法院已认定抵押权人的抵押担保的范围应以登记机关记载内容为准,即以 15 万吨/年的生产规模的价值为限。值得注意和思考的是,该判决如何执行的问题,执行的最大难点在于在该矿山(45 万吨/年)拍卖或者变卖之时如何评估确定该矿山(15 万吨/年)的价值。笔者认为,无论最后评估结果如何,至少其中有一方不能接受。原因在于司法实践中对采矿权价值的评估或司法鉴定缺乏统一标准,不同的评估方法或原则对评估结果认定的价值差异显著。

在矿山技改扩能后导致矿山生产规模大幅度提升、矿业权实质内容发生变化时,抵押权人的抵押权范围仅及于技改扩能前的生产规模,如何公平合理确定抵押权人的抵押权价值首先要考虑的问题。笔者认为,从经济、高效、可行角度出发,可按照《法院确定财产处置参考价规定》首先采取当事人议价方式确定抵押权参考价,如若不能通过议价方式确定抵押权价值的,因为矿业权有计税基准价具备定向询价的基础,可通过由人民法院向确定参考价时矿业权财产所在地的有关机构进行定向询价的方式确定抵押权价值。定向询价不成或不能时,则应通过委托评估的方式认定抵押权价值。在选定评估机构对抵押权价值进行评估时,要求评估机构尽可能地对矿山技改扩能前的价值和技改扩能后的价值分别进行评估、出具两个评估结果。

综上所述,处理矿业权抵押纠纷应兼顾担保物权效力与矿业资源产业政策导向。在现行法律框架下,建议市场主体完善交易文本设计,做好全过程履约管理;及时办理抵押权登记或备案;在矿山发生技改扩能或出现矿业权实质内容变化时,应立即更新抵押权登记或备案。通过以上规范性操作,可有效防范法律风险,平衡保护各方合法权益。

专题十　矿业权合同无效后的民事责任承担

要点描述

矿业权合同是双务合同。基于矿产资源的特殊性,矿业权合同的合同标的额往往巨大,所涉法律关系相对较为复杂。无论是矿业权出让合同还是矿业权转让合同,抑或是矿业权租赁、承包、挂靠、外包等所涉矿业权或矿山矿产资源合同,一旦被认定为无效,各方主体势必会为了各自权益最大化而倾力而为。本专题以矿业权合同无效纠纷典型案例为研究对象,就矿业权无效后的民事责任承担,法院对返还财产、折价补偿、赔偿损失的认定和适用,予以分析、探究。

1. 可供参考的例案

例案一

傅某其诉仙游县某乡人民政府采矿权纠纷案

【法院】

福建省高级人民法院

【案号】

(2015)闽民终字第1535号

【当事人】

上诉人(原审原告):傅某其

上诉人(原审被告):仙游县某乡人民政府

【基本案情】

2003年1月16日,仙游县某乡人民政府(甲方)与原告傅某其(乙方)签订《开发某乡塔林顶伊利石矿山承包合同书》,约定:"……甲方决定将某乡塔林顶伊利石矿山承包给乙方开发……一、承包矿山坐落:塔林顶水库西南侧……二、承包时间:2003年1月起至2012年12月31日止。三、2003年每车次20元,2004年每车次25元,2005年每车次30元,2006年至2012年每年每车次40元(甲方不再收取其他费用)……五、定金:合同签订时,乙方必须向甲方交人民币2000元作信用金,合同签订后六个月没有动工的取消信用金,信用金可抵2003年的部分承包款,多还少补。……七、甲方的权利与义务:……2.为乙方提供有关采矿证件证明材料,协助办理开采证,矿产经营证(费用由乙方自理)。八、乙方的权利与义务:……5.合同签订后,乙方三个月内没有修建公路时(雨天顺延),甲方视为乙方单方放弃。公路通车后,六个月后没有开采矿石视为乙方单方放弃。九、其他事项:1.本合同签订后,乙方应及时办理开采证,矿产经营证,甲方应积极协助乙方办理。甲方无偿提供通往矿区的原有道路,乙方新开的公路在合同期内的使用权归乙方所有,如有第三方开矿要使用该道路,由第三方与乙方协商补偿。2.合同期满时,乙方投入的设备、固定资产归乙方所有……3.本合同之前甲方与任何单位签订的本矿区区域内的采矿合同均已无效……5.乙方投资通往矿区的公路的使用权与合同期限相等,若乙方停止采矿半年以上合同宣告终止,乙方的公路使用权同时终止,公路所有权属某乡人民政府。"

合同签订后,原告傅某其依约投资道路等设施并进行探矿。之后被告仙游县某乡人民政府委托福建开诚资产评估有限公司(以下简称评估公司)对社硎塔林顶矿产项目前期投入资产进行评估。评估公司于2005年4月4日作出闽开评报字(2005)仙第021号《社硎塔林顶矿产项目前期资产投入评估报告》,评估结果:评估对象在评估基准日(2005 年 3 月 30 日)评估现值为人民币 277.46 万元。其中,固定资产评估价值为人民币 30,170 元。社硎至修园至卓林公路长 6 公里,卓林至社硎公路长 6.5 公里,彭溪至矿区公路长 6 公里,仙游县某乡人民政府将其列入评估对象价值计入评估结果中。

2005 年 1 月 10 日,仙游县某乡人民政府向仙游县人民政府提交《关于塔头顶伊利石矿产开发有关问题》的请示报告,仙游县人民政府于当年 1 月 24 日批示县国土资源局提出挂牌方案,并核定原已投入成本一并挂牌招标。2007 年 7 月仙游县委县政府召集有关部门对该采矿权出让工作进行专题论证,认为该采矿权的设置会严重影响生态环境,因此将该矿区列入禁采范围。至此,原告没有取得采矿权证,合同目的无法实现,原告傅某其诉至一审法院,请求判决仙游县某乡人民政府赔偿其经济损失人民币 323.46 万元,并支付以本金人民币 277.46 万元为基数自 2005 年 1 月 24 日起至判决付款之日止按月利率 0.66% 计算的利息。

福建省莆田市中级人民法院于 2015 年 7 月 15 日作出(2014)莆民初字第 272 号民事判决书,判决:(1)仙游县某乡人民政府应当在本判决生效之日起 10 日内赔偿给傅某其投资款人民币 76.6781 万元;(2)驳回傅某其的其他诉讼请求。宣判后,傅某其与仙游县某乡人民政府均向福建省高级人民法院提出上诉,福建省高级人民法院于 2015 年 11 月 12 日作出(2015)闽民终字第 1535 号民事判决书,判令仙游县某乡人民政府返还傅某其投资款人民币 136.0991 万元。

【案件争点】

仙游县某乡人民政府与傅某其签订《开发某乡塔林顶伊利石矿山承包合同书》被确认无效后财产返还及过错责任比例问题。

【裁判要旨】

矿产资源归国家所有,国家对矿产资源的勘查、开采实施严格的许可证管理制度。矿业权的出让应由县级以上国土资源主管部门根据法定权限依法进行,乡级政府并非适格的矿业权出让主体。在不拥有矿山勘查、采矿许可证的情况下,乡级人民政府签订合同擅自将国家所有的矿产资源交由他人勘查、开采,不仅严重侵害国家对矿产资源的所有权,造成矿业权税费流失,而且极易造成矿产资源的乱采滥挖，甚至导致环境污染、生态破坏。对此类合同应给予否定性法律评价。人民法院应在认定合同无效的前提下，区别返还财产和赔偿损失等不同责任方式，在维护矿产资源国家所有权的同时，综合考虑过错因素，保护当事人的合法利益和矿业权流转市场的交易秩序。

二审法院经审理查明，原审认定《开发某乡塔林顶伊利石矿山承包合同书》无效并无不当。关于合同无效后财产返还及过错责任比例问题，二审法院认为双方当事人均明知矿产资源属于国家所有，开采矿产资源必须经县级以上地方人民政府办理审批登记，故双方对造成讼争合同无效均存在过错。仙游县某乡人民政府明知其无权出让辖区内的矿产资源，亦未依法及时办理相关报批手续，与傅某其签订的案涉合同违反了法律法规的强制性规定，对导致本案讼争合同无效应承担主要过错责任。而傅某其是仙游县某乡人民政府通过招商引资方式引进开发讼争矿山，仙游县某乡人民政府有理由使傅某其产生一定程度的合理信赖，其对导致讼争合同无效应承担较小的过错责任。综上所述，仙游县某乡人民政府对造成讼争合同无效的过错责任明显大于傅某其个人应承担的过错责任，原判认定双方的过错责任承担比例为五五分成，有失公允，应按照仙游县某乡人民政府八成、傅某其二成的责任比例承担相应的赔偿责任。

案涉矿山已被列为禁采区，不具备办理合法审批手续的可能，由此产生的法律后果应依傅某其投入资产性质分类处理。其中押金2000元属于某乡人民政府因合同收取的保证金，应直接返还；傅某其履行合同投入资金共计人民币1,533,561元，其中所修公路位于某乡人民政府辖区范围，属于其获益部分，应按照实际支出折价补偿；其他投资（前期经费、矿区挖掘机费用、手扶拖拉机配合人工运土方和石方费用及管理人员工资等）属于履行合同受到的损失，应按照过错比例承担民事赔偿责任。判令某乡人民政府返还傅某其押金和修路支出费用共计67.0712万元，对傅某其86.2849万元投资损失承担80%的赔偿责任。

例案二

刘某玉、某纸业集团有限公司合同纠纷案

【法院】

最高人民法院

【案号】

(2021)最高法民终1201号

【当事人】

上诉人(一审被告):刘某玉

被上诉人(一审原告):某纸业集团有限公司

【基本案情】

2008年,某纸业集团有限公司(以下简称某纸业集团)以其全资投资而尚未设立的中卫市美利矿业有限公司(以下简称矿业公司)名义对外承包位于中卫市梁水园煤矿区××区的露头探槽采剥工程。2008年3月28日,刘某玉与设立中的矿业公司签订了《承包协议》,协议约定:在甲方(某纸业集团)探矿许可证确定的范围内确定承包开采范围。开采方式是露天探槽。第三条:乙方(刘某玉)自主经营、自负盈亏、风险自担,甲方不得以任何方式干预乙方正常经营。第四条:承包期三年自2008年3月28日至2011年7月28日。第五条:在承包期间,乙方经营所产生的费用及销售原煤所产生的税费由乙方自行承担。其他费用由甲方承担。第八条:1. 如甲方干涉乙方自主经营权,或单方擅自终止合同,则应退还乙方两倍承包费,赔偿乙方所有投资损失,同时乙方有权要求甲方继续履行合同,所产生的原煤销售所得不计。2. 遇国家政策性停产整顿或因甲方原因造成停产,则乙方的承包期相应顺延。3. 在合同期内由于开采资源枯竭,甲方可适当地给予乙方其他的开采区以供开采。协议还对双方的权利义务等作了约定。某纸业集团认可刘某玉于2008年3月、4月支付承包费750万元。

承包协议签订前后刘某玉组织人员、机械设备进入矿区进行施工作业。

2008 年 6 月、7 月间,某纸业集团通知刘某玉停工,2009 年 4 月刘某玉撤场。

刘某玉诉请要求判令解除双方签署的《承包协议》,某纸业集团双倍返还已缴纳的承包费,赔偿其探槽采剥施工工程损失、因停工等造成的其他损失、利息损失和经营损失。

【案件争点】

《承包合同》无效,刘某玉因合同无效所遭受的损失应如何承担。

【裁判要旨】

最高人民法院认为,本案中刘某玉与某纸业集团签署《承包协议》时明知某纸业集团尚未获得采矿许可证,双方对于合同无效均有过错,合同当事人应承担财产返还、折价补偿及过错损失赔偿责任。《承包协议》签订后,刘某玉向某纸业集团支付了 750 万元承包费,某纸业集团收取的 750 万元承包费应返还给刘某玉,刘某玉将案涉煤矿返还给某纸业集团。现《承包协议》无效,该合同项下的违约条款亦无效,故对于刘某玉依据《承包协议》约定,要求某纸业集团双倍返还承包费的主张,法院不予支持。关于刘某玉要求某纸业集团赔偿其损失的主张,因本案双方当事人对于《承包协议》无效均有过错,故对于刘某玉因合同无效所遭受的损失应由双方按照过错程度承担相应责任。

首先,关于刘某玉主张的露天探槽采剥施工工程损失 187,195,014 元。法院认为一审中某纸业集团委托第三方对案涉矿区挖填土石方进行了测算,依据测绘报告结合本案实际情况,可以认定刘某玉在案涉矿区存在施工投入。因双方当事人对于合同无效均存在过错,故刘某玉施工投入损失应由双方分担。法院参考某纸业集团提交的测绘报告中关于案涉矿区挖填土石方总量及《鉴定意见书》中关于相应挖填土石方总量对应的损失金额,酌定某纸业集团应向刘某玉支付施工工程损失 2000 万元。

其次,关于刘某玉主张的停工损失。刘某玉提出该项主张的依据为《补充鉴定意见书》,因《补充鉴定意见书》为刘某玉自行单方委托出具,某纸业集团不予认可,刘某玉未提交其他证据予以佐证,法院对该项损失主张不予支持。

最后,关于刘某玉主张的利息损失及经营损失。因刘某玉未举证证明利息损失来源,主张的经营损失亦缺乏事实及法律依据,法院不予支持。

例案三

高某涛、准格尔旗羊市某神某煤炭有限责任公司采矿权纠纷案

【法院】

最高人民法院

【案号】

(2019)最高法民终403号

【当事人】

上诉人(原审原告):高某涛

上诉人(原审被告):准格尔旗羊市某神某煤炭有限责任公司

【基本案情】

2012年12月3日,准格尔旗羊市某神某煤炭有限责任公司(以下简称神某煤炭公司)作为甲方与高某涛作为乙方、第三人作为丙方共同签订《开采工程施工承包合同书》,主要约定内容:1. 甲方将其煤矿所辖合法区域内850亩(以三方确定的范围为准)承包给乙方进行露天煤矿开采(包括土石方的剥离、采煤、煤层治理、植被复垦)。2. 承包方式采取销售总承包,即土石方的剥离,煤层的剥离开采,煤炭的销售。甲方保证乙方每亩产精煤3500吨(热量在5300大卡以上),若不足3500吨,甲方从其自有的矿区内用同等质量的煤给乙方补足,乙方不承担任何费用,超出部分按照甲方30%、乙方70%分成。3. 采取一次性承包,甲方将乙方开采的煤交给乙方,由乙方自主销售,采区面积共计850亩,甲方保证为整片。每亩按照承包款28万元缴纳承包费用(此费用包括地上建筑物等其他附着物的拆迁、补偿费用),合计总承包款2.38亿元。4. 生产销售管理:甲方不得以任何理由干涉乙方的正常经营,并负责协调处理乙方在承包过程中的相关各方关系,保证乙方正常生产经营。5. 施工责任:在承包区范围内施工过程中一切安全生产事故(包括机械事故、人员伤亡等)均由乙方承担,甲方不承担任何责任。6. 甲方负责征地、拆迁及相关补偿并承担相应费用,承担应向政府部门缴纳的费用(此相应费用及政府部门缴纳的费用仅指土地征用、

拆迁及地面附着物的补偿由甲方承担）。乙方有权依据本合同自主经营，按照本合同约定向甲方支付承包款项。丙方用其在甲方的股权提供担保，若因甲方违约等其他原因造成乙方损失或其他应由甲方承担有关责任，由丙方承担连带保证责任。

随后，神某煤炭公司和高某涛陆续签订了7份补充协议，对各方权责进行细化补充约定。其中于2016年6月30日，神某煤炭公司作为甲方与高某涛作为乙方、第三方作为丙方签订的《补充协议3》约定神某煤炭公司补乙方精煤35万吨，以每吨200元的价格（不含煤管票）将甲方所欠精煤折算成现金，自2015年5月1日起，按照折算的现金总额按月息3分标准向乙方计付利息，以弥补乙方损失。

高某涛已按照约定向神某煤炭公司支付全部承包费24,584万元，神某煤炭公司交付开采的实际出煤面积共计404.73亩，尚未开采473.27亩。因双方就补偿、责任承担等事宜协商不成引发诉讼。高某涛起诉要求确认所签署的合同及补充协议无效，退还已交付的承包款及利息（按中国人民银行同期贷款利率计算至实际清偿之日）。

【案件争点】

案涉合同及7份补充协议无效后合同双方应如何相互返还及损失赔偿。

【裁判要旨】

最高人民法院认为，对于因未取得采矿许可证而导致案涉合同无效的后果，神某煤炭公司存在刻意隐瞒和拒不积极办理的情形，具有主要过错责任；高某涛未尽到注意义务，亦存在过错。

本案中，案涉开采工程施工承包合同实际上是神某煤炭公司将煤矿交由高某涛开采售卖，自己收取承包费。高某涛所开采原煤已经售卖，无法返还原物，恢复原状亦不经济；同时，考虑到高某涛的开采成本、运输成本、人工成本等属于因履行合同产生的损失，在客观上无法完全核实。本案如果以合同无效简单判令双方相互返还财产缺乏可操作性，因此，应当就已开采部分与未开采部分区分处理。高某涛承包神某煤炭公司矿区面积共878亩，已付清全部承包费24,584万元。对于尚未开采的473.27亩，根据合同约定每亩承包费为28万元，则对应的承包费为 132,515,600 元。因案涉合同均被认定为无效，未开采部分不得继续履行，且已被依法查封而无实际履行可能，未开采部分对应的承包费应由神某煤炭公司返还给高某涛。对于已开采的 404.73 亩，鉴于无法返还且难以计算损失，神某煤炭公司收取的相应承包费 113,324,400 元无须返还高某涛。高某涛售卖煤炭取得的所有收入归其所有，为此投入的开采成本、运输成本、人工成本等由其自行承担。关于补煤款的处理，双方在《补充协议 3》等补充协议中多次约定，在亩产达不到 3500 吨的情况下，神某煤炭公司以精煤或者每吨按 200 元补偿高某涛，此约定系双方真实意思表示，神某煤炭公司愿意对高某涛作出补偿，法律并不禁止。根据双方约定，每吨按 200 元计算，神某煤炭公司实际已补 189,734.91 吨，尚欠 274,333.86 吨，神某煤炭公司应支付给高某涛补煤款 54,866,772 元。一审法院判决神某煤炭公司返还高某涛共计 187,382,372 元及利息，并无不当，法院予以维持。

2. 要点分析

矿业权合同被认定无效后民事责任的承担，主要是返还财产、折价补偿和损失赔偿。法律规定的合同无效的应返还财产、折价补偿、赔偿损失原则在具体案件中如何适用，过错责任如何认定、分配，怎么平衡当事人双方利益，长久以来一直是司法实务中的疑难问题。之所以出现这样的困扰，最主要的原因之一就是法律规定得过于原则且个案情况较为复杂，导致司法实践中法官不得不行使较大的自由裁量权，进而导致因认知分歧出现裁判尺度不统一的现象。

《民法典》第 155 条规定："无效的或者被撤销的民事法律行为自始没有法律约束力。"民事法律行为被认定无效后，当事人一方对所取得的财产已没有合法占有的依据，据此取得的财产应当向对方返还，另一方对已交付的财产享有返还请求权。《民商事审判会议纪要》明确了在确定合同无效后财产返还或者折价补偿范围时，要根据诚实信用原则的要求，在当事人之间合理分配，不能使不诚信的当事人因合同无效而获益。同时规定了合同无效在确定财产返还时，要充分考虑财产增值或者贬值的因素。双务合同不成立、无效或者被撤销后，双方因该合同取得财产的，应当相互返还。应予返还的股权、房屋等财产相对于合同约定价款出现增值或者贬值的，人民法院要综合考虑市场因素、受让人的经营或者添附等行为与财产增值或者贬值之间的关联性，在当事人之间合理分配或者分担，避免一方因合同无效而获益。在标的物已经灭失、转售他人或者其他无法返还的情况下，当事人主张返还原物的，人民法院不予支持。

《民法典合同编通则司法解释》第 24 条、第 25 条对合同无效后的法律后果作出更为明确和细化的规定。本专题拟以典型案例为基础，深入分析、探究合同无效情形下返还财产、折价补偿、赔偿损失规则的适用问题。

2.1 返还财产

矿业权合同无效，依照法律规定应当恢复到矿业权合同签署前的状态，就如同矿业权合同主体没有进行过交易，或民事法律行为未曾发生一样。此时，矿业权合同主体基于矿业权合同签署履行所取得的财产应当予以返还，相对人亦享有对已交付财产的返还请求权。这是因为，民事法律行为无效后，行为人对所取得的财产已没有合法占有的根据，双方的财产状况应当恢复到民事法律行为实施前的状态。需要注意的是，返还财产的适用前提是矿业权合同已经实际履行或部分履行的情况。

矿业权合同一旦被认定无效，无论双方是否存在过错，都负有返还财产的义务。返还财产包括单方返还和双方返还。单方返还适用于矿业权合同的一方当事人已经履行、另一方尚未履行的情况。比如矿业权合同签署后，负有支付价款义务的一方当事人已经按照合同约定支付了价款，交付矿业权的主体一方还没有履约，此时收款一方的合同主体负有向对方返还已收款项的义务。如果矿业权合同签署后，一方主体向对方支付了合同价款，另一方也交付了矿业权或矿区，或办理了矿业公司的股权变更，此情形下，双方均需返还。

《民法典合同编通则司法解释》对合同无效后的返还规则作出更为明确和细化的规定。依据前述规定，矿业权合同无效后，经审查财产能够返还的，人民法院应当根据案件具体情况，单独或者合并适用返还占有的标的物、更正登记簿册记载等。矿业权合同是双务合同，合同双方原则上互负返还义务，占有矿业权或矿山等标的物的一方对标的物存在使用或者依法可以使用的情形，收取矿业权或矿山费用的一方有权将其应支付的资金占用费与应收取的标的物使用费相互抵销。

在矿业权合同无效纠纷的司法裁判中，法院在适用返还财产规则时，会充分考虑能否返还的可操作性和经济合理性，全面考量是否适用返还财产规则。比如本专题例案三中，最高人民法院就以矿业权合同已经履行部分无须再返还，作为转让方的神某煤炭公司无须退还已收取的承包费，同样作为承包方的高某涛也无须退还已销售的煤炭款。

无论是一级市场的矿业权出让合同，还是二级市场的矿业权转让、承包、租赁等各类合同，在合同被认定无效的情形下，均需审慎考量返还财产规则的适用问题。

2.1.1 已付价款，已交付设备、矿山等财产均可要求返还

如前所述，矿业权合同是双务合同，合同双方原则上互负返还义务。取得矿业权或占有矿山等标的物的一方应当返还取得的标的物，收取押金/保证金、转让费或使用费等价款的一方应返还已收取的款项。另外，一方购买或投入使用的机器设备等财产，均是合同主体基于合同信任已实际投入的资金和物资，合同无效的，相对方有义务进行返还。

如例案一，法院按照傅某其投入的资产性质分类处理，认为押金属于某乡人民政府因合同收取的保证金，应直接返还。例案二中，最高人民法院认定某纸业集团收取的750万元承包费应返还给刘某玉，刘某玉将案涉煤矿返还给某纸业集团。例案三中，法院判令将未开采部分对应的承包费应由神某煤炭公司返还给高某涛，对于已开采的404.73亩认定无法返还。

贵州省高级人民法院在其审理的(2023)黔民申8460号案中，贵州省高级人民法院认定徐某某和某某公司签署的《采石场合伙协议》及《补充协议书》无效，对于徐某某主张的设备重置损失，因案涉设备现还存在可以取回，故原审法院没有支持徐某某要求赔偿设备重置损失的认定正确。也就是说，如果合同主

体一方投入资金购买了设备或进行了设备更新,若发生争议时相关设备可以移动或取回,法院可能会不支持合同主体赔偿设备损失的诉求,原因就在于设备还存在且可以取回,即可以适用返还财产规则。

矿业权合同被认定为无效后,收受价款的一方应返还的财产除了已收取的保证金、出让价款、转让费或承包费等本金之外,原则上还应当支付资金占用费。《民法典合同编通则司法解释》明确规定,资金占用费应当按照中国人民银行授权全国银行间同业拆借中心公布的一年期贷款市场报价利率(LPR)进行。需要注意的是,对于合同无效情形中无过错的一方当事人,资金占用费应当以中国人民银行公布的同期同类存款基准利率进行计算。这样的规定体现了法律对公平原则的追求。

2.1.2 已开采的矿产品可返还,抑或直接折抵开采方的损失

矿业权合同无效时,支付价款一方的返还义务主要是将取得的矿业权及对应的矿区交还给出让人,同时还需要返还合同履行期间已开采出但尚未流通的矿产品。返还财产范围之所以包括已开采尚未流通的矿产品,原因在于矿产品是基于矿业权合同约定所开采的,合同无效,意味着合同主体一方已失去合法合理占有的法律基础,应当一并返还。如果此时已经开采出的矿产品尚未销售、原物尚存,则应当返还原物给转让方。

但若是在开采的矿产品已实际销售的情况下,就不宜判令受让方或开采方返还财产。原因很简单:此时不具备返还财产的事实基础,不具有可操作性。本专题例案三中,最高人民法院就是基于承包方高某涛已经实际开采精煤并销售完毕,已投入的人员、资金、材料也都用于采煤,不具有返还的基础和条件,所以未判令承包人高某涛返还已开采的精煤且未责令其恢复原状;同时法院认为已开采的404.73亩无法返还且难以计算损失,也没有判令神某煤炭公司返还已收取的404.73亩承包费。

2.1.3 不能返还财产

所谓财产不能返还,包括法律上的不能返还和事实上的不能返还两种情形。

法律上的不能返还主要是指财产返还受到善意取得制度的影响,即一方将

通过民事法律行为取得的财产转让给第三人,第三人取得财产时符合善意取得制度的各项条件,此时该第三人因善意取得成为财产的所有权人,该财产又是不可替代的。此时被善意第三人取得的财产不能实际返还,只能依照当时市价折价补偿给另一方。就矿业权出让合同无效来讲,返还财产原则上矿业权出让人有权要求受让人返还已取得的矿业权;但如果矿业权人已经将取得的矿业权再行转让给第三人,且第三人已经支付合理对价且已经办理矿业权转移登记手续取得了矿业权权属证书,此时,第三人基于善意已经取得了矿业权,显然从法律上不能要求原受让人返还已取得的矿业权。此情形就是法律上的不能返还。

事实上的不能返还主要是指因为财产已灭失,造成客观上的无法返还,且原物又是不可代替物。此时,取得该财产的一方应当依据原物的市价进行折价补偿。以矿业权转让合同无效为例,矿业权转让合同签署后,受让人在取得矿山后已经进行了开采,取得的矿产品已经实际销售;对原有矿山进行的投资建设已经和原有建筑物或构筑物混为一体没办法拆分。此情形就是事实上的不能返还,矿业权转让人不能要求受让人返还已开采的矿产品,但可以就受让人已实际销售的矿产品价值进行折价补偿。

2.1.4 没有必要返还财产

所谓没有必要返还财产的,主要包括以下两种情况:(1)如果一方接受的是劳务或者利益,在性质上不能恢复原状,应以金钱的方式返还;(2)如果一方是通过使用对方的无形财产(如知识产权)获得的利益,则应采取折价补偿的方式。本专题例案一中,最高人民法院就认定傅某其修建的公路位于某乡人民政府辖区范围,傅某其投入的资金、劳务等已经物化,遂未判令返还财产而是适用折价补偿规则对傅某其的实际损失投入进行补偿。同样例案二中法院亦以"高某涛所开采原煤已经售卖,无法返还原物,恢复原状亦不经济"为由,未判令返还财产恢复原状。

2.2 折价补偿

民事法律行为被认定无效后,对于不能返还财产,或者没有必要返还的,应当折价补偿。也就是说,折价补偿原则是合同无效后不能返还或没有必要返还财产时的补充或替代,二者只能择一行使,不能同时行使。通过折价补偿的方式来达到合同主体财产关系恢复到原始状态的目的。

2.2.1 折价补偿的相关规定

无论是原《合同法》还是现如今的《民法典》,都仅规定了合同无效时可采用折价补偿的方式平衡各方利益,均没有进一步细化应以什么样的标准或条件,选择什么样的时点进行折价补偿。这导致司法实践中法院在确定折价补偿的具体适用时不得不更多地行使自由裁量权。

从最高人民法院颁布的相关司法解释及审判实践中的具体做法看,折价补偿的方式一般根据合同被确认无效时的履行情况及已投入资金的转化形态等适用不同的折价方法,相对灵活。

《民商事审判会议纪要》明确了在标的物已经灭失、转售他人或者其他无法返还需要折价补偿的情况下,应当以当事人交易时约定的价款为基础,同时考虑当事人在标的物灭失或者转售时的获益情况综合确定补偿标准。标的物灭失时当事人获得的保险金或者其他赔偿金,转售时取得的对价,均属于当事人因标的物而获得的利益。对获益高于或者低于价款的部分,也应当在当事人之间合理分配或者分担。

《民法典合同编通则司法解释》合同无效时的折价补偿的时点、标准进行了清晰规定,明确应当以合同无效或确定不发生效力之日不能返还财产或没有必要返还财产的市场价值,或者以其他合理方式计算的价值为基准判决折价补偿。

相较于《民商事审判会议纪要》折价补偿原则,以当事人交易时约定的价款为基础,同时考虑标的物灭失或转售时获益情况综合确定补偿标准,《民法典合同编通则司法解释》则明确了以法院认定合同无效之日不能返还或没有必要返还财产的市场价值或者以其他合理方式计算的价值为基准判决折价补偿。《民法典合同编通则司法解释》确定的基准时点和价值标准显然更具有合理性。

2.2.2 折价补偿的性质或特征

关于无效合同的折价补偿的性质,最高人民法院及部分学者认为其属于不当得利[①]。区别于传统民法上的不当得利制度,折价补偿规则基本不考虑当事人是否善意,不要求是否以过错作为成立要件,只是在分配获益或损失时要考虑当事人对合同无效有无过错及是否有从合同无效中获益的动机。在确定折价补偿的范围时,应以合同约定的转让款为折价补偿的标准,然后与标的物灭失时所得的价值补偿或者转售时可得的价款进行比较,对高于或者低于转让款的部分,根据一定的规则在双方之间进行分配或者分担,以实现双方之间的利益平衡。

具体到矿业权合同纠纷案件中,矿业权合同被认定无效后,需要通过折价补偿的财产范围通常包括已添附于矿山开采的设备设施、为行使权利而投入的建设工程、修建道路等难以移动或返还成本过高的财物。例案一中,傅某其为履行合同,修筑了"新开的公路"中的乌垅后至蜘蛛池一段长 8 公里公路和一条草山矿区 2.2 公里公路、修建公路支出人民币 668,712 元。法院认定该公路位于某乡人民政府的辖区范围,属于某乡人民政府的获益部分。在采矿权出让合同被认定无效后,某乡人民政府应按照傅某其的实际投入的修路支出费用,以折价补偿形式,判决某乡人民政府返还修路支出费用人民币 668,712 元。这也反映了法院在适用折价补偿规则时,需要考量获益、损失等各因素以平衡各方利益。

2.2.3 折价补偿的价值基准

折价补偿应以什么样的标准,或采用哪一个具体时间点为基准折价,长久以来一直没有明确规定。司法实践中,法院在认定折价补偿时往往会按照不能返还财产或没必要返还财产的实际投入金额为基础,结合履行情况,对折价补偿金额或价款进行裁判。例案一就采用这种方式,法院将修建道路的实际支出金额作为折价补偿的金额,裁判某乡人民政府返还修建道路费用。

《民商事审判会议纪要》规定的折价补偿原则是"折价时,应当以当事人交易时约定的价款为基础,同时考虑当事人在标的物灭失或者转售时的获益情况

---

① 余卫:《合同无效"参照约定折价补偿"处理规则的完善与适用——以建设工程合同为例》,载《社会科学家》2023 年第 2 期。

综合确定补偿标准。标的物灭失时当事人获得的保险金或者其他赔偿金,转售时取得的对价,均属于当事人因标的物而获得的利益。对获益高于或者低于价款的部分,也应当在当事人之间合理分配或者分担”。仅明确了以当事人交易时的价款为基础。《民法典合同编通则司法解释》在此基础上,进行了更为细致的规定:法院应当以认定合同不成立、无效、被撤销或者确定不发生效力之日该财产的市场价值或者以其他合理方式计算的价值为基准判决折价补偿。

《民法典合同编通则司法解释》自 2023 年 12 月 5 日起施行,经检索,目前尚未检索到矿业权合同无效争议纠纷案件适用该司法解释的案例。笔者认为,《民法典合同编通则司法解释》规定,以法院认定合同无效之日不能返还或没必要返还财产的市场价值或以其他合理方式计算的价值作为判决折价补偿的价值基准,相对而言更符合诉讼当事人的预期,更容易被接受。《民法典合同编通则司法解释》为如何确定合同无效时折价补偿的时点进行了明确,有利于法院在审理矿业权无效合同纠纷案适用折价补偿规定时统一裁判尺度。

2.3 赔偿损失

本专题所引用的三个例案,法院在处理当事人要求赔偿损失诉求时,无一例外地都先就各方对矿业权合同无效是否有过错、过错责任大小进行认定,然后根据各方过错责任裁判。

《民法典》第 157 条规定了民事法律行为无效根据过错分配承担责任的原则,而《民商事审判会议纪要》规定了在合同无效时,若仅返还财产或者折价补偿不足以弥补损失,一方还可以向有过错的另一方请求损害赔偿。在确定损害赔偿范围时,既要根据当事人的过错程度合理确定责任,又要考虑财产增值或者贬值因素,避免双重获利或者双重受损的现象发生。《民法典合同编通则司法解释》再次强调合同无效当事人提出赔偿损失诉求时,法院应当结合财产返还或者折价补偿的情况,综合考虑财产增值收益或贬值损失、交易成本的支出等事实,按照双方当事人的过错程度及原因力大小,根据诚信原则和公平原则合理确定损失赔偿额。

2.3.1 过错责任分配

合同无效后,受损失的合同主体一方主张赔偿损失应以另一方存在过错为前提,即无效合同所发生的损害赔偿适用过错责任原则,并根据当事人过错的轻重程度,作为划分责任的标准。若当事人无过错,则不承担赔偿责任。若双方当事人都有过错,则无论发生一方受有损失或者双方都受有损失,均应适用过错相抵的原则,由双方根据自身过错的程度和性质,各自向对方承担相应的责任。

在司法实践中,由于个案的基础事实、主客观情况、证据材料均存在差异,且“以事实为依据、以法律为准绳”是基本诉讼原则,因此过错责任的分配、过错责任大小难以固化。尤其是在矿业权合同争议纠纷中,合同无效原因更是复杂、多样化,可能是因为合同主体一方并非适格主体而导致合同无效,也可能是因为矿业权转让方未取得许可并非合法权利主体,还可能是因为合同标的物受法律法规约束或限制,违反法律法规强制性规定而导致合同无效。此时,就需要法官行使自由裁量权,根据个案情况公平公正客观地认定过错责任并作出裁判。

矿业权合同争议纠纷案件中,合同无效法院往往会根据案涉矿业权合同性质、约定内容、各方主体身份、主观意愿、已履行客观情况等因素综合评判、认定各方过错责任,以求公平合理地解决争议、实现利益平衡。本专题例案一中,最高人民法院首先认定“双方当事人均明知矿产资源属于国家所有,开采矿产资源必须经县级以上地方人民政府办理审批登记,因而傅某其与仙游县某乡人民政府对于合同无效均存在过错”。在划分过错责任大小时认为,仙游县某乡人民政府明知其无权出让辖区内的矿产资源,亦未依法及时办理相关报批手续,与傅某其签订的案涉合同违反了法律法规的强制性规定,应承担主要过错责任。而傅某其是仙游县某乡人民政府通过招商引资方式引进开发讼争矿山,仙游县某乡人民政府有理由使傅某其产生一定程度的合理信赖,其对导致讼争合同无效应承担较小的过错责任。最终根据过错责任大小判令仙游县某乡人民政府承担80%的损失,傅某其承担20%的损失。即体现了最高人民法院在认定过错责任、划分责任大小时的考量依据。

再以本专题例案三为例,最高人民法院认为“对于因未取得采矿许可证而导致案涉合同无效的后果,神某煤炭公司存在刻意隐瞒和拒不积极办理的情形,具有主要过错责任;高某涛未尽到注意义务,亦存在过错”,也是从矿业权合同主体身份、主观过错等因素综合审查裁判。在(2020)云25民终445号案中,法院认定因被告罗某华、罗某、陶某光依法未取得采砂许可证,导致停采,船舶长期停置无法作业存在过错,故对此造成的经济损失应承担责任;原告在被告依法未取得采砂许可证情况下,偏听偏信,未进行审慎审查,与被告签订合同存在一定过错,对其造成经济损失应承担相应责任。这个例案中,法院仍然是根据合同主体一方身份及应尽义务,结合主客观情况认定过错责任。

2.3.2 损失赔偿范围仅限于实际损失,不包括可得利益损失

矿业权合同无效后,合同主体一方提出赔偿损失的,首先应结合返还财产或者折价补偿的情况,考虑双方是否具有过错及过错程度、原因力大小,再合理确定损失赔偿额。损失赔偿的目的,最基本的是补偿损害,使受损方的权利得到救济,既不同于恢复到权益未受到损害前的状态。因合同无效产生的赔偿损失法律责任在法律性质上属于缔约过失责任,违约责任也区别于侵权责任。缔约过失责任的损失赔偿范围或损害赔偿对象为信赖利益,既不同于违约责任的完全赔偿或可得利益赔偿,也不同于侵害知识产权的惩罚性赔偿。缔约过失责任下的损失赔偿并非完全赔偿,不包含可得利益赔偿或惩罚性赔偿,法律基础依据非常明确。

《民法典》第157条规定,民事法律行为无效后有过错的一方应当赔偿对方由此所受到的损失。第584条规定,违约责任下的赔偿损失原则是“损失赔偿额应当相当于因违约所造成的损失,包括合同履行后可以获得的利益;但是,不得超过违约一方订立合同时预见到或者应当预见到的因违约可能造成的损失。”第1185条规定:“故意侵害他人知识产权,情节严重的,被侵权人有权请求相应的惩罚性赔偿。”对比前述三个法条,清楚地看到合同无效时的损失赔偿限定为“由此所受到的损失”,即实际损失也称之为信赖利益损失。

信赖利益损失是指缔约人信赖合同有效成立,但因法定事由发生,致使合同不成立、无效或被撤销等而遭受的损失,包括所受损害和所失利益。所受损害又称直接损失,是指既有财产的减少,如缔约费用(如为签订矿业权合同而支出的交通费、咨询费等合理费用)、准备履约费用(如为履行矿业权合同而支付

的人工费用、投入的机器设备等合理费用)、已付金钱产生的利息等。若合同成立后履行过程中被认定无效,则实际履约的合理费用也应算作所受损害而得到赔偿。所失利益又称间接损失,是指既有财产本应增加而未增加的部分,包括因丧失了与第三人另行缔约的机会所产生的损失等。如一个关于时令性水果的买卖合同被认定无效后,水果不再新鲜,卖主只能低价卖与他人,低价出卖是由于丧失交易时机所致,则无效合同价和最终卖价之间的差距形成的损失可作为卖主的所失利益由买主赔偿。

需要注意的是,信赖利益范围内的损害赔偿不必然是全额赔偿。即使是属于信赖利益,应否全额赔偿,也要结合案件的实际情形予以认定。如果缔约过程中支出的某些费用属于不缔约也要支出的费用,则不应得到赔偿;如果为准备履约而支出了费用,但同时获益的,应把获益部分予以扣除后再计算费用;为准备履约而购买的设备、工具等,也要考虑在合同无效后是否仍有其他用途。

矿业权合同无效纠纷,财产受损方可主张损害赔偿的范围包括为了签署合同而产生的成本费用、前期投资或已付价款、投入的设施设备、人工费用、为运输矿产品产生的运费等。本专题例案一中,人民法院认定傅某其的其他投资如前期经费、矿区挖掘机费用、手扶拖拉机配合人工运土方和石方费用以及管理人员工资等四项属于其履行合同而受到的损失。该裁判认定的损失就是实际损失。

吉林省高级人民法院在(2019)吉民终 412 号探矿权转让合同纠纷案中,对案涉的 6 项费用支出 6, 569, 385. 04 元:1. 转让费定金 200 万元,以及为履行该合同依约定垫付探矿权评估价款 104. 61 万元;2. 林地理赔款 120 万元;3. 地面磁测款 37. 4 万元;4. 先期勘查费 691, 047. 04 元 + 80 万元;5. 矿山挖掘机费用 108, 238 元;6. 支付经济沟承包费 35 万元。吉林省高级人民法院最终裁判应赔偿给陈某某的合理损失为 5, 019, 385. 04 元,未支持第 2 项、第 6 项损失赔偿。其一方面是因为陈某某未能有效举证证明,另一方面则是认为第 2 项、第 6 项两项投入,陈某某仍可以依据相关合同享有一定的后续利益。另外,青海省高级人民法院(2019)青民终 220 号民事判决书中,对于张某生主张赔偿其经济损失 27, 521, 550. 49 元应如何认定的问题,青海省高级人民法院首先适用过错责任原则结合各方举证情况对诉讼主体应承担的责任予以认定,同时以“考虑张某生购买的机械设备、车辆、办公用品等仍归张某生所有且张某生对合同无效亦具有过错”为由,没有支持张某生要求对其购买的机械设备、车辆、办公用品等损失予以赔偿的诉讼请求,而是判令其自行承担该部分损失。

这两个案件的裁判结果充分体现了法院在审理损失赔偿主张采取的审查原则,不仅要对损失的名目、性质等进行审查,还要综合考量该项主张损失对应的本体后续是否能够继续使用或仍享有利益等。

最高人民法院(2015)民二终字第 167 号案中,对于受损失一方主张的 5,702,257 元工程费用、管理费用损失赔偿诉请,则认为该等费用是项目公司日常经营管理中的费用支出,付款人均为项目公司,而原告、被告双方在项目公司成立时均有注资,不能仅认定为一方的损失,故没有支持受损方的该项损失赔偿诉请。上述各法院裁判支持的赔偿损失均是信赖利益损失,是合同主体一方因为合同无效而实际发生的直接损失。

2.3.3 主张损失赔偿的举证证明

“谁主张,谁举证”作为民事诉讼基本原则,要求当事人对自己提出的主张和诉讼请求承担举证责任;如若不能提供证据证实己方的主张或者提供的证据达不到证明效力,依法应承担不利后果。在矿业权纠纷案件中,一方当事人在起诉相对方要求承担损失赔偿责任时,必须进行充分有效举证,要能够证实己方的具体损失,方可能得到法院的支持。反之,若当事人只是提出损失赔偿的诉讼请求,但不能有效举证无法达到法律意义上证明义务,则法院将难以支持其诉讼请求。

从举证主体上讲,主张损失赔偿的一方主体(一般是原告)应该就其诉讼请求所列明的损失项目及金额承担举证责任,即索赔方是举证责任主体。索赔方在提起诉讼或法院审理时要提交具体损失明细清单及对应的证据材料。损失证据材料主要包括:索赔主体与被索赔主体签署的有关案涉矿业权或矿山矿区的合同文件;索赔主体依据合同约定所支出的费用凭证(银行回单、收据、发票等);索赔主体为了履行矿业权合同和第三方签署的合同文件以及已实际履行的证据材料(采购单、材料进场签收单、结算文件、支付款项的银行回单、对方开具的发票或收据等)。前述梳理列明的证据材料是索赔方主张损失赔偿的必备的最基本证据材料。如若被索赔方针对索赔方提交的证据材料进行反驳,并提交了能够推翻索赔方证据材料的相反证据,或者被索赔方提交的反证虽然不能推翻索赔方的索赔证据,但足以动摇或影响法官对索赔方提交证据的可采信度,索赔方仍需进一步举证证明,否则,法院将可能不予采信其证据、继而按照举证责任分配原则,不予支持索赔方提出的损失赔偿诉讼请求。

最高人民法院在(2015)民二终字第167号民事案件中,认定"临钢公司为履行《合作勘查开发协议》修建道路,该道路已物化为矿区财产,应由金核公司予以补偿。临钢公司为此支付的工程款中的250万元有加盖银行印鉴的付款凭证为凭,证据充分,本院予以支持。其余303.86万元修路费用以及临钢公司主张的328.815万元勘查费用、150万元矿山道路通行维护费,相关付款凭证为临钢公司自行打印的电子回单,未经银行盖章确认。金核公司在一审质证中提出,电子回单可以自己打印,但应当去银行补盖印章,对其真实性并不认可。临钢公司在二审中仍未就此补强证据,其付款凭证的真实性不能确定,本院不予认定。"该案件中,临钢公司的损失之所以部分得到法院支持、部分未得到法院支持,究其原因是法院认定临钢公司没有充分举证,不能证实其主张损失的部分付款凭证的真实性,故法院没有支持其全部损失赔偿的诉讼请求。

吉林省高级人民法院在(2019)吉民终412号探矿权转让合同纠纷案件中,陈某某的索赔金额是6,569,385.04元,法院最终支持的赔偿损失金额是5,019,385.04元,就是因为陈某某在诉讼中提交了其主张损失金额对应的合同(如《林地林木理赔协议书》《补充协议》《地面磁测工作协议书》《挖掘机租赁合同》等),以及收据、记账凭证、付款银行回单、领款单、结算文件、发票等证据材料,该等证据材料能够证实陈某某是为了履行探矿权转让合同、进行探矿工作所必需的费用支出,所以才能得到法院支持。

本专题例案一中,二审法院在审查傅某其损失赔偿的上诉请求时,同样依据举证责任结合双方举证情况进行依法裁判,采纳了评估公司出具的闽开评报字(2005)仙第021号《社硎塔林顶矿产项目前期资产投入评估报告》,认定评估报告具备证据的真实性、关联性、合法性条件。采信理由是:(1)评估报告的评估时间处于双方当事人签订《承包合同书》约定的承包期内即 2003 年 1 月至 2012 年 12 月 31 日。(2)评估对象是社硎塔林顶矿产项目的前期投入资产所涉及的资产价值,包括固定资产、前期经费及在建工程和开炸矿口等项目。而对于某乡人民政府提出的不认可傅某其投入资金的抗辩意见未采信,原因是某乡人民政府没有提交充分证据证明。法院同样未支持傅某其主张在评估报告之外还有后续出资投入 485, 267 元的主张,同样是因为傅某其没有有效举证、提供的证据不具备合法性要求,法院不予采纳。

专题十一　压覆矿产资源

要点描述

矿业权人在登记的勘查开采区域内，享有勘查有关矿产资源、开采有关矿产资源并获得采出的矿产品的权利，该权利受法律保护。若建设项目的建设主体在建设项目时对矿业权人享有权利的矿产资源进行了压覆，依法应对矿业权人的损失承担补偿责任或赔偿责任。司法实践中，压覆矿产资源后，压覆责任人应承担什么责任，该如何认定补偿或赔偿的损失范围，一直是难点问题。本专题聚焦压覆矿产资源纠纷，以压覆矿产资源的制度规定为基础，结合案例和法律规定，系统分析不同情形下压覆矿产资源行为的责任承担机制，梳理总结裁判规则；同时就电力工程项目领域压覆矿产资源的特殊规定及情形予以分析。

1. 可供参考的例案

例案一

某矿业有限公司与北京铁路局物权保护纠纷案[①]

【法院】

最高人民法院

【案号】

(2017)最高法民终724号

【当事人】

上诉人(一审原告):某矿业有限公司

上诉人(一审被告):北京铁路局

【基本案情】

蒙冀铁路有限责任公司(以下简称蒙冀铁路公司)是张唐铁路项目的投资建设单位,北京铁路局受蒙冀铁路公司委托作为代建方负责新建张唐铁路全部建设管理工作。某矿业有限公司(以下简称某矿业公司)是梨树沟铁矿的探矿权人。

就张唐铁路建设用地压覆梨树沟铁矿资源事宜,2009年9月9日,河北省国土资源厅针对蒙冀铁路公司提交的《调查评估报告》出具冀国土资储评〔2009〕119号《评审意见书》,结论是同意该报告通过评审,可以作为建设项目申请压覆矿产资源审批的依据。2009年9月23日,河北省国土资源厅对蒙冀铁路公司提出的张唐铁路建设用地压覆矿产资源的申请,作出《关于"新建张家

① 人民法院案例库入库案例,入库编号2023-11-2-478-001。

口至唐山铁路建设项目”压覆矿产资源的批复》,同意该建设项目范围内压覆已查明的重要矿产煤矿(2S21)70.88 万吨,铁矿(121B)14.76 万吨,铜(金属量)(333)1979 吨及部分建材非金属矿,建议建设单位处理好与矿业权人的利益补偿关系,并按规定做好压覆矿产资源的储量登记。

2010 年 10 月 30 日,案外人蒙冀铁路公司作为委托方与北京铁路局签订《新建张家口至唐山铁路委托代建协议书》一份,委托代建的内容是:新建张唐铁路全部建设管理工作。2013 年 2 月 5 日、2014 年 9 月 1 日,张唐指挥部与承德市铁路工程建设指挥部先后签订《新建张家口至唐山铁路(承德段)工程压矿补偿实施协议》和《新建张家口至唐山铁路(承德段)工程征地拆迁框架协议(四)》,约定张唐指挥部委托承德市铁路工程建设指挥部具体负责实施张唐铁路项目承德地区的压覆矿产资源评估及补偿工作。

就压覆梨树沟铁矿补偿事宜,北京铁路局负责项目拆迁补偿工作的拆迁办与某矿业公司多次协商,于 2014 年 5 月形成一份《协商纪要》,确认了双方认可的压覆事实、无争议的补偿项目和主要分歧。

某矿业公司认为,其探矿权因北京铁路局修建张唐铁路被压覆,北京铁路局应就其侵权行为造成的损失承担赔偿责任,应赔偿探矿权损失、选矿厂资产损失和选矿厂停业损失。因双方就探矿权损失评估范围和探矿权赔偿范围等问题存在重大分歧,一直未能签署正式的压覆补偿协议,由此成讼。某矿业公司提起诉讼要求北京铁路局赔偿探矿权损失、选矿厂资产损失和选矿厂停业损失共 20,000.1 万元。

【案件争点】

一、北京铁路局是否存在侵权行为,应承担赔偿责任还是补偿责任。

二、北京铁路局应赔偿或补偿的项目、数额以及利息如何计算。

【裁判要旨】

一、关于北京铁路局是否存在侵权行为,应承担赔偿责任还是补偿责任的问题

最高人民法院认为,根据《物权法》第 123 条[①]“依法取得的探矿权、采矿

---

① 该条已被《民法典》第 329 条修改。

权、取水权和使用水域、滩涂从事养殖、捕捞的权利受法律保护”之规定,某矿业公司依法取得的矿业权受法律保护。根据《侵权责任法》第6条第1款[①]“行为人因过错侵害他人民事权益,应当承担侵权责任”之规定,某矿业公司主张北京铁路局构成侵权,应当证明北京铁路局实施压覆矿产资源的行为存在过错。

根据本案查明事实,蒙冀铁路公司与某商贸公司于2009年8月8日签订的《拟建张唐铁路压覆矿业权补偿意向书》明确约定“为保证国家重点项目的实施,经矿业权人与建设单位友好协商,同意压覆矿业权。双方同意,项目正式立项后,依据省国土资源厅批复的压覆矿产资源评估报告、国家政策及有关规定,双方协商,签订补偿协议”。2009年9月23日,河北省国土资源厅对蒙冀铁路公司提出的张唐铁路建设用地压覆矿产资源的申请,作出《关于“新建张家口至唐山铁路建设项目”压覆矿产资源的批复》,同意在该建设项目范围内压覆已查明重要矿产资源。本案双方当事人中,北京铁路局系接受蒙冀铁路公司委托负责张唐铁路项目建设;某矿业公司系从案外人某商贸公司处受让案涉矿业权,且某矿业公司与某商贸公司的法定代表人均系丁某某。蒙冀铁路公司在与某商贸公司达成压覆补偿意向后,已按照相关法律法规履行压覆重要矿产资源的报批手续,故北京铁路局在张唐铁路项目建设期间压覆某矿业公司名下探矿权的行为不具有违法性,主观上亦不存在过错,不构成侵权。某矿业公司的探矿权因北京铁路局的压覆行为所受损失依法应得到补偿。

二、关于北京铁路局应赔偿或补偿的项目、数额以及利息如何计算的问题

关于应补偿项目问题。一是探矿权损失。一审期间,北京铁路局认可对案涉探矿权损失进行补偿,但上诉时其以某矿业公司系无偿取得为由主张不应补偿探矿权损失。原国土资源部《探采权招标拍卖挂牌管理办法(试行)》及财政部、原国土资源部《关于深化探矿权采矿权有偿取得制度改革有关问题的通知》[②]规定,探矿权全面实行有偿取得制度。根据丰宁满族自治县国土资源局于2015年5月25日出具的《关于河北省丰宁县南关乡长阁村梨树沟铁矿普查探矿权保留的情况说明》,“河北省丰宁县南关乡长阁村梨树沟铁矿普查”探矿权

---

① 该条已被《民法典》第1165条第1款修改。

② 该文件已于2020年1月23日被废止。

于2005年6月以挂牌方式取得。北京铁路局主张某矿业公司系无偿取得探矿权,不应获得补偿,但未提供充分证据证明,其此项上诉理由不能成立。二是资产损失和停产停业损失。虽然张唐铁路只压覆了案涉探矿权矿区,未直接压覆某矿业公司投资建设的选矿厂等设施,但案涉探矿权已处于探转采手续办理阶段,某矿业公司预先投资建设配套选矿厂经过行政主管部门的审批,也办理了尾矿库安全生产许可证,探转采的手续不能继续办理直接导致配套选矿厂无法开展生产经营活动,故选矿厂资产损失和停产停业损失客观存在。同时,2014年5月签订的《协商纪要》已明确认可对上述两项损失进行赔偿,一审法院依法调取的《张唐铁路(承德段)征占厂矿企事业单位资产登记表》有项目指挥部、县指挥部、乡镇政府、村委会、产权人、建设单位、设计单位、施工单位、监理单位代表和现场登录人十方见证并签字,故北京铁路局关于不应补偿某矿业公司资产损失及停产停业损失的上诉理由不能成立。

关于补偿数额问题。本案双方当事人对于应就铁路中心线左右各1000米范围内的探矿权进行补偿以及被压覆矿产资源储量已无争议。最高人民法院认为,矿产资源压覆产生的损失,应限于矿业权人被压覆资源储量在当前市场条件下所应缴的价款,以及所压覆的矿区分担的勘查投资、已建的开采设施投入和搬迁相应设施等直接损失。特别是对于探矿权而言,能否转换为采矿权尚具不确定性;即便由探矿权转为采矿权,探矿权人亦需为采矿权的实现向国家缴纳必要的使用费以及投入大量的建设和生产经营成本;就市场风险的角度而言,投资采矿权还面临矿产品市场价格变动的风险,采矿权人的预期利润未必能够实现。对于仅拥有探矿权的某矿业公司而言,依据前述标准予以补偿,已经能够较好地保护其合法权益,也与其他已达成补偿协议的矿业权人所取得的利益基本持平。矿业评估公司根据委托参考《河北省矿业权价款缴纳办法(试行)》中价款计算方式,对被压覆的矿业权价值作出评估,其结论具有合理性,可以作为确定补偿金额的依据。对于资产损失和停产停业损失,《8066号资产评估报告》及《鉴定报告(补充说明)》作出程序合法,依据充分,予以采信。

关于利息问题。考虑到本案探矿权纠纷历时数年,双方当事人未就补偿数额达成一致,无法实际履行,双方均有责任,从本案起诉之日即2014年8月1日起按中国人民银行同期同类贷款利率计算利息较为合理。

例案二

大唐某新能源有限公司与赤峰市某矿业有限公司财产损害赔偿纠纷案

【法院】

内蒙古自治区赤峰市中级人民法院

【案号】

(2019)内04民终455号

【当事人】

上诉人(一审被告):大唐某新能源有限公司

中金公司(一审原告):赤峰市某矿业有限公司

【基本案情】

赤峰市某矿业有限公司(以下简称某矿业公司)系内蒙古自治区阿鲁科尔沁旗甘珠尔庙东南铜多金属矿勘探探矿权权利人。大唐某新能源有限公司(以下简称大唐能源公司)系赤峰市阿鲁科尔沁旗境内220kV塔罕线输高压电线工程项目建设主体。

大唐能源公司建设的案涉项目输电线路穿越了阿鲁科尔沁旗甘珠尔庙东南铜多金属矿勘查区。

2018年4月28日内蒙古自治区国土资源厅下发了内国土资字〔2018〕242号关于某矿业公司信息公开申请的答复,称赤峰市阿鲁科尔沁旗境内的220kV塔罕线输高压电线工程项目未办理用地审批手续、未办理压覆矿产资源查询和审批手续;经了解内蒙古自治区国土资源厅执法局已于2018年3月21日交办赤峰市国土资源局进行调查核实,目前正在核实中。2018年5月15日,阿鲁科尔沁旗国土资源局作出阿国土资罚字〔2018〕311号行政处罚决定书,对大唐能源公司于2015年5月至12月,未经国土资源部门批准,擅自占用阿鲁科尔沁旗罕苏木土地1.2461公顷修建高压线输送塔基的行为作出处罚。鉴定公司鉴定意见显示:1. 大唐能源公司塔罕线输电线路穿越阿鲁科尔沁旗甘珠尔庙东南铜多金属矿勘查区,经研究,该线路的建设将影响到铜多金属矿的进一步的勘探及开发,并对部分探明矿产造成压覆。2. 输电线路除对已投入的勘查工作量和资源量造成直接压覆外,根据现有相关学者研究,电网正常供电期间,矿区内的高压输电线路的电磁辐射有可能影响电磁法勘探的质量,严重限制了勘探方式的选择,极大地增大了进一步矿产勘查工作的成本。资产评估鉴定公司出具的评估结果是内蒙古自治区阿鲁科尔沁旗甘珠尔庙东南铜多金属矿勘探探矿权范围内塔罕线输电线路压覆部分(6.69 平方公里)探矿权评估价值为 506.17 万元。

【案件争点】

一、大唐能源公司所建设的输变电线路对某矿业公司的探矿权是否构成压覆。

二、若认定案涉工程对某矿业公司的探矿权构成压覆,则某矿业公司的损失应如何认定,大唐能源公司就该损失应如何赔偿。

【裁判要旨】

一、大唐能源公司所建设的输变电线路对某矿业公司的探矿权是否构成压覆

压覆矿产指的是在现有技术经济条件下,因建设项目实施后,导致已查明的矿产资源不能开发利用,但是建设项目与矿区范围重叠而不影响矿产资源正常开采的,不作压覆处理。根据该定义,确认是否构成压覆矿产资源,先看是否存在已经查明的矿产资源,根据某矿业公司提交的《内蒙古自治区阿鲁科尔沁旗甘珠尔庙东南铜多金属矿普查物探工作报告》,说明案涉区域内资源量已经处于查明状态。该报告虽未经地质矿产主管部门认定,但是并不等于该区域内没有矿产资源。大唐能源公司是在未经某矿业公司允许的情况下在案涉区域内建设的输电线路,且没有提供任何证据证明已经采取了相关补救措施,法院认为大唐能源公司所建设的输变电线路对某矿业公司的探矿权构成压覆。

二、关于某矿业公司损失认定及赔偿

大唐能源公司在工程开工前,未按照相关法律、法规规定,履行压覆重要矿产资源的报批手续，其行为具有违法性，构成侵权。大唐能源公司在建设案涉输电线路时并未向省级国土资源管理部门即内蒙古国土资源厅了解输电线所经过地区矿产资源分布和开采情况，由内蒙古国土资源厅出具是否压覆重要或非重要矿产资源的评估报告，并经省级以上国土资源行政主管部门审批批准，具有过错。《物权法》第 123 条[①]规定，依法取得的探矿权受法律保护，从而将探矿权规定为用益物权的一种。《侵权责任法》第 2 条[②]第 1 款规定，侵害民事权益的，应当承担侵权责任；而该条第 2 款又明确规定，民事权益包括了用益物权。故根据上述法律的规定，侵害探矿权的行为，系侵害了作为民事权益的用益物权，应承担赔偿责任。

探矿权作为一种用益物权，其具有自身的价值，不仅包括探矿权人对其取得《矿产资源勘查许可证》范围内矿产资源的占有、使用权，还应包括探矿权人对矿产资源的物权收益权。因此，对于探矿权这种用益物权的损害赔偿责任，应基于该种用益物权的财产价值来确定，即根据侵害探矿权的财产损失按照损失发生时的市场价格或者其他方式计算。这与《侵权责任法》第 19 条[③]关于“侵害他人财产的，财产损失按照损失发生时的市场价格或者其他方式计算”规定的司法内涵也是一脉相承的。

鉴于探矿权财产价值的确定是非常专业且复杂的问题，在人民法院无法依靠自身力量来确定探矿权价值的情况下，委托相应的专业机构对探矿权价值进行鉴定，并将鉴定结果作为侵权损害赔偿的参考，是司法实践中通行的做法。在相应的专业机构出具专业的鉴定报告之后，鉴定报告所确定的探矿权价值数额应作为具体确定探矿权人损失的赔偿依据。就本案来说，对探矿权价值所作的鉴定报告系原审法院委托有资质的鉴定机构作出，一审法院以该意见作为认定损失金额的基础并无不当。

---

① 该条已被《民法典》第 329 条修改。

② 该条已被《民法典》第 1164 条修改。

③ 该条已被《民法典》第 1184 条修改。

例案三

贵州华鼎某煤业有限公司与中国南方电网有限责任公司超高压输电公司等物权保护纠纷案

【法院】

最高人民法院

【案号】

(2020)最高法民终 1217 号

【当事人】

上诉人(一审原告):贵州华鼎某煤业有限公司

上诉人(一审被告):中国南方电网有限责任公司超高压输电公司

【基本案情】

贵州华鼎某煤业有限公司(以下简称某煤业公司)系王家坝煤矿探矿权权利人。为确定某煤业公司应缴纳资源量的探矿权价款,经原贵州省国土资源厅委托,由四川天地源土地资源房地产评估有限公司对王家坝煤矿探矿权进行评估。四川天地源土地资源房地产评估有限公司于2012年2月10日作出四川天地源〔2011〕(矿评)字第311号《贵州省毕节市王家坝井田煤矿勘探探矿权评估报告书》。2012年4月25日,原贵州省国土资源厅向某煤业公司发出缴纳探矿权价款的通知,通知载明,某煤业公司应当缴纳王家坝煤矿探矿权价款为17,024.67万元,首期缴纳时间为2012年12月30日前,缴纳金额为10,224.67万元。第一期缴纳时间为2013年12月30日前,缴纳金额为6800万元。至本案诉讼时,某煤业公司尚欠6800万元探矿权价款未交。

为提高中国南方电网有限责任公司(以下简称南方电网)西电东送能力,满足广东省经济和社会发展对用电的需求,国家发改委2008年3月同意开展溪洛渡右岸电站至广东和糯扎渡水电站至广东两个特高压直流输电工程(以下简称案涉输电工程)相关工作。中国南方电网有限责任公司超高压输电公司(以下简称南方电网超高压公司)系建设主体。

2009年2月南方电网超高压公司完成了案涉输电工程输电线路可研工作,并就压覆矿山情况报原贵州省国土资源厅批准。2009年11月2日,由贵州省国土资源勘测规划院作出《〈溪洛渡右岸送电广东±500kV同塔双回直流输电工程(半坡山至箐箕凹段)建设项目用地压覆矿产资源评估报告〉评审意见》,载明:案涉输电工程与矿区重叠,下伏煤层埋深大,未估算资源量,不压覆。2009年12月2日,原贵州省国土资源厅作出《关于对溪洛渡右岸送电广东±500kV同塔双回直流输电工程(半边山至箐箕凹段)建设项目用地压覆矿产资源评估的批复意见》(以下简称《批复意见》),在该意见中未见载明案涉输电工程对王家坝煤矿探矿权存在压覆。

2009年7月21日,国务院和中央军委批复毕节飞雄机场立项建设。为了配合毕节飞雄机场建设,获得线路走廊的规划及施工许可,南方电网超高压公司调整了可研路径,将可研路径向北挪移(初设路径及后续的施工路径),避开新的毕节市城市总体规划以及毕节飞雄机场的飞行管控区域,于2011年6月18日获得政府审批同意。2011年2月,国家发展和改革委员会作出《国家发展改革委关于溪洛渡右岸电站送电广东双回±500千伏直流输电工程核准的批复》,批准案涉输电工程可以开工建设。2012年5月至2013年5月案涉输电工程完成了在王家坝煤矿范围内的施工。2013年8月8日,案涉输电工程在王家坝煤矿范围内16个塔基进行了验收。案涉输电工程穿越王家坝煤矿7.86公里。

某煤业公司和南方电网超高压公司就案涉输电线工程是否压覆王家坝煤矿矿产资源,被压覆矿产资源储量、价值等发生争议。某煤业公司提起诉讼,要求南方电网超高压公司赔偿某煤业公司探矿权资源损失及利息损失暂计为18,182万元(资源损失具体数额以鉴定为准)。

贵州省高级人民法院判决补偿某煤业公司606,828.6元(其中:压覆矿产资源量价款为522,117.6元,探矿权投资补偿为84,711元)及利息。某煤业公司和南方电网超高压公司均不服一审判决,上诉至最高人民法院。

【案件争点】

案涉输电工程是否构成对王家坝煤矿探矿权的压覆;南方电网超高压公司

应当承担何种责任。

【裁判要旨】

关于案涉输电工程是否构成对王家坝煤矿探矿权的压覆。最高人民法院认为,经某煤业公司、南方电网超高压公司共同选定,一审法院委托117地质大队对包括N4065在内的16个塔基是否压覆王家坝煤矿进行了鉴定。117地质大队出具了《鉴定意见(征求意见稿)》,并在征求各方意见后形成了《鉴定意见终审稿》。《鉴定意见终审稿》按照"地表变形法",确认N4065塔基构成对C7煤层23.16万吨煤炭资源的压覆。经鉴定人员出庭说明,南方电网超高压公司表示认可。最高人民法院认为,117地质大队系经当事人双方共同选定并由法院委托,鉴定机构和人员均具有相应资质。在鉴定过程中,一审法院组织双方当事人就鉴定材料进行了质证,组织鉴定单位与双方当事人共同调取证据材料,到勘验现场进行勘验和测量,鉴定程序合法。鉴定人员依法出庭接受当事人双方质询,应当予以采信。南方电网超高压公司认为,《鉴定意见终审稿》认定构成压覆的前提是煤层的充分采动,而此种情况在实践中难以发生。但对该主张南方电网超高压公司未提交充分证据证明,最高人民法院不予采纳。关于煤层充分采动会对塔基安全产生何种影响,《鉴定意见终审稿》进行了科学的分析认证,其证明力明显强于南方电网超高压公司的单方推断。一审法院依据《鉴定意见终审稿》认定N4065塔基对C7煤层构成压覆并无不当。

关于南方电网超高压公司应当承担何种责任。南方电网超高压公司在首次报请压覆矿产资源审批时案涉输电工程尚不压覆王家坝煤矿矿产资源。而在调整工程线路后,案涉输电工程对王家坝煤矿矿产资源构成压覆。原审批的法律效果并不能及于新的压覆行为,南方电网超高压公司应当重新报请压覆审批。但从本案实际情况来看,工程线路调整是基于毕节飞雄机场修建的正当事由,调整后的线路已经国家发展和改革委员会核准批复,并由贵州电力设计研究院及时向原贵州省国土资源厅报送塔基坐标,可以认定南方电网超高压公司并无规避压覆矿产资源审批的意图。再结合原贵州省国土资源厅在工程施工过程中亦未提出不同意见的事实,一审法院认定南方电网超高压公司不构成侵权并无不当,最高人民法院予以维持。

最高人民法院认为,南方电网超高压公司修建的输电工程穿越王家坝煤矿矿区,其中N4065塔基的建设在对土地地表利用的同时,客观影响了地下C7煤层的开采,限制了王家坝煤矿探矿权的全面行使。由此给某煤业公司造成的损失,南方电网超高压公司应当承担相应责任。另外,案涉输电工程是经国家发展和改革委员会批准的公益性基础设施,对于提高西电东送能力,促进资源优化配置,改善生态环境具有重要意义。南方电网超高压公司是按照国家发展和改革委员会的批复施工建设。如根据《侵权责任法》第19条①的规定,由南方电网超高压公司以压覆矿产资源的市场价格赔偿损失,既无法律依据,亦有失公平。

案涉输电工程建设使得原本属于某煤业公司的探矿权让位于输电工程所保障的公共利益。因此,对于南方电网超高压公司应当承担何种责任,应当着眼于公共利益与私人利益的平衡,以实际投入成本为依据据实补偿。一审法院参照国土资源部《关于进一步做好建设项目压覆重要矿产资源审批管理工作的通知》(国土资发〔2010〕137号)规定,确定由南方电网超高压公司按照"(1)矿业权人被压覆资源储量在当前市场条件下所应缴的价款(无偿取得的除外);(2)所压覆的矿产资源分担的勘查投资、已建的开采设施投入和搬迁相应设施等直接损失"的标准补偿某煤业公司的损失,妥当平衡了公共利益和南方电网超高压公司、某煤业公司的民事权益,应予维持。

2. 要点分析

压覆矿产资源引发的矿业权侵权责任纠纷案件较为常见。自然资源部2024年8月2日发布、2024年10月1日实施的《压覆矿产资源调查评估规范》(DZ/T 0479 – 2024)第3术语和定义的第3.1项,将压覆矿产资源定义为"建设

---

① 该条已被《民法典》第1184条修改。

项目实施后导致不能勘查开采的查明矿产资源”。随着经济的发展和矿产资源的日益紧缺,压覆矿产资源问题日益凸显,成为制约经济发展和环境保护的重要因素。笔者认为,有必要对压覆矿产资源进行全面详细的研究。根据相关法律法规规定和司法案例,结合实务经验,本专题就压覆矿产资源是否必然构成侵权、矿业权人的损失应给予怎样的救济、压覆矿产资源的补偿责任和赔偿责任如何界定等问题展开探讨。

2.1 压覆矿产资源最新规定解读

在我国的法律体系中,“压覆”最早见于《矿产资源法》(1986 年)第 31 条:“在建设铁路、工厂、水库、输油管道、输电线路和各种大型建筑物或者建筑群之前,建设单位必须向所在省、自治区、直辖市地质矿产主管部门了解拟建工程所在地区的矿产资源分布和开采情况。非经国务院授权的部门批准,不得压复重要矿床。”该条款历经 1996 年修订、2009 年修正始终保留,两次修改只是将《矿产资源法》(1986 年)规定的“不得压复重要矿床”进行文字性调整,调整为“不得压覆重要矿床”,却仍未对“压覆”作出进一步的细化规定。

“压覆”的官方定义首次出现在原国土资源部于 2000 年 12 月 18 日发布的《关于规范建设项目压覆矿产资源审批工作的通知》(国土资发〔2000〕386 号)[①] 第 2 条:“压覆矿产资源是指因建设项目实施后导致矿产资源不能开发利用。但是建设项目与矿区范围重叠而不影响矿产资源正常开采的,不作压覆处理。”

《矿产资源法》(2024 年修订)对压覆矿产资产进行了实质性修订,第 32 条明确规定:“编制国土空间规划应当合理规划建设项目的空间布局,避免、减少压覆矿产资源。建设项目论证时,建设单位应当查询占地范围内矿产资源分布和矿业权设置情况。省级以上人民政府自然资源主管部门应当为建设单位提供查询服务。建设项目确需压覆已经设置矿业权的矿产资源,对矿业权行使造成直接影响的,建设单位应当在压覆前与矿业权人协商,并依法给予公平、合理的补偿。战略性矿产资源原则上不得压覆;确需压覆的,应当经国务院自然资源主管部

① 该文件已于 2010 年 12 月 18 日废止。

门或者其授权的省、自治区、直辖市人民政府自然资源主管部门批准。”

2.1.1 压覆矿产资源补偿

从上述压覆矿产资源规定可知，原先规定的是“不得压覆重要矿床”。重要矿产资源是指国家规划矿产区、对国民经济具有重要价值的矿区和《矿产资源开采登记办法》附录中34个矿种①的矿床规模在中型以上的矿产资源。

《矿产资源法》(2024年修订)第32条明确规定的是避免、减少压覆矿产资源，不再强调重要矿产资源。战略性矿产资源原则上不得压覆，确需压覆的，应当经国务院自然资源主管部门或者其授权的省、自治区、直辖市人民政府自然资源主管部门批准。

《全国矿产资源规划(2016—2020年)》将24种矿产列入战略性矿产目录，具体包括石油、天然气、页岩气、煤炭、煤层气、铀6种能源矿产，铁、铬、铜、铝、金、镍、钨、锡、钼、锑、钴、锂、稀土、锆14种金属矿产，以及磷、钾盐、晶质石墨、萤石4种非金属矿产。

根据《矿产资源法》关于压覆矿产资源的最新规定，已设置矿业权的矿产资源都要避免、减少压覆。战略性矿产资源原则上不得压覆，确需压覆的，经批准后可以压覆。目前国家尚没有就可压覆战略性矿产资源的建设项目情形作出进一步规定，因此尚无法界定哪些建设项目可以压覆战略性矿产资源。笔者认为，社会公众利益的建设项目应属于可压覆战略性矿产资源的建设项目情形之一，其原因很简单，当公益性基础设施有利于社会公共利益的建设项目但与矿业权人的私权利相冲突时，矿业权人的私权利将应让位于公共利益，当然矿业权人因让位所产生的损失，还是要在公共利益与私人利益之间找到平衡，对矿业权人的损失据实补偿。本专题例案三中最高人民法院亦持此观点。

2.1.2 补偿前提

压覆矿产资源对矿业权人行使矿业权造成直接影响的，建设单位应当在压

---

① 附录：国务院地质矿产主管部门审批发证矿种目录：1. 煤；2. 石油；3. 油页岩；4. 烃类天然气；5. 二氧化碳气；6. 煤成(层)气；7. 地热；8. 放射性矿产；9. 金；10. 银；11. 铂；12. 锰；13. 铬；14. 钴；15. 铁；16. 铜；17. 铅；18. 锌；19. 铝；20. 镍；21. 钨；22. 锡；23. 锑；24. 钼；25. 稀土；26. 磷；27. 钾；28. 硫；29. 锶；30. 金刚石；31. 铌；32. 钽；33. 石棉；34. 矿泉水。

覆前与矿业权人进行协商,依法给予公平、合理的补偿。即压覆矿产资源对矿业权行使造成直接影响,是对矿业权补偿的前提。

建设项目压覆矿产资源是否对矿业权行使造成直接影响,核心在于压覆矿产资源这一行为是否限制了矿业权人勘查、开采矿产资源。已废止的《关于规范建设项目压覆矿产资源审批工作的通知》曾规定"建设项目与矿区范围重叠而不影响矿产资源正常开采的,不作压覆处理"。如果仅仅是建设项目与矿业权人的矿区范围重叠但不影响矿产资源正常开采,不认为是压覆矿产资源,当然也就谈不上补偿了。

本专题例案三中,贵州省国土资源勘测规划院作出的《〈溪洛渡右岸送电广东±500kV同塔双回直流输电工程(半坡山至筲箕凹段)建设项目用地压覆矿产资源评估报告〉评审意见》,载明:案涉输电工程与矿区重叠,下伏煤层埋深大,未估算资源量,不压覆。后续在诉讼中法院委托117地质大队再次对是否压覆矿产资源进行评估,117地质大队出具的《鉴定意见终审稿》明确,按照地表变形法,确认N4065塔基构成对C7煤层23.16万吨煤炭资源的压覆。确定压覆矿产资源后,才涉及建设单位应承担何种责任、矿业权人的损失救济问题。

2.1.3 补偿原则

《矿产资源法》(2024年修订)共有三个关于"补偿"的法律条款。《矿产资源法》第26条第1款规定,矿业权期限届满前,为了公共利益依法收回矿业权的,应给予矿业权人公平、合理的补偿;第32条第3款规定,压覆矿产资源造成矿业权人直接损失的,应给予公平、合理的补偿;第55条规定,出现矿产品供需严重失衡、经济社会发展和人民生活受到重大影响等矿产资源应急状态的,省级以上人民政府采取应急处置措施给有关单位、个人造成损失的,应当按照有关规定给予补偿。第26条第1款和第32条第3款明确地规定了应对矿业权人进行公平、合理补偿,第55条则仅规定了应依法给予补偿。

司法实践中,法院对于"公平、合理"补偿的裁判标准适用并不统一。本专题例案一中,最高人民法院认为,矿产资源压覆产生的损失,应限于矿业权人被压覆资源储量在当前市场条件下所应缴的价款,以及所压覆的矿区分担的勘查投资、已建的开采设施投入和搬迁相应设施等直接损失。最终判决对矿业权人的直接损失进行补偿。笔者认为，对矿业权人的直接损失进行补偿固然能弥补其损失，相对公平、合理，也只是对矿业权人实际投入损失进行的救济。但是，对于矿业权人直接损失之外的比如预期利润等间接损失丝毫不考虑补偿，未必公平、合理。究其原因，矿业权人并非自身原因不能完全行使矿业权、获取利润，而是建设单位的压覆矿产资源行为导致权利受损不能获利。即便受市场风险、矿业权人后期投入等因素影响，矿业权人不必然能获得预期利润，但同时，该等因素也不能被证实矿业权人一定不能获益。在此情况下，对矿业权人的预期利润不考虑进行补偿，显然有违公平、合理补偿的原则。

在《矿产资源法》(2024 年修订)明确规定公平、合理补偿原则的前提下，我们相信人民法院在审理压覆矿产资源纠纷案件时，在补偿或赔偿标准的认定上会秉承“公平、合理补偿”原则，依法依规依理进行裁判，切实实现公平正义。

2.2　合法压覆的损失补偿

合法压覆矿业权系经过行政审批许可的行为，其性质类似于国家征收/征用，实质上是限制了矿业权人正常行使依法享有的矿业权，对于矿业权人的损失，矿业权人可以获得相应补偿。但现行民事及行政法律、法规中，未对补偿项目以及如何计算补偿金作出明确规定。

2.2.1　补偿范围

《压覆重要矿产资源管理通知》作为国土资源部(已撤销)为规范全国范围内压覆重要矿产资源审批管理工作而下发的规范性文件，对于被压覆的矿产资源进行补偿所遵循的补偿原则、补偿项目、补偿金的计算方式等内容进行了明确，可操作性较强。在矿业权被合法压覆且对压覆补偿标准和范围尚无法律、行政法规等明确规定的情况下，在目前没有针对压覆矿产资源应给予公平、合理补偿原则的细则文件出台之前，参照《压覆重要矿产资源管理通知》规定的精神，原则上将对矿业权人造成的直接损失作为补偿的范围符合我国当前阶段的基本国情，自 2010 年以来已在全国范围内被广泛适用。

根据《压覆重要矿产资源管理通知》第 4 条的规定，压覆矿产资源补偿的范围原则上应包括以下几个方面。

(1)被压覆资源储量应缴价款(无偿取得情形除外);

(2)所压覆的矿产资源分担的勘查投资费用;

(3)所压覆的矿产资源分担的已建开采设施投入;

(4)所压覆的矿产资源分担的搬迁相应设施费用。

除上述几项外,司法实践中一般还会酌定支持部分利息损失。如例案一,法院认为,本案探矿权纠纷历时数年,双方当事人未就补偿数额达成一致无法实际履行,认定双方对此均有责任,酌定支持从起诉之日起按中国人民银行同期同类贷款利率计算利息。

《压覆重要矿产资源管理通知》确立了矿业权压覆补偿范围原则上应包括的损失项目,尽管没有排除其他可能的损失,但蕴含着以直接损失为补偿的一般原则。

在最高人民法院(2019)最高法民终1793号民事判决书①中,最高人民法院就认为,《压覆重要矿产资源管理通知》蕴含了以直接损失为补偿的一般原则,认为一审法院对某矿业公司主张的采矿权价值、设备设施等资产投入、勘查投资费用、压覆停产裁员支付的补偿款、压覆停产的维持费用等损失项目予以支持或部分支持并无不当。同时认为,矿业权部分压覆但未导致整个矿业权不能行使的应按比例给予相应比例补偿。最高人民法院在本案中的裁判观点和《矿产资源法》(2024年修订)第32条规定的“对矿业权行使造成直接影响的,……依法给予公平、合理的补偿”精神和原则一致。

此外,部分省份亦依据《压覆重要矿产资源管理通知》直接补偿原则作出进一步规定,如《江西省人民政府办公厅关于进一步规范省重点建设项目压覆矿产资源评估补偿工作的通知》(赣府厅字〔2013〕15号)、《湖南省人民政府办公厅关于做好压覆矿产资源补偿工作的通知》(湘政办发〔2015〕17号)、《内蒙古自治区国土资源厅关于进一步做好建设项目压覆矿产资源审批管理工作的通知》(2014年10月8日发布实施)、《河南省政府办公厅关于进一步加强建设项目压覆重要矿产资源管理工作的通知》(豫政办〔2013〕101号)等。前述地方规

① 人民法院案例库入库案例,入库编号2023-11-2-043-001。

定通过对“直接损失”的弹性解释，既维护矿业权人权益，又兼顾基础设施建设需求，形成司法原则与地方实践相协调的补偿机制。

2.2.2 补偿标准

鉴于矿业权价值的确定是非常专业且复杂的问题，在当事人无法就补偿金额达成一致的情况下，人民法院也无法依靠自身力量来确定。故委托专业机构对矿业权价值进行评估，并将评估结果作为补偿的参考，是司法实践中通行的做法。

例案一中关于赔偿数额在本院认为部分指出，矿业权评估公司根据某市铁路工程建设指挥部的委托，参考《河北省矿业权价款缴纳办法(试行)》中价款计算方式，对被压覆的矿业权价值作出评估，其结论具有合理性，可以作为确定补偿金额的依据。就鉴定评估，实践中有两项重要的指标：

第一，评估范围。矿业权压覆补偿范围应以被影响矿产资源开采的矿区范围为基础，若系整体或者核心压覆导致矿区全部矿产资源不能开采、整个矿业权不能行使，压覆补偿范围应为整个矿区范围；若仅系部分压覆，压覆补偿范围应以压覆区与矿区的重叠且矿产资源勘查、开采受到影响的部分为基础。部分压覆的矿产资源，根据压覆面积或压覆储量占整个勘查区或矿区面积或储量的比例进行分割计算。

在山西省高级人民法院(2020)晋民终895号民事判决书①中，山西省高级人民法院认为，中煤某能源公司取得某电厂压覆案涉15号煤层备案时，该矿主管部门(出资人)乐平镇人民政府及其上级单位昔阳县人民政府均同意压覆。压覆后，在煤矿资源整合过程中，案涉15号煤层114.2万吨资源储量记入该矿552万吨消耗资源储量中，而没有记入8046万吨保有资源储量中，该矿的矿业权价款亦按总储量8046万吨收取。山西某煤业公司在资源整合中受让的有偿使用资源储量为8046万吨，并不包含被压覆的案涉15号煤层114.2万吨煤炭资源，对此山西某煤业公司属于明知。案涉压覆矿产资源虽然在山西某煤业公司的采矿权证面积范围之内，但该压覆矿产资源并未计算至山西某煤业公司的

---

① 人民法院案例库入库案例，入库编号2023-11-2-043-002。

资源/储量,二审法院未支持山西某煤业公司的赔偿请求并无不当。

某矿业公司诉某铁路公司财产损害赔偿纠纷案①,最高人民法院(2019)最高法民终1793号民事判决书,最高人民法院也是基于经评审备案的《核实报告》中案涉矿体现储量压覆比为20.02%,酌定被压覆部分矿区按照25%计算资产损失,未支持全部矿产资源损失。

第二,资源储量。矿业权价值评估应以经主管部门评审备案的勘查报告为基本依据。

例案一中,当事人对于应就铁路中心线左右各1000米范围内的探矿权进行补偿以及被压覆矿产资源储量无争议,最高人民法院予以认可。某矿业公司诉某铁路公司财产损害赔偿纠纷案②,最高人民法院(2019)最高法民终1793号民事判决书,最高人民法院认为,矿产资源储量评审备案是自然资源主管部门的行政行为,旨在落实矿产资源国家所有的法律要求。通过审查申请人申报的储量数据,将其纳入国家矿产资源账户,作为管理的重要依据。就本案而言,案涉《核实报告》经过当地自然资源主管部门的评审备案,系一审法院依据某铁路公司的申请从当地自然资源主管部门调取的,真实性可以确认。在无其他证据足以证明经评审备案的《核实报告》内容虚假或错误的情况下,将该报告所载资源储量作为矿业权价值评估的基本依据,符合本案的实际情况。

2.3 非法压覆的侵权赔偿

2.3.1 压覆矿产资源的侵权认定

《民法典》第1165条第1款规定,行为人因过错侵害他人民事权益造成损害的,应当承担侵权责任。该规定确立了侵权责任认定的过错责任原则。侵权构成要件一般包括侵权行为、损害事实、因果关系和主观过错。

前述提到的压覆矿产资源是指建设项目实施后因特殊原因导致不能勘查、开采已查明的矿产资源。压覆矿产资源纠纷中客观构成要件通常已获得满足,

---

① 人民法院案例库入库案例,入库编号2023-11-2-043-001。

② 人民法院案例库入库案例,入库编号2023-11-2-043-001。

简言之,即存在压覆矿产资源的行为,存在矿产资源不能开发利用的后果,矿产资源不能开发利用系因压覆矿产资源的行为导致。司法实践中,在压覆矿产资源纠纷案件中,审查压覆人/建设单位对压覆矿产资源是否存在过错,是认定是否构成压覆、侵权的关键要件,这也是区分合法压覆与违法侵权的核心标准。

具体而言,经自然资源主管部门审批的压覆行为,因具备行政合法性而阻却过错要件,不构成侵权;反之,压覆矿产资源行为未履行审批程序,直接推定压覆行为人存在过错,构成侵权。例案一中,法院认为,北京铁路局已按照相关法律法规履行压覆重要矿产资源的报批手续,认定压覆探矿权的行为不具有违法性,主观上亦不存在过错,不构成侵权。最高人民法院(2019)最高法民终1793号民事判决书[①]中,最高人民法院同样以建设单位已履行审批手续为由,认定压覆行为合法,不构成侵权。

综上所述,压覆矿产资源是否构成侵权核心在于压覆行为人是否具有过错,是否有规避矿产资源压覆审批意图。如若压覆行为人没有过错,也没有证据证明其有规避压覆矿产资源审批的意图,法院仍可能会认定压覆矿产资源行为不构成侵权。如例案三,法院认为压覆矿产资源审批作出后,建设单位调整工程线路造成原审批范围外的矿产资源压覆的,原审批的法律效果不能及于新的压覆行为,建设单位应当重新报请压覆审批。但线路调整确实基于公共利益,调整后的线路已及时向自然资源行政主管部门报送,没有规避矿产资源压覆审批意图,故认定建设单位不构成侵权。

人民法院的审查标准及认定结论,强化了矿产资源保护的司法导向。这种司法导向的强化,既体现在对矿产资源类纠纷案件的实质审查标准中,也反映在具有社会影响力的司法认定结论上,着眼于社会公共利益与私人利益的平衡。

2.3.2 侵权赔偿范围

经自然资源主管部门审批的合法压覆矿产资源的矿业权损失补偿,以补偿直接损失为原则。而对未经审批的压覆矿产资源侵权行为,侵权人应承担侵权

---

① 人民法院案例库入库案例,入库编号2023-11-2-043-001。

赔偿责任,此点毫无争议。侵权赔偿责任既不同于合法压覆的补偿责任,也不同于矿业权合同无效的损失赔偿责任。压覆矿产资源的侵权赔偿范围包括直接损失和预期利益损失。本专题探讨的是,在压覆矿产资源侵权赔偿案件中,侵权人除对矿业权人的直接损失进行赔偿外,对于矿业权人的预期利益的赔偿认定问题。鉴于矿产资源的特殊性,以及矿业权人预期收益的不确定性,如何合理认定矿业权人的预期利益,并在此基础上平衡各方当事人的利益,是亟待解决的关键问题。

本书专题十“矿业权合同无效后的民事责任承担”2.3 赔偿损失部分内容,对矿业权合同无效后的赔偿损失予以详细阐述。矿业权合同无效后的赔偿损失以过错责任为前提,赔偿损失责任属于缔约过失责任,赔偿范围限于实际损失即信赖利益损失(如磋商费用,订立合同费用,为履行合同而支出的合理、必要费用),不包括可得利益损失。具体论述笔者在此不再展开。

《民法典》第 120 条规定:“民事权益受到侵害的,被侵权人有权请求侵权人承担侵权责任。”第 1165 条规定:“行为人因过错侵害他人民事权益造成损害的,应当承担侵权责任。依照法律规定推定行为人有过错,其不能证明自己没有过错的,应当承担侵权责任。”结合本专题“2.3.1 压覆矿产资源的侵权认定”中认定压覆矿产资源构成侵权以压覆行为人存在过错为前提的观点,压覆行为人应就矿业权人的损失承担侵权赔偿责任。矿业权人的财产损失按照《民法典》第 1184 条“侵害他人财产的,财产损失按照损失发生时的市场价格或者其他合理方式计算”之原则认定。

压覆矿产资源侵害的是矿业权依法享有的探矿权或采矿权,限制的是矿业权人的占有、使用和收益等合法权利。参照《民法典》第 584 条法定的违约赔偿损失条款规定,“当事人一方不履行合同义务或者履行合同义务不符合约定,造成对方损失的,损失赔偿额应当相当于因违约所造成的损失,包括合同履行后可以获得的利益;但是,不得超过违约一方订立合同时预见到或者应当预见到的因违约可能造成的损失”。矿业权的合法权益受损,压覆侵权人的侵权赔偿责任目的是要对矿业权人的损失进行赔偿,使矿业权人受到损害的权利得到救济,使矿业权人的权益恢复到未被压覆前未被损害前的状态。侵权赔偿范围当然不应仅限于矿业权人的实际损失,还应包括间接损失(预期利益)等。

经研究相关规定及梳理大量案例,总结司法实践中,压覆矿产资源侵权赔偿范围突破《压覆重要矿产资源管理通知》,不仅包括直接损失还包括间接损失(主要是合理的预期利益损失)等,其中直接损失的范围与标准认定与合法压覆补偿相同,笔者在此不再赘述,仅就压覆矿产资源侵权赔偿的直接损失之外的损失认定进行讨论。

就间接损失,经汇总,压覆矿产资源侵权赔偿中的间接损失项目,主要包括下列项目:

(1)预期收益损失;

(2)停产期间设备维护等费用损失。

关于预售收益损失。如前文所述,压覆侵权人侵害的是矿业权人合法享有的用益物权,影响了矿业权人的收益权,应当对矿业权人的预期收益进行赔偿。司法实践中,人民法院往往综合考虑矿业权取得预期利益的可能性和合理性,支持矿业权人对其预期利益损失予以赔偿的诉讼请求,判令压覆行为人对矿业权人的合理预期利益损失进行赔偿。如辽宁省高级人民法院(2020)辽民终13号民事判决书中,辽宁省高级人民法院在认定压覆探矿权赔偿的数额时,认为按照最高人民法院民一庭意见,对侵害探矿权的损害赔偿,应是对探矿权作为一种独立的用以财产价值的赔偿,而不仅指对探矿实际投入的直接损失的赔偿。建昌县金钴矿业有限公司在2014年取得探矿权,进行了资金、人力的投入。探矿权作为一种用益物权,其具有自身的价值,不仅包括探矿权人对其取得《矿产资源勘查许可证》范围内矿产资源的占有、使用权,还应包括探矿权人对矿产资源的物权收益权。

另外,在最高人民法院(2021)最高法民申6192号民事裁定书中,亦认定二审法院判令沈铁公司对鹏坤公司的经营利润损失及现有资产损失进行赔偿正确。

关于停产期间设备维护费用等损失。停产期间设备维护费用等损失是否要予以赔偿,最重要的是要确定压覆矿产资源的行为与矿山停工停产是否有直接的因果关系。如果矿业权人的停工停产是因为压覆矿产资源,则压覆行为人应当对矿业权人的停产期间的费用损失据实进行赔偿;如果矿业权人的停工停产是自身原因,比如未及时续期或者非因压覆矿产资源行为人的原因续期没有获得批准,或者因为违法违规开采被责令停工停产整改等,此时矿业权人的停工停产费用损失与压覆矿产资源没有因果关系,压覆行为人无须进行赔偿。

在最高人民法院(2020)最高法民终1062号民事判决书中,关于停工期间维护费用损失,最高人民法院认为依据《四川省政府安委会办公室关于立即终止川气东送管道××隧道相关危害行为的函》(川安办函〔2017〕102号)、2017年10月10日《宣汉县斌丰矿业有限公司关于××煤矿暂时停工放假的通知》、《四川省安全监督管理局关于回复中石化集团公司川气东送管道工程××隧道有关情况的函》(〔2018〕164号)等文件,涉案煤矿因影响案涉隧道而被政府要求停工。同时,依据《石油天然气管道保护法》等规定,管道建设工程与其他建设工程的相遇关系,后开工的建设工程服从先开工或者已建成的建设工程。故某某煤矿扩建工程停工及相关损失不能归责于在先的已建成的隧道建设方。某某煤矿公司要求中国石油化工股份有限公司承担停工期间维护损失的主张也无法获得支持。

2.3.3 侵权赔偿损失认定

在压覆矿产资源侵权赔偿案件中,对于损失认定的具体赔偿标准或金额,司法实践中一般会通过委托专业机构进行评估,以评估结果作为认定损失赔偿的依据或参考。这一做法是人民法院审理此类案件认定侵权损失赔偿金额的通行做法。

在最高人民法院(2021)最高法民申6192号民事裁定书中,最高人民法院在审查沈铁公司的再审请求时,认为二审法院以鉴定评估公司出具的鉴定意见为依据,综合考虑矿产开采为高风险的行业、采矿期间存在的经营风险,结合鹏坤公司经营的矿种为非重要矿产、剩余矿石储量为估算值,以及压覆方的过错程度等因素,酌定利润损失为评估值4340万元的50%(2170万元),并无不当。对于现有资产损失,原审中,鹏坤公司提供了机械设备、相关厂房等系用于生产经营的证据,鉴定机构组织双方进行了现场勘验,因矿山无法继续经营,二审认定沈铁公司应按照鉴定结论的评估价值925.66万元全部进行赔偿,亦无不当。

在辽宁省高级人民法院(2020)辽民终13号民事判决书中,辽宁省高级人民法院在认定压覆探矿权赔偿的数额时,以鉴定结论探矿权价值为33,664,500.00元为参考,结合涉案电力工程为公益性工程,且案涉线路也与先前线路有部分重合等因素,酌定赔偿损失为1200万元。

在四川省达州市中级人民法院(2020)川17民终1435号民事判决书中,四川省达州市人民法院直接以法院委托的评估公司评估认定的压覆煤炭资源赔偿价值为1930.10万元,井巷道工程增加、加固及报废费用为904.48万元作为侵权人应赔偿的损失金额。

2.3.4 公益性建设项目压覆的侵权赔偿

需要特别说明的是,虽然压覆矿产资源的侵权赔偿范围包括直接损失、间接损失,但是,在压覆矿产资源的建设项目属于社会民生基础工程、具有极强的社会公共利益属性时,较常见的是电力工程建设项目、铁路建设项目和高速公路建设项目,这些项目即便构成侵权,人民法院在认定侵权损失赔偿范围时亦非常谨慎,有时在既定法律原则框架内会有所突破,但始终本着公共利益优先、私人利益让位于公共利益的原则,妥善在公共利益和私人利益冲突时寻找平衡,以尽可能地实现公平正义。

福建省三明市中级人民法院(2023)闽04民终928号民事判决书[①]中认为,某砂厂诉某市交建公司、某高速公路采矿权纠纷案,法院就认定对于某洗砂厂要求补偿包括前期投入费用、实物资产、建设用砂矿采矿权等直接损失应予支持。对于矿业权人诉请间接损失这一部分,不利于当前社会下推进以公共利益建设为主导的建设项目,因此对于损失只能给予一定的补偿而非侵权赔偿,补偿矿业权人直接损失部分,其合法权益已经得到了保障。

本专题例案三中,最高人民法院在认定压覆矿产资源的电力工程项目时亦如此认定:案涉输电工程是经国家发展和改革委员会批准的公益性基础设施,对于提高西电东送能力,促进资源优化配置,改善生态环境具有重要意义。南方电网超高压公司是按照国家发展和改革委员会的批复施工建设。故未认定

① 人民法院案例库入库案例,入库案编号2023-11-2-039-001。

南方电网超高压公司构成侵权,也未支持按照侵权责任赔偿原则由南方电网超高压公司以压覆矿产资源的市场价格赔偿损失。法院认为应当着眼于公共利益与私人利益的平衡,以实际投入成本为依据据实补偿。

在最高人民法院(2020)最高法民终747号民事判决书中,最高人民法院特别强调:铁路建设属于投资大、周期长、沉没成本高的行业,具有较强的公益属性。特别是在经济较为落后的西部地区,铁路建设的公益属性更为突出。具体到本案,正如贵州省政府与原铁道部1160号会议纪要所指出,织纳铁路的建设目的在于"加快推进毕节地区开发扶贫、生态建设、人口控制试验区建设,促进地区矿产、旅游等资源开发利用"。织纳铁路线路调整导致压覆家猫煤矿,是因原线路规划中纳雍站作为主要办理客运车站离纳雍县城较远,不方便县城居民出行,其目的正是基于公共利益的要求。织纳铁路的建成改变了纳雍县没有铁路的历史,是一项惠及包括家猫煤矿在内的当地人民群众的基础建设和民生工程。尽管黄织公司在铁路建设过程中未严格按照规定报请压覆审批并提前与家猫煤矿协商补偿事宜,但其承担的侵权责任亦应当根据双方事后达成的会议纪要,严格限于家猫煤矿的直接损失,而不能无限扩大致使损害公共利益。一审法院对赔偿金额的认定,是在充分查明案件的情况下,对铁路建设所产生的公共利益与家猫煤矿财产权益的平衡。

司法实践中类似的公益性建设项目压覆矿产资源的案例很多,人民法院在认定侵权赔偿时一般都以公共利益优先、优先保护社会公众利益为原则,对矿业权人的直接实际损失予以赔偿,对其间接损失尤其是预期利益损失请求不予支持。另外,对于矿业权人诉请拆除压覆其矿产资源的建设项目时,法院亦会从公共利益、经济成本、社会影响等因素考量,往往不予支持;对于矿业权的损失,依法进行赔偿弥补。在浙江省丽水市中级人民法院(2015)浙丽民终字第189号民事判决书[①]中,法院认为,对于云和县某叶腊石矿要求某电力公司拆除涉案电力工程项目的诉讼请求,电路工程项目压覆矿产资源侵害了矿业权人的合法权益,但就侵权责任的承担方式而言,应综合考虑输电线路等国家重点建

---

① 人民法院案例库入库案例,入库编号2023-11-2-039-001。

设工程关涉国家利益和社会公共利益，投资巨大并已正式投入运营，如拆除，必将对浙江省电力供应造成重大影响，电力供应不仅涉及矿业权人的经济利益，更涉及社会的公共利益，故，原审对于上诉人要求拆除电线的诉讼请求不予支持并无不当。在矿业权人仅请求排除妨碍的情形下，人民法院应予以充分释明，告知其可另行主张适当的责任方式，兼顾国家利益、社会公共利益和矿业权人的合法权益，符合国家产业政策与社会经济发展需要。

综上所述，压覆矿产资源纠纷案件，尤其是当压覆的建设项目关涉社会公共利益和民生的电力工程、铁路工程等项目时，因为涉及国家利益和矿业权人私人利益的冲突，法院在认定侵权与否、补偿或赔偿损失范围等问题时，在当前法律体系并没有对压覆矿产资源纠纷案件作出细则规定的情况下，通常需要法官行使自由裁量权来平衡各方权益后作出认定，最终裁判结果很难尽如当事人所愿，因而当事人尤其是矿业权人极容易陷入无休止的维权困境。欣喜的是，《矿产资源法》已明确规定压覆矿产资源应给予“公平、合理的补偿”，相信随着2024年修订的《矿产资源法》的实施会有一系列的配套细则文件相继出台。我们期待包括压覆矿产资源案件在内的矿业权纠纷案件，能在更为细则、更具有实际操作性和可执行性的相关文件指导下，实现司法公平正义。

专题十二　矿山关闭的行政补偿和行政赔偿

要点描述

矿山关闭是矿山经营活动中最常见的情形之一。矿山关闭原因绝大部分是由于政策变化导致无法继续开采经营。因政策原因导致的矿山关闭致使矿业权人权益受损,可能涉及行政补偿或行政赔偿。行政补偿和行政赔偿虽然都是国家对行政机关及其工作人员行使职权过程中给公民、法人或者其他组织合法权益造成的损害采取的补救措施或责任承担方式,但是,两者却又有明显不同。以政府关闭矿山纠纷为例,矿业权人应寻求什么样的救济途径:要求行政机关予以行政补偿还是提起行政赔偿之诉?行政补偿的范围大还是行政赔偿赔的数额高?本专题将从行政补偿和行政赔偿的适用情形、补偿/赔偿原则、救济途径和方式等多方面进行剖析,以期为读者在遇到矿山关闭纠纷时提供有效维护自身权益的参考。

1. 可供参考的例案

例案一

云南得翔矿业有限责任公司、镇康县人民政府行政补偿再审审查与审判监督案

【法院】

最高人民法院

【案号】

(2020)最高法行申6043号

【当事人】

再审申请人(一审原告、二审上诉人):云南得翔矿业有限责任公司

被申请人(一审被告、二审上诉人):镇康县人民政府

【基本案情】

云南得翔矿业有限责任公司(以下简称得翔公司)系镇康县麦地河铅锌矿详查探矿权人。该公司探矿权从2004年8月3日首次获得后数次延续,最后一次延续的有效期为2010年6月28日至2012年6月28日。2011年8月,云南省发展和改革委员会批复同意镇康县中山河水库工程,得翔公司的探矿权所涉项目位于上述水库的水源保护区范围内。云南省镇康县人民政府(以下简称镇康县政府)先后两次函告得翔公司,决定取消影响中山河水库建设及水库水源保护区范围内所有矿业权,并通知勘查许可证到期后,不再申报延续登记。

2014年6月,双方委托鉴定机构对案涉探矿权价值进行评估,鉴定机构作出的鉴定意见显示,探矿权价值为3053.18万元,系在假定该探矿权可以依法办理采矿许可证,且许可证的有效期限可至储量开采完毕时等诸多假设前提下

评估得出。双方就补偿等相关事宜一直未达成协议。

得翔公司提起行政诉讼,请求镇康县政府补偿其经济损失 3053.18 万元,勘探支出本息 1363.422165 万元,2012 年至 2017 年 11 月支出的员工工资 86.05 万元,鉴定费 10 万元。一审、二审法院认为,根据《行政许可案件规定》,法律、法规、规章或者规范性文件对变更或撤回行政许可的补偿标准未作规定的,一般在实际损失范围内确定。得翔公司并未取得采矿许可证,其按照鉴定意见主张的 3053.18 万元属于预期收益,并非得翔公司的实际损失,不予支持;关于得翔公司主张勘探支出费用,镇康县政府在履职中并无过错,但确因其兴建水库的行为而给得翔公司造成了一定损失,结合镇康县政府是由于公共利益建设需要而对得翔公司的探矿权不予申报延续登记的实际,酌定由镇康县政府补偿得翔公司 200 万元探矿实际损失。最高人民法院再审认为,一审、二审法院判决已适当兼顾了当事人双方的利益,予以维持,裁定驳回得翔公司再审申请。

【案件争点】

镇康县人民政府应否承担补偿责任?如需承担,金额应如何计算,行政补偿范围是否包括准予开采后的预期经济收益。

【裁判要旨】

探矿权属于设立于矿产资源所有权之上的用益物权,具有特定的存续期限。探矿权期限自勘查许可证载明的有效期起始日设立,期限届满权利即告消灭,到期之前可以延续。依照《矿产勘查区块登记办法》第 10 条的规定,矿产资源勘查许可证到期之前可以延续。为保护公共利益,镇康县政府告知得翔公司勘查许可证到期后不再申报延续登记虽无过错,但客观上导致得翔公司无法正常办理探矿权延续,造成前期勘查投入的损失。基于得翔公司对探矿权本可以依法获得延续的合理信赖,镇康县政府理应就得翔公司前期勘查投入给予适当补偿。但对于勘查投入的具体金额,应当由探矿权人得翔公司承担举证证明责任。

根据《行政许可案件规定》第 15 条的规定,法律、法规、规章或者规范性文件对变更或撤回行政许可的补偿标准未作规定的,一般在实际损失范围内确定。本案一审审理中,当事人双方共同委托云南矿协司法鉴定所对探矿权价值进行评估,鉴定结论探矿权价值为 3053.18 万元。但该结论是对得翔公司预期利益的全面评估,不适用于本案基于信赖保护原则而给予得翔公司勘查投入适当补偿的情形;且探矿权价值是以“探矿权能依法办理为采矿许可证且有效期至储量开采完毕”等诸多假设为前提,而探矿权能否转换为采矿权尚具不确定性;即便由探矿权转为采矿权,探矿权人亦需为采矿权的实现向国家缴纳必要的使用费以及投入大量的建设和生产经营成本,不能将鉴定结论作为补偿依据。

经审查,得翔公司提交的审计报告系其单方委托制作,审计材料仅限于得翔公司单方提供的财务资料,用途是为了公司股东内部结算等,不足以反映得翔公司的实际投入,镇康县政府对该审计报告亦不予认可。在本院再审审查阶段,得翔公司明确放弃依据两份审计报告主张其勘查投入。在得翔公司不能提交其他证据证明其实际投入的情况下,一审、二审法院酌定由镇康县政府补偿200万元已适当兼顾了当事人双方的利益,可予维持。

例案二

某建材有限责任公司诉甘肃省张掖市甘州区人民政府履行行政补偿法定职责案

【法院】

甘肃省高级人民法院

【案号】

(2022)甘行终54号

【当事人】

上诉人(原审被告):甘肃省张掖市甘州区人民政府

被上诉人(原审原告):某建材有限责任公司

【基本案情】

某建材有限责任公司(以下简称建材公司)取得采矿许可证,有效期为2015年7月1日至2020年7月1日,开采矿种为砖瓦用粘土矿,矿区位于黑水国遗址保护区范围内。2018年5月25日,甘肃省人民政府办公厅印发意见,规范全省各级各类保护地内矿业权有序退出。同年9月30日,甘肃省张掖市甘州区人民政府(以下简称甘州区政府)依据该意见作出决定,对建材公司砖瓦用粘土矿进行关闭,并注销其采矿权。相关事宜公告期满后,行政主管部门采取了关闭措施。后建材公司先后三次向甘州区政府递交书面矿业权退出的行政补偿申请,均未获答复,遂提起行政诉讼。

甘肃矿区人民法院于2021年12月29日作出(2021)甘95行初7号行政判决:甘州区政府在判决生效后三个月内对建材公司砖瓦用粘土矿矿业权退出的方式及是否对建材公司给予行政补偿作出明确认定。甘州区政府提起上诉。甘肃省高级人民法院于2022年8月29日作出(2022)甘行终54号行政判决:驳回上诉,维持原判。

【案件争点】

甘州区政府应否就某建材公司的补偿申请作出认定。

【裁判要旨】

黑水国遗址坐落在甘肃省张掖市甘州区,是全国重点文物保护单位。加强遗址保护,有利于遏制人为损伤和破坏,减轻或延缓自然力量的影响,使遗址所承载的历史信息得以真实长久传递。行政机关负有保护历史文化遗产、维护社会公共利益的相关职责,但同时应依法履职、保障行政许可相对人的合法权益。行政机关对许可相对人依法取得的许可实施注销但未予补偿,当事人向行政机关提出申请并提起诉讼的,人民法院经审查是否以及如何补偿尚需行政机关首次判断的,判决行政机关针对当事人提出的申请履行相应法定职责。

例案三

湘潭某矿业有限公司、湘潭县人民政府行政赔偿申请再审审查案

【法院】

湖南省高级人民法院

【案号】

(2020)最高法行赔申1440号

【当事人】

再审申请人(一审原告、二审上诉人):湘潭某矿业有限公司

被申请人(一审被告、二审被上诉人):湖南省湘潭县人民政府

【基本案情】

2009年11月23日,湘潭县国有资产监督管理办公室将原湘潭市列家桥煤矿资源资产交由湘潭县石潭镇人民政府(以下简称石潭镇政府)管理,石潭镇政府将其租赁给湘潭某矿业有限公司(以下简称某矿业公司)经营,列家桥煤矿成为某矿业公司一矿。后报请湘潭县人民政府(以下简称湘潭县政府)后,石潭镇政府以1000万元价格将列家桥煤矿资产整体转让给某矿业公司。某矿业公司一矿于2013年1月31日取得湖南省国土资源厅颁发的《采矿许可证》,有效期限至2014年9月30日,生产规模为9.00万吨/年,后经湖南省国土资源厅批准,延长有效期至2014年12月30日。

2013—2014年,国务院办公厅、湖南省人民政府办公厅、湖南省落后小煤矿关闭退出工作领导小组办公室、湘潭市人民政府办公室等相继下发加强煤矿安全生产工作、推进落后小煤矿关闭退出的相关意见、方案和通知。2014年10月28日,湘潭县国土资源局依据某矿业公司的申请作出潭国土资字〔2014〕46号《关于湘潭县某矿业有限公司一矿采矿许可证延续登记的初审意见》,同意报送该矿延续手续至省厅,请省厅审核批示。根据湘潭市人民政府的请示和湖南省人民政府的复函,某矿业公司一矿被列入湘潭市2015年应关闭退出煤矿。2015年1月13日,湘潭市国土资源局作出《关于对〈再次请求办理采矿延续初审手续的报告〉的答复》,明确不能办理某矿业公司提出请求办理采矿延续初审手续。2015年11月1日,湘潭县政府安排石潭镇政府组织石潭镇列家桥村委会及相关人员对某矿业公司一矿井口实施强制封闭。

某矿业公司不服,以湘潭市人民政府、湘潭县政府为被告向湘潭市中级人民法院提起诉讼,诉讼请求:1. 确认市政府和县政府共同作出的关闭行政行为违法;2. 判令市政府和县政府共同赔偿各项损失182,297,196元及利息;3. 判

令两被告承担本案的诉讼费用。

生效判决确认湘潭县政府强制关闭某矿业公司一矿的行政行为违法。就行政赔偿争议,经过一审、二审、发回重审等程序,湖南省高级人民法院作出最终判决,判决湘潭县政府作为赔偿义务机关需承担赔偿责任。参照《湖南省落后小煤矿关闭退出工作总体方案》等政府文件规定,根据相关规范性文件及煤矿产能变化,涉案煤矿的奖补资金损失酌定为2333万元;同时,考虑到煤矿在关闭前的实际情况,酌情确定因违法关闭导致的煤矿可搬迁、移动和再利用的机器设备等财产损失为100万元。判决赔偿数额为2433万元,并自2015年11月1日起按中国人民银行公布的一年期人民币整存整取定期存款基准利率支付利息。对于采矿权价款、矿山地质环境治理备用金的请求不予支持,某矿业公司可按规定向湖南省国土资源厅申请返还。

【案件争点】

1. 关于本案的赔偿义务机关及是否应当承担赔偿责任的问题。

2. 关于赔偿范围与数额的问题。

【裁判要旨】

湖南省高级人民法院认为,湘潭县政府强制关闭某矿业公司一矿的行政行为违法且未与某矿业公司签订关闭协议进行补偿,造成了公司合法财产损失,根据《国家赔偿法》第2条、第4条、第6条第1款、第7条第1款的规定,某矿业公司有取得国家赔偿的权利,湘潭县政府是赔偿义务机关,应承担赔偿责任。人民法院在审理行政赔偿案件时,确定赔偿范围与数额时,要坚持全面赔偿和公平合理的理念,既要体现对行政机关违法行为的惩戒,也要确保赔偿请求人的合法权益得到充分保障。涉案煤矿是在全国性的加强煤矿安全生产工作、关闭退出落后小煤矿的活动中被关闭的,根据《湖南省落后小煤矿关闭退出工作总体方案》等规定,对于依法关闭的落后小煤矿,采取"以奖代补"的方式进行奖励、补助,且"关闭退出专项奖补资金"包括奖励、补助关闭煤矿职工安置费、经济损失、实施关闭等费用支出,一个小煤矿一般的奖补资金数额共计1400万元。上述规范性文件在现阶段是有效的,当事人在诉讼中也未提出对上述规范性文件进行审查,可以作为确定落后小煤矿关闭退出奖补资金的依据。但是,上述“关闭退出专项奖补资金”主要奖励补偿的是9万吨/年及以下的小煤矿，而涉案矿井改造后生产能力为15万吨/年，如对该煤矿再按照上述奖补资金进行赔偿，未能对某矿业公司为扩大该矿产能的投入进行弥补，显失公平。由于各方均未能举证证实某矿业公司为扩大涉案煤矿产能的投入损失数额，且一审法院也未能对该损失数额进行评估，根据《行政诉讼法司法解释》第47条第3款的规定，本案某矿业公司该部分的损失可以9万吨/年的小煤矿为标准，结合涉案煤矿的产能，按照产能比例进行折算来酌定。经计算，某矿业公司该部分的损失为2333万元(1400万元÷9×15)。

同时，涉案煤矿如依法正常关闭，某矿业公司还可以将涉案煤矿能够搬迁、移动和再利用的机器设备等财产进行搬移、处理，湘潭县政府的违法关闭行为导致了某矿业公司该部分财产损失，根据全面赔偿与公平合理的理念，湘潭县政府对上述损失依法也应予以赔偿。对该部分财产的损失数额，各方同样均未能举证证实，一审法院也未能对该损失数额进行评估。经审查，涉案煤矿在2014年12月还得到复工批复，表明涉案煤矿在此前后还在生产或者准备生产，其生产现场应该有相应的生产设备；再考虑到涉案煤矿的规模，以及煤矿为提高产能进行了技术改造等情况，可以酌情确定该部分的损失数额为100万元，湘潭县政府应予以赔偿。

最高人民法院认为，根据《国家赔偿法》第36条第8项的规定，湘潭县政府应对某矿业公司因违法关闭行为受到的直接损失予以赔偿。但经一审法院依法委托评估机构对某矿业公司因涉案强制关闭行为受到的实际损失进行审计、评估鉴定，由于当事人提交的资料不完善，致使评估机构无法作出审计、评估鉴定结论。二审法院根据《行政诉讼法司法解释》第47条第3款的规定，结合国务院、湖南省及湘潭市有关加强煤矿安全生产、落后小煤矿关闭退出工作及奖补办法等文件精神，综合考虑某矿业公司一矿的实际产能、各方当事人的主张和在案证据，遵循法官职业道德，运用逻辑推理和生活经验、生活常识，酌情确定由湘潭县政府赔偿某矿业公司各项财产损失2433万元及利息，并指引某矿业公司另循其他途径解决剩余采矿权价款和矿山地质环境治理备用金返还问题，并无不当。某矿业公司的再审申请事由不能成立，不应予以支持。

2. 要点分析

通过对大量矿业权争议纠纷案件的分析研究,发现矿业权争议纠纷中的行政补偿案件与行政赔偿案件,大多与矿山关闭有关。矿山关闭的行政补偿案件,主要涉及政策性关闭矿区/矿井、行政机关不予续期许可等情形。矿山关闭的行政赔偿案件则更常见于行政机关非政策性原因强制关闭矿山、违法征收/征用矿区进而强制关闭矿山等情形。司法实践中,人民法院在审理因矿山关闭引起的行政补偿和行政赔偿案件时,对于被诉行政机关的具体行政行为的合法性审查,所依据的规范性文件是否需实质审查、行政补偿的补偿范围和原则、行政赔偿的原则及标准等问题的认定和裁判,都存在较大的差异。矿业权人或行政机关作为诉讼当事人,在行政诉讼中应如何主张权利或应诉,将直接影响到各自的权益能否得到充分保护,必须予以高度重视。考虑到矿山关闭是实践中最为常见、最易引发行政补偿或行政赔偿案件,本专题将就矿山关闭产生的行政补偿案件和行政赔偿案件的司法实务要点进行分析和总结。

2.1 矿山关闭的行政补偿

我国目前并没有就行政补偿制定专门的法律法规,行政补偿相关规定散见于单行的部门法律法规。就矿山关闭争议纠纷而言,行政机关需要对矿业权人给予行政补偿最常见的情形是政策性关闭矿区/矿井。此外,矿业权期限届满不予续期时也会涉及行政补偿。司法实践中,法院一般会判令作出具体行政行为的行政机关对行政相对人的实际损失给予补偿。

2.1.1 法律依据

矿业权具有行政许可的公权力属性和用益物权的私权利属性的双重特征,既受《行政许可法》《行政诉讼法》等行政法律法规的规制,也受《民法典》等民事法律法规的调整。

《宪法》第13条第3款规定:“国家为了公共利益的需要,可以依照法律规定对公民的私有财产实行征收或者征用并给予补偿。”该规定是行政补偿的法律基础。

《行政许可法》第8条第2款规定:“行政许可所依据的法律、法规、规章修改或者废止,或者准予行政许可所依据的客观情况发生重大变化的,为了公共利益的需要,行政机关可以依法变更或者撤回已经生效的行政许可。由此给公民、法人或者其他组织造成财产损失的,行政机关应当依法给予补偿。”《民法典》第327条对用益物权补偿问题作了原则性规定,“因不动产或者动产被征收、征用致使用益物权消灭或者影响用益物权行使的,用益物权人有权依据本法第二百四十三条、第二百四十五条的规定获得相应补偿”。第329条“依法取得的探矿权、采矿权、取水权和使用水域、滩涂从事养殖、捕捞的权利受法律保护”之规定,明确了矿业权是特殊的用益物权。

《矿产资源法》(2024年修订)第26条新增规定:“矿业权期限届满前,为了公共利益的需要,原矿业权出让部门可以依法收回矿业权;矿业权被收回的,应当依法给予公平、合理的补偿。自然保护地范围内,可以依法进行符合管控要求的勘查、开采活动,已设立的矿业权不符合管控要求的,应当依法有序退出。”从法律层面上明确为了公共利益需要收回矿业权的,应给予公平、合理的补偿。即,在《民法典》《行政许可法》等法律法规规定的行政机关依法变更或撤回已生效的行政许可、不动产或动产被征收征用应给予矿业权人行政补偿之外,原矿业权出让部门因公共利益需要收回矿业权的,也应当给予矿业权人行政补偿,且补偿应当公平、合理。

2.1.2 矿山关闭应予行政补偿的常见情形

矿山关闭应予行政补偿的首要前提是该矿山关闭行为本身并非违法行为。行政补偿是指国家对行政机关及其工作人员在行使职权过程中因合法行为损害公民、法人或者其他组织合法权益而采取的补救措施。在矿业权争议纠纷中,行政机关依据国家、地方政策、产业政策调整、矿产资源规划变更、环保要求等的变化要求矿业权人关闭矿山,如要求自然保护区范围内矿业权退出,为规范矿业开发秩序而进行的矿山整治整合行动,改变煤炭产能过剩而采取的关闭落后煤矿,或者因政策等原因在矿业权许可期限届满不予延续,吊销、注销探矿/采矿许可证等情形,通常会引发行政补偿争议纠纷。

(1)政策性关闭矿山

政策性关闭矿山是为了促进安全生产、保护环境、提高资源利用效能等公共目的,具有一定的社会公益性。政策性要求不是指法律、法规、规章等规范性文件,也不属于我国的法律规范渊源,仅是基于公共利益作出的。因此实践中,由于政府与企业对政策性性质理解不一,加之上下级法院对相关问题的司法认定存在差异,多引发行政诉讼。

政策性关闭矿山的情况较常见于煤矿,以及因原矿区被划定为自然保护地/区而需收回矿业权的矿区。以煤矿矿山为例,为落实《加强煤矿安全生产工作的意见》,推进煤炭产业升级,加快落后小煤矿关闭退出,各省陆续出台具体实施办法。在政策实施过程中,落后小煤矿被列为政策性关闭对象。司法实践中,对各地区为落实国家及省、市政策而实施的关闭矿区行为,且在实施关闭时未超出必要限度的情形,法院通常会认为该关闭行为并无不当。如湖南省高级人民法院(2019)湘行终63号行政判决书中,湖南省高级人民法院就认为,国务院办公厅、国家安监总局等十二部门、湖南省人民政府办公厅以及湖南省落后小煤矿关闭退出工作领导小组办公室作出下发的系列文件均是为加强煤矿安全管理、加快落后小煤矿关闭退出,有利于煤矿安全生产,确保煤炭工业持续发展和国家能源安全,符合宪法和法律规定的规范性文件,必须得到执行。永兴县人民政府采取的封闭措施相较于其他自行关闭煤矿的做法效果相同,实施过程中亦未超出必要的限度,且符合有关政策文件对关闭的执行程序和验收要求的规定,该封闭行为并无明显不当。不认定为违法。本专题引用的例案三,法院亦持此审判观点。

(2)许可证期限届满不予续期导致矿山关闭

《行政许可法》第50条规定,“被许可人需要延续依法取得的行政许可的有效期的,应当在该行政许可有效期届满三十日前向作出行政许可的行政机关提出申请。但是,法律、法规、规章另有规定的,依照其规定。行政机关应当根据被许可人的申请,在该行政许可有效期届满前作出是否准予延续的决定;逾期未作出决定的,视为准予延续”。行政许可到期后行政相对人需向行政机关提出申请,由行政机关审核后决定是否准许延续。

我国对矿产资源的勘查、开采实施行政许可制度,矿业权人在进行矿产勘查、开采作业前,应当依法取得勘查许可证、采矿许可证之后方能勘查、开采。行政机关为了公共利益的需要,在矿业权许可证即将到期时,因客观情况发生变化如原矿区所在区域被列为风景保护地/区、为保护饮用水水源地环境对申请人延续申请作出不予批准的决定等,在此情形下,尽管不予续期的决定行为具有合法性,但基于行政法上的信赖利益保护原则,行政机关仍需对行政相对人的损失给予补偿。

在江西省高级人民法院(2022)赣行终5号行政判决书中,江西省高级人民法院认为,原采矿许可证到期后,许可机关在批准延续时,则应当受前续行政许可的约束,如果法律、法规没有修改,或者客观情况没有变化,被许可人又没有违法的情形,行政机关应当予以延续。而对于因情事变更等影响而决定不予延续许可的,也应当兼顾行政相对人的信赖利益保障问题。行政机关不予批准采矿权延续的理由是上诉人在怀玉山风景旅游区范围内,该风景区范围内不得开采矿产资源,故依照《行政许可法》第38条的规定,决定不予批准采矿权延续。上述情形属于基于公共利益需要不宜作出延续行政许可决定的情形,应当视为提前收回行政许可。行政机关撤回已经生效的行政许可,若由此给公民、法人或者其他组织造成财产损失的,行政机关应当根据具体情况给予适当补偿。

2.1.3 行政补偿之诉的适格原告

在矿山关闭等矿业权争议行政补偿纠纷中,矿业权人是最直接的补偿对象。无论是具有探矿权的探矿权人,还是具有采矿权的采矿权人,只要其矿业权因公共利益等法定原因被收回、矿山被关闭或其他矿业权人的合法权益受到损害时,即有权利获得补偿。

在湖南省高级人民法院(2019)湘行终1734号行政判决书中,原告湘潭某煤业有限公司(以下简称某煤业)及资某平因不服湘潭县人民政府关闭煤矿的决定,认为该行政行为侵犯了其合法权益,从而向湘潭市中级人民法院提起行政诉讼,请求对该行政确认行为进行审查。一审法院认为,根据相关文件批复,原告某煤业是以联营煤矿为主体，由联营井、良湖井及韶山亿德井重组成立，某煤业、资某平因其经营的湘潭县联营煤矿被政府强制关闭，提起本案诉讼，是本案适格原告，符合《行政诉讼法》第25条第1款“行政行为的相对人以及其他与行政行为有利害关系的公民、法人或者其他组织，有权提起诉讼”之规定。但湖南省高级人民法院认为，公司是企业法人，有独立的法人财产，享有法人财产权。资某平是某煤业的股东，也是某煤业的法人代表，在某煤业作为公司已经起诉的情况下，资某平的利益通过公司实现，其个人不再有原告资格，一审将其列为原告，理解和适用法律错误。

在四川省高级人民法院（2018）川行终406号行政判决书中，四川省高级人民法院认为，根据案涉政府关于煤矿奖补资金相关文件规定，煤矿奖补资金的直接受领对象为煤矿本身。某煤矿作为个人独资企业具有民事主体资格，其被利州区政府关闭至今工商登记的投资人为李某波，曾某高在其他协议中约定某煤矿的资产（含关闭煤矿补助金）归曾某高所有，该约定仅表明曾某高是某煤矿关闭补偿金的利害关系人，但并非利州区政府关闭某煤矿的行政相对人，非行政诉讼的适格原告。

2.1.4 行政补偿之诉的适格被告

从补偿主体上看，在大多数行政补偿情形中，行政机关是主要的补偿主体。行政补偿主体通常与作出行政征收、征用决定等具体行政行为的主体一致，即“谁作出，谁补偿”。但是在遇到重大政策变化、特定行业或者领域等情形时，会设立专门的补偿机构来处理相关补偿问题。陕西省高级人民法院（2021）陕行终877号行政判决书中，陕西省高级人民法院认为，某弘煤业因煤矿资源整合而丧失依法取得的许可，应当得到公平合理的补偿，而煤矿资源整合的实施者则负有落实相关补偿问题的职责。在煤炭资源整合工作中，白水县政府既具有在省政府统一领导下具体实施的职权，亦对因此丧失采矿许可的企业负有保证解决补偿问题的职责。

例案一中，云南省高级人民法院作出的（2019）云行终817号行政判决书认为，镇康县人民政府函告取消区域内所有矿业权，对得翔公司的权利义务产生实际影响，得翔公司有权提起行政补偿诉讼。本案中，镇康县人民政府基于饮用水水源地保护需要,不再为已取得矿业权许可的得翔公司申报矿业权延续登记,应当对矿业权人的损失予以合理补偿。

需要注意的是,一般而言,在行政诉讼中应当是作出具体行政行为的行政机关作为被告,但在某些情形下矿业权人主张行政补偿,选择谁作为被告并非易事。政府机关基于公共利益作出设立风景名胜区或者保护区域的决策,而矿业权不予延续的决定由自然资源部门作出。当矿业权人向政府机关主张行政补偿时,矿业权人常被政府机关以未作出矿业权许可、批准或者不予批准延续的行政行为为由拒绝,政府机关认为自己并非适格被告。但实际上,尽管政府机关未直接作出关于矿业权延续与否的行为,但自然资源部门作出的不予准许延续的决定是因采矿范围位于政府机关所设立的风景名胜区或者保护区域。且法律规定在矿业权期限届满前,行政机关为公共利益可以收回矿业权并给予公平、合理补偿,这体现了公共利益和私人合法权益的平衡。当矿业权人的权益因政府设立特殊区域而受损时,政府承担补偿责任符合法律保障公民合法财产权益以及合理利用资源的精神。政府不能以没有直接作出不予延续矿业权的行为为由,推卸其对公共利益行为所导致的补偿责任。这种因政府设立风景名胜区或保护区等导致矿业权人合法权益遭受损失的情况,补偿责任应由政府机关承担,所以政府机关在此类案件中是适格被告。

2.1.5 行政补偿的损失补偿范围

从法律法规层面来看,我们目前并未建立统一的行政补偿制度,现行行政补偿制度由各个单行法律、法规就不同情形下的行政补偿作出相应规定。以重庆市人民政府于 2007 年 7 月 1 日颁发的《重庆市行政许可补偿暂行办法》(重庆市人民政府令第 206 号)为例,该办法对重庆区域内行政机关的行政许可补偿范围予以规定:应予以行政补偿的财产损失包括直接财产损失和为防止损失的扩大所支出的必要费用。该办法规定了行政许可补偿的范围、标准、方式、义务机关和救济方式等,财产损失范围包括直接财产损失和防止损失扩大所支出的必要费用。但该文件性质上属于地方政府规章其适用范围仅限于重庆区域。

《行政许可案件规定》第 15 条规定:"法律、法规、规章或者规范性文件对变更或者撤回行政许可的补偿标准未作规定的,一般在实际损失范围内确定补偿数额;行政许可属于行政许可法第十二条第(二)项规定情形的,一般按照实际投入的损失确定补偿数额。”行政补偿诉讼的实体问题当中,补偿标准问题至关重要。行政补偿的标准首先应当立足于现行法律规范,即法律、法规、规章确定的标准。但实践中,补偿标准常常缺乏明确的规定,这使得法院如何确定补偿额成为一个难题。我们认为,一般应按实际损失确定行政补偿数额。所谓实际损失,不仅包括现直接损失,还包括必然可得利益。这正是行政补偿与行政赔偿的区别。另外,我国的特许权补偿具有特殊性。因为按照当前的标准,公共资源使用价格并未完全市场化,因此变更、撤回特许的补偿标准可以考虑适当降低。我们经研究认为,实际投入的损失是行政补偿的底线,考虑到当前特许的具体情况,可以将补偿标准确定以实际投入损失为准。再考虑到特许权的市场化是其发展方向,不宜硬性规定为一律实行较低标准。① 但在司法实践中,人民法院对矿业权价值进行认定时,未将预期可得利益列入行政补偿范围较为普遍,不直接以矿业权价值评估报告认定的评估价值作为补偿依据的情形也不是少数。

在例案一中,最高人民法院再审认为,当事人共同委托司法鉴定机构对探矿权价值进行评估,鉴定结论明确探矿权价值为 3053.18 万元。该鉴定结论属于对得翔公司预期利益的全面评估,不适用本案基于信赖保护原则而给予得翔公司勘查投入适当补偿的情形。同时,该鉴定结论所认定的探矿权价值 3053.18 万元系以“探矿权能依法办理为采矿许可证且有效期至储量开采完毕”等诸多假设为前提,而探矿权能否转换为采矿权尚具不确定性;即便由探矿权转为采矿权,探矿权人亦需为采矿权的实现向国家缴纳必要的使用费以及投入大量的建设和生产经营成本,该鉴定结论不能作为补偿依据。

在宜宾市中级人民法院(2021)川行终 647 号行政判决书中,宜宾市中级人民法院认为,县政府作出退出决定导致探矿权不能继续行使与探矿权许可被撤回的结果并无二致,故对探矿权补偿的范围可参考行政许可中关于许可被撤回后的相关补偿规定。本案某矿业公司的探矿权许可属于“有限自然资源开发利

---

① 杜万华总主编:《新编最高人民法院司法观点集成 · 行政卷》(第 2 版),中国民主法制出版社 2023 年版,第 1374 页。

用”,故对某矿业公司退出岩溶风景名胜区的补偿,按照实际投入的损失确定补偿数额。《探矿权评估报告》是评估机构根据详查阶段选取折现现金流方式,将只探明储量还未取得采矿许可的矿产按照市场流通价值进行评估,系满足“探矿权能依法办理为采矿许可证且有效期至储量开采完毕、持续经营条件完备、市场供需水平保持不变”等诸多假设前提之下的可预期收益,明显超过了筠连县政府合法行政情形下的合理补偿范围。

上述两个例案中法院均没有直接以评估报告认定的矿业权价值进行行政补偿,未将矿业权人的可得利益列入行政补偿。

从各地方司法实践来看,各地确定的补偿范围一般包括矿业权价款支出损失、矿产资源勘查投入成本损失、建设成本损失、采矿权或者探矿权的损失等直接损失。除直接损失应予以补偿之外,矿区设备搬迁费用、停工停业费用、投入资金及利息等间接损失一般认为是实际损失,在合理、公平补偿原则下,也应被纳入补偿范围。例如,最高人民法院(2019)湘行终 63 号行政判决书中,最高人民法院认为,上诉人忠和五矿提出的股本金、实物资产、技改资金及利息损失、律师费、鉴定费等各项损失,因该等损失已均已包含在奖补资金的经济损失范围内,故未予支持上诉人另行予以补偿的诉讼请求。

需要说明的是,另外,《矿产资源法》(2024 年修订)第 26 条第 1 款规定在矿业权期限届满前,为了公共利益的需要,原矿业权人依法收回矿业权的,应给予公平、合理的补偿。该条款的表述既没有用“直接损失”,也没有用“实际投入损失”,而是用“公平、合理”,据此可理解为,对于矿业权人因提前收回矿业权所产生的损失,均应给予公平合理的补偿,补偿范围不应仅局限于是否属于直接损失或实际投入损失。当然,司法实践中对于提前收回矿业权应给予矿业权人的具体行政补偿标准或认定,其是否严格区分于其他情形,还有赖于该条款实施后司法机关的认定与裁判。

2.1.6 行政补偿申请前置的特殊情形

《行政许可案件规定》第 14 条规定:“行政机关依据行政许可法第八条第二款规定变更或者撤回已经生效的行政许可,公民、法人或者其他组织仅主张行政补偿的,应当先向行政机关提出申请;行政机关在法定期限或者合理期限内不予答复或者对行政机关作出的补偿决定不服的,可以依法提起行政诉讼。”该规定进一步细化了行政补偿情形下的程序要求。当行政机关依据《行政许可法》第 8 条第 2 款之规定变更或撤回生效行政许可,公民、法人或其他组织若仅主张行政补偿,就必须先向行政机关提出申请。这一前置程序确保了行政机关首先有机会对补偿事宜进行审查和处理,避免行政补偿请求的随意性。通过先向行政机关提出申请,该程序使行政机关有机会对补偿事项进行初步审查和处理,从而保证行政补偿在行政程序内部有一个有序的启动和处理机制。

例案二即是因行政机关不予对矿业权人的行政补偿申请予以回复作出决定而引发行政诉讼。甘肃省高级人民法院审理后认为,在矿业权退出方式以及是否应当予以补偿不明确的情形下,甘州区人民政府作为有权主体,应当先行对建材公司砖瓦用黏土矿矿业权退出的方式以及应否就矿业权的退出对建材公司给予行政补偿进行明确,遂判决甘州区人民政府履行法定职责对某建材公司的行政补偿申请作出决定。

《行政诉讼法》第 38 条第 1 款规定,“在起诉被告不履行法定职责的案件中,原告应当提供其向被告提出申请的证据”。依据该规定,矿业权人在行政机关不予履责不予行政补偿,提起履责行政诉讼时应承担初步的举证责任,能够证实已向行政机关申请行政补偿的证据材料,否则,矿业权人的诉讼请求将无法得到法院支持。在湖南省高级人民法院(2020)湘行终 91 号行政判决书中,湖南省高级人民法院认为,“本案四一八金矿提交的邮件 EMS 快递单号查询仅显示其寄出的邮件在怀化市由他人代收,并无代收人的相关信息。故在沅陵县政府否认的情形下,四一八金矿仅凭上述 EMS 邮寄快递单号查询信息,不足以证明沅陵县政府收到了其邮寄的《申请补偿报告》。原审据此对四一八金矿要求确认沅陵县政府不处理不答复的行为违法的诉讼请求不予支持,并无不当”。

2.2 矿山关闭的行政赔偿

2.2.1 矿山关闭合法性审查

矿山关闭矿山行为的合法性审查应当根据不同阶段的具体行政行为进行区分。政策性关闭矿山进而作出关闭行为决定的前提是“政策性”。在行政诉讼中,行政相对人未申请对作出关闭矿山决定所依据的政策性文件一并审查的,那么法院不作实质审查,而是仅对该政策性文件是否真实存在、是否处于有效期间、适用对象及地域范围是否与所涉案件相一致作出形式审查。若相对人申请规范性文件一并审查的,则法院依据《行政诉讼法解释》第 148 条规定进行实质审查。如例案三中,湖南省高级人民法院就认为"上述规范性文件在现阶段是有效的,当事人在诉讼中也未提出对上述规范性文件进行审查,故上述规范性文件可以作为确定落后小煤矿关闭退出奖补资金的依据"。

行政行为必须要具有合法性和程序正当性。对于政策性关闭矿山行为的合法性审查应当依据《行政诉讼法》第 70 条的规定,针对政策性关闭矿山行为的主要证据是否充分、适用法律法规是否正确、程序是否合法、是否存在明显不当等法定要件进行审查。

首先,政策性关闭矿山的决定必须依据充分,要事实清楚、证据确凿。简言之,就是要有作出政策性关闭决定的事实基础和规定文件,如被关闭的矿山按照政策规定被列为应被关闭的矿山名录,且有政策依据。

其次,关闭矿山决定是否通知了行政相对人即矿业权人,行政相对人的知情权和异议权等合法权益是否得到了充分保障。

再次,在实施矿山关闭行为时,需要考量实施行为手段和程度是否与实现行政目的相适应,采取的措施是否超过必要的限度,强制实施行为与非强制实施行为在效果上是否相当,是否符合最小侵害性原则。如果行政机关在实施行为过程中,因故意或重大过失侵犯相对人人身、财产权益的,那么这种行为通常可以认定是超过了必要限度;如果在有其他对相对人权益影响较小的手段就能实现行政目的的情况下,行政机关却选择了明显对相对人权益影响较大的手段,应当认定为行政行为构成违法。

湖南省高级人民法院(2019)湘行终 63 号行政判决书中,湖南省高级人民法院认为,政府在作出关闭决定、实施强制行为前,均通过公开媒体进行了公示,并多次与行政相对人就有关补偿问题进行协商,行政相对人认为未收看到相关公示内容并不影响县政府已经作出的事先告知的行为认定。当相对人拒绝自行关闭,并且在政策规定的验收日期即将截止时,县政府采取了强制关闭措施。这一措施系依据上级政府工作方案而实施的,并且目前并无证据显示县政府在实施这一强制关闭行为的过程中损害了相对人的合法财产,从现有证据和情况来看,该行政行为在合法性判断上具有一定的合理性依据。

最后,若矿山关闭的行为不具有合法性,则行政机关应就其实施的关闭矿山行为承担国家赔偿责任,对矿业权人的损失予以行政赔偿。

2.2.2 直接损失赔偿

矿业权是用益物权,其财产属性毋庸置疑。《国家赔偿法》规定了行政赔偿以支付赔偿金为主要方式,对财产权造成其他损害的,按照直接损失给予赔偿的基本原则。《行政赔偿案件规定》进一步明确了行政赔偿应按照损害发生时被损害财产的市场价格计算损失,市场价格无法确定,或者该价格不足以弥补公民、法人或者其他组织损失的,可以采用其他合理方式计算的赔偿原则。在矿山关闭的矿业权受到违法行政行为侵害时应如何界定矿业权人财产的损失范围,现行法律法规对此尚无明确规定,目前亦没有具体的界定矿业权损失的标准,司法实践中法院的裁判也不统一。

《行政赔偿案件规定》第 29 条对《国家赔偿法》第 36 条第 8 项规定的"直接损失"予以明确,包括:(1)存款利息、贷款利息、现金利息;(2)机动车停运期间的营运损失;(3)通过行政补偿程序依法应当获得的奖励、补贴等;(4)对财产造成的其他实际损失。

矿山采矿权损失范围界定关系赔偿范围、赔偿项目以及赔偿标准的认定,还关系到行政赔偿案件的判决结果。采矿权损失范围应如何界定也是司法实务中的重点、难点。贵州 2019 年行政审判典型案例之三:仁怀市茅台镇太坪村大白沙砂石厂诉仁怀市人民政府行政赔偿案,案号为(2018)黔 03 行赔初 1 号,贵州省遵义市人民法院认定,大白沙砂石厂的机械设备及房屋、构建筑物(含厂区道路)损失、评估费损失、采矿权损失、职工安置费损失、窖坑石(毛石)原材料损失、利息损失,都属于必然发生的直接损失,属于应当赔偿的项目。关于采矿权损失,则认为评估确认采矿权价值为 15,231,000 元,但该评估价值包括了大白沙砂石厂已开采和尚未开采的可采储量的价值,应对仁怀市政府 2015 年 7 月初(7 月 2 日后)通知大白沙砂石厂停产至 2015 年 11 月 19 日采矿权终止期限的140天的合法采矿权益1,574,670.46元应当依法保护。大白沙砂石厂请求赔偿采矿权损失15,231,000元,超过部分没有法律和事实依据,应不予支持。利息损失按照以上各项应得赔偿款为基数,由仁怀市政府按照中国人民银行同期同类贷款利率支付大白沙砂石厂利息损失。该案件中,法院遵循行政赔偿不得低于大白沙砂石厂因合法撤回采矿许可证而受到的信赖利益损失的原则,在充分考虑大白沙砂石厂因合法撤回采矿许可证所能获得的信赖利益损失补偿的基础上,依法确定行政赔偿的数额,支持了矿业权人因合法撤回采矿许可证而受到的信赖利益损失部分,即采矿许可证剩余有效期内的采矿权价值。

2.2.3 全面赔偿、公平合理赔偿

在违法征收或强制关闭矿山类行政赔偿案件中,若诉讼当事人无法就财产损失情况进行举证,也无法就损失进行司法鉴定,那么该如何认定损失范围并确定赔偿金额?

本专题例案三中,最高人民法院在审查行政赔偿范围时:首先认定应按照"关闭退出专项奖补资金"包括奖励、补助关闭煤矿职工安置费、经济损失、实施关闭等费用的标准进行赔偿;其次结合涉案煤矿的产能,按照产能比例进行折算酌定为改造煤矿提高产能的投入损失;最后对涉案煤矿能够搬迁、移动和再利用的机器设备等财产损失,按照全面赔偿与公平合理的原则,酌定该部分的损失数额为100万元。另外,在(2018)最高法行申6690号案中,最高人民法院认为,由于主井、副井等主要设施被炸毁,井下设备全部被埋,毕某清无法就井下设备损失直接进行举证,一审、二审法院根据迪阳煤矿被炸毁前的资产评估报告,酌情认定申请人赔偿被申请人损失611.77万元,并无不当。

梳理总结相关裁判文书可知,在矿业权行政赔偿案件中,当诉讼当事人既无法举证证明损失又不能通过司法鉴定对损失进行评估时,法院往往遵循全面赔偿、公平合理赔偿的原则,裁判对矿业权价值、设施设备、房屋或建(构)筑物、职工人员安置、投入矿区生产的费用等损失予以赔偿,且赔偿金额不低于补偿金额。究其原因,是行政赔偿具有损失填补和违法预防的功能,如若不能对矿业权人的损失予以足够弥补和保护,则行政违法行为得不到应有的预防和威

慑，无法体现对行政违法行为的“惩戒”。因此，行政赔偿案件应坚持全面赔偿、公平合理原则，既要体现对行政机关违法行为的惩戒，也要确保赔偿请求人的合法权益得到充分保障。

2.3 举证责任分配

《行政诉讼法》第 38 条第 2 款规定，“在行政赔偿、补偿的案件中，原告应当对行政行为造成的损害提供证据。因被告的原因导致原告无法举证的，由被告承担举证责任”。《行政赔偿案件规定》就行政赔偿案件的举证责任分配和前述《行政诉讼法》规定一致。本专题的举证责任分配内容同时适用于行政补偿案件和行政赔偿案件。

2.3.1 原告的举证责任

行政补偿、行政赔偿请求人应当就被诉行政行为造成的损害承担举证责任。请求人需举证证明以下事项：(1)行政机关实施了具体行政行为；(2)行政行为对原告的合法权益造成了实际的损害；(3)原告所受到的损害与被诉行政行为有因果关系；(4)应予赔偿或者补偿的损失数额。

司法实践中，探矿权人的举证着重在于要举证证明其取得的探矿权具体价值及实际损失。主要包括：探矿权取得过程中已缴纳的相关费用，如探矿权价款、探矿权使用费、探矿权发生转让时产生的费用，以及固定资产及安全建设投入、探矿活动临时占用农用地苗木补偿费等合理勘探支出。获得可供勘查区域的采矿权的优先权、勘查其他矿产资源的优先权不应包括在内。

采矿权人需对采矿权损失进行举证，以证明其主张的补偿或赔偿金额合理合法，应得到支持。其主张的损失主要包括：为取得采矿权支付的费用损失(包括但不限于采矿权价款，行政手续办理过程中的文件制作费用、咨询费用、公证费用等)，采矿权价值，修建矿区道路损失，建设厂区办公室等建筑物的费用损失，购买设施设备费用，投入资金所产生的财务成本，职工安置费损失，原材料损失，搬迁或处理矿山设备支出的费用损失，等等。

因部分矿山企业生产经营不规范、法律意识淡薄，在矿山建设过程中，未妥善保存地下井巷工程、设施设备、人力成本等合同，资金支付凭证等有力证据，因此，一旦矿山关闭，将无法启动相应的鉴定评估程序以确定损失，进而可能面临诉讼请求无法得到支持的风险。

筠连县华某矿业有限公司诉筠连县人民政府探矿权退出行政补偿决定案[(2021)川行终647号]中，原告提供了探矿权转让合同、勘探协议及转账凭证、挖掘机租赁、技术顾问合同和收据，借款收据、差旅费用、工人住宿及生活费用的记账取款凭证，苗木补偿费领取人的收条等，证明其探矿活动投入的损失。法院在对证据进行审查时认为，挖掘机租赁、技术顾问费用，仅有租赁协议、顾问合同和收据，不能达到证明其实际支付的证据效力。差旅费用、工人住宿及生活费用，仅有记账凭证及取款凭证，不能达到证明其实际支出的证据效力。故而未支持原告主张的对应费用补偿诉讼请求。

2.3.2 被告的举证责任

被告作为行政机关，在作出或实施具体行政行为时，为了保证行政行为的正当性和程序合法，往往需要对行政相对人的财产进行清理，制作财产清单，并对财产价值进行评估或鉴定。如若行政机关未依法采取财产登记、公证等方式留存证据导致原告对灭失的财产无法承担举证责任的，且原告能够提供初步证据证明有财产损失的情况下，举证责任即转移至被告，被告应当对其作出的行政行为没有造成相应的损失承担举证责任，如不能举证，应承担举证不能的后果。这种特殊的举证责任分配不仅有利于保障原告的合法权益，也警醒行政机关严格依法行政，按照法定程序实施具体行政行为。

沙某保等诉马鞍山市花山区人民政府房屋强制拆除行政赔偿案(最高人民法院指导案例91号)中，最高人民法院认为，马鞍山市花山区人民政府在组织实施强制拆除过程中，既未制作物品清单，又未委托公证部门对房屋内物品公证并登记，房屋拆除后也未能说明房屋内物品的去向，导致沙某保对房屋内物品损失客观上举证不能。沙某保提供了初步证据证明其有财产损失，并提出了具体的赔偿请求，此时举证责任转移至马鞍山市花山区人民政府。但马鞍山市花山区人民政府既没有提供证据证明其强制拆除行为没有对沙明保造成财产损失，也没有对沙某保提出的赔偿请求提供反证，其应当承担举证不能可能带来的法律后果。

需要注意的是,在司法实践中,仍有法官在损害事实难以查明的情况下,无视行政赔偿、行政补偿案件中举证责任倒置的特殊规定,而简单适用“谁主张,谁举证”原则进行裁判的现象。

在例案三中,一审法院认为井下相应价值的财产损失,原告完全可以提供采购合同、发票及其他符合规定的财务凭证等证据来予以证明,但诉讼过程中,原告未能提供相应证据证明其损失情况,法院亦难以运用逻辑推理和生活经验、生活常识等,酌情确定赔偿数额,因此法院无法就被告的违法关闭行为是否给原告造成了井下财产损失及损失大小作出认定。二审法院认为,涉案煤矿如依法正常关闭,上诉人还可以将涉案煤矿能够搬迁、移动和再利用的机器设备等财产进行搬移、处理,被上诉人的违法关闭行为导致了上诉人该部分财产损失,根据全面赔偿与公平合理的理念,被上诉人对上述损失依法也应予以赔偿。原审在各方未能举证证实该损失数额的情况下,对上诉人该部分的赔偿请求不予支持,不符合本案煤矿的实际,不利于当事人合法权益的保护。可见,一审法院倾向于将井下财产损失的举证责任主要分配给原告,若原告举证不能则应承担不利后果,二审法院则从违法行政行为的后果角度出发,井下财产的损失是客观存在的,即使各方都不能举证证实损失数额,基于全面赔偿和公平合理的理念,也应当给予赔偿,二审法院对这一问题的纠正,体现了加强对行政相对人权益保护的倾向。

2.4 行政补偿与行政赔偿之区别

梳理上述内容可知,行政补偿与行政赔偿是并列存在的两种国家责任形式,都是国家对行政机关及其工作人员行使职权过程中给公民、法人或者其他组织合法权益造成的损害采取的补救措施。尽管两者均属于行政机关及其工作人员的行政行为所产生的国家责任,但在具体适用上存在明显区别。

2.4.1 法律依据不同

行政补偿制度目前并无专门的法律法规予以系统规定,而是散见于各单行法律法规中。例如,《矿产资源法》(2024 年修订)第 26 条仅规定,在矿业权期限届满前因公共利益需要提前收回矿业权时应公平、合理补偿。司法实践中,最高人民法院基于审判实践在《行政许可案件规定》中对行政补偿进行原则性规定;同时,各地方基于各地实践就行政补偿予以单独规定,如《重庆市行政许可补偿暂行办法》。

不同于行政补偿缺乏专门法律法规规定的现状,行政赔偿则有明确的法律依据。《国家赔偿法》即为行政赔偿的专门法律规范。《最高人民法院关于适用〈国家赔偿法〉若干问题的解释(一)》以及《行政赔偿案件规定》则针对行政赔偿制度的理解以及在司法实践中的落地执行,在司法审判层面作出了指导性规定。

2.4.2 性质和适用情形不同

行政补偿适用于行政机关合法行政行为所产生的行政相对人的合法权益受损时弥补损失的情形,是一种救济性制度。行政赔偿则是因行政机关的违法行政行为所造成的行政相对人合法权益受损时,赔偿义务机关应承担的赔偿责任。行政赔偿具有惩罚性,其目的是恢复到合法行为本有的状态。

涉及矿业权行政补偿的适用情形主要有政策性关闭矿山、矿业权期限届满后依法不予续期,以及矿业权期限届满前因公共利益收回矿业权等合法行政行为。矿业权行政赔偿常见于违法征收/征用矿山、强制性关闭矿山、吊销矿业权许可证和执照、责令停产停业、强行扣押矿山/矿区设备财产等违法行政行为。

2.4.3 补偿和赔偿的范围不同

行政补偿的范围以直接损失为限。在矿业权行政许可被撤回或变更时,补偿数额则以实际投入损失认定。除应对矿业权人因合法行政行为导致矿业权本身价值受损的部分进行补偿,还应对矿业权人在矿业活动中已经投入的勘查成本、建设成本等直接成本进行补偿。但这些成本的计算可能会根据合法行政行为的具体情况进行调整。此外,如果矿业权人的矿业活动场所需要搬迁,或者矿业权人及其相关工作人员需要安置,行政机关也会补偿搬迁费用、临时安置费用。

行政赔偿的范围主要包括矿业权人已经投入矿业活动中的实际成本损失即直接损失(含行政补偿程序依法应当获得的奖励、补贴等)、停产停业期间必要的经常性费用开支(比如人员工资、水电费等)。当矿业权人的预期收益损失是由行政机关的违法行为直接导致且损失确定和可计算的,也可能被纳入赔偿范围。

另外,在征收、征用及政策性退出采矿权等行政行为实施中,行政机关一般依据行政法规、规章及相关政策规定制定补偿方案。原则上,行政机关应该依法依规、按照政策要求对矿业权人予以行政补偿。但是,如若行政机关在实施时违法,行政机关应就其违法行为所造成的损失承担行政赔偿责任。在这类行政赔偿案件中,在直接损失无法通过审计、评估等方式确定,而补偿方案有效且标准较为合理的情形下,可按照赔偿不低于补偿的原则,参照补偿标准确定赔偿数额。

2.4.4 法律责任不同

行政补偿是在合法行政行为下,基于“信赖保护利益原则”,行政机关对矿业权人的损失进行弥补,此时行政机关并无过错违法行为。行政赔偿则是以行政机关违法行政为前提,即行政机关有过错违法行为。在行政机关向矿业权人承担行政赔偿责任后,应当责令有故意或者重大过失的工作人员或者受委托的组织或者个人承担部分或者全部赔偿费用。对有故意或者重大过失的责任人员,有关机关应当依法给予处分;构成犯罪的,应当依法追究刑事责任。

2.4.5 主张权利时效不同

行政补偿适用的前提是行政机关基于合法行政行为而承担的补偿责任,既可以在具体行政行为作出前和行政相对人协商一致后进行补偿,也可以在具体行政行为作出后再依法进行补偿,故没有明确的行权限制性期限。行政赔偿则是以违法行政行为为前提,只能在违法行政行为发生后予以赔偿。赔偿请求人请求行政赔偿的时效为两年,自其知道或者应当知道行政机关及其工作人员行使职权时的行为侵犯其人身权、财产权之日起计算。

附录一　矿业权纠纷案件大数据报告

一、矿业权纠纷案件大数据报告说明

1. 采矿权和探矿权都属于用益物权，二者兼具民事物权和行政许可双重属性，使得在实际生活中，因矿权产生的纠纷涉及的主体复杂，处理难度大。除法律明确界定的几种纠纷类型外，司法实践中还存在大量因侵权、合伙、合作经营及投资等行为引发的纠纷，这些纠纷也被归入采矿权、探矿权纠纷。目前，采矿权、探矿权纠纷已成为重要的矿业权纠纷案件类型。因此，本报告将针对这两个案由方向分别进行数据分析。

2. 本次检索针对采矿权纠纷与探矿权纠纷分别进行。我们将“采矿权”或“探矿权”作为关键词放置在“全文”检索框中进行检索。同时，为避免其他类型案件中也包含上述关键词，我们在“法院认为”检索框中分别输入“采矿权”“探矿权”，从而使检索数据更加准确和完整。

3. 本报告分析的矿业权纠纷案件，主要包括因探矿权、采矿权的转让、抵押、继承和出租等引起的纠纷，同时涉及少量因侵权、投资纠纷等其他案由引发的案件。

4. 受限于各地公布裁判文书规则的差异以及裁判文书网公布裁判文书时间上的延迟性，目前检索出的文书数量与实际审结案件文书数量相比存在一定差异，报告统计的数据、分析结论难免存在疏漏和不足之处。

二、采矿权纠纷案件数据报告

(一)采矿权纠纷案件数据来源

时间:2017 年 1 月 1 日—2024 年 12 月 31 日

案例来源:Alpha 案例库

案由:民事;行政

检索条件:

全文:采矿权

法院认为包含:采矿权

审理程序:一审、二审、再审

文书类型:判决、裁定

案件数量:14,515 件(该文书数量系根据上述关键词得出的结果)

数据采集时间:2025 年 1 月 23 日

(二)采矿权纠纷案件大数据报告分析正文

本次检索获取了自 2017 年 1 月 1 日至 2024 年 12 月 31 日涉采矿权纠纷案件共 14,515 篇裁判文书,并以此为基础进行大数据分析。

1. 涉采矿权纠纷案件整体情况分析

2017 年至 2024 年涉采矿权纠纷的案件数量呈一个整体递减的变化趋势。2017 年至 2020 年案件数量较多,2020 年案件数量骤减,并在之后几年逐年递减。(见图 1)

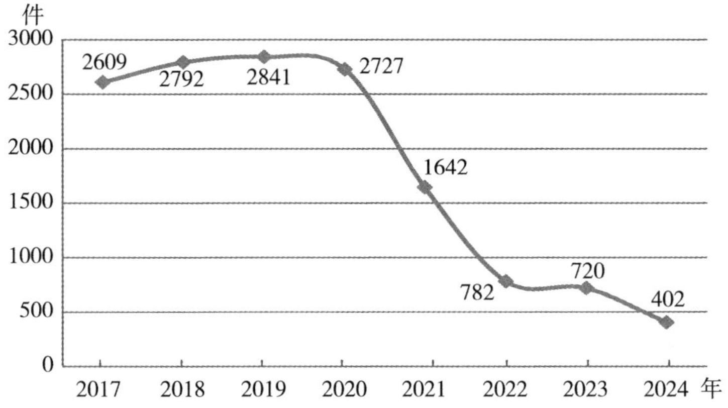

图 1 案件数量走势

2020年因疫情原因，各行各业均遭受严重影响，矿山企业停产、停工，政府、法院等部门管控严格，解决矿业权纠纷的时间和经济成本均有所增加，因此案件数量有所下降。此外，受矿业经济形势和矿产品市场价格变动的影响，采矿权交易的活跃度和交易量降低，这也是造成采矿权案件纠纷量下降的原因。

当前我国发生的采矿权纠纷案件主要集中在贵州省、四川省、云南省，分别为1723件、1309件、1064件。其中，贵州省的案件量最多，达到1723件。此处统计的案件数量系排名前五的省份。（见图2）

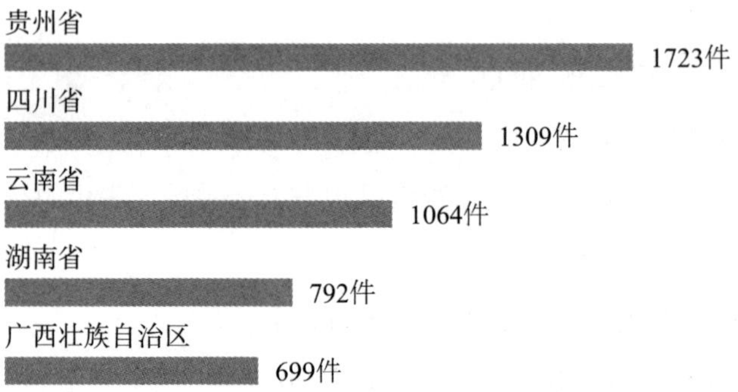

图2 各省份案件数量

根据案件性质，采矿权纠纷案件多发生于矿产资源丰富且多山的省份，其中西南地区案件数量占比较大，尤其是贵州省。贵州省矿产资源十分丰富，吸引了大量企业前往采矿，因而产生的纠纷也相对较多。随着我国西部大开发战略的深入推进，交通网络、能源网络建设系其中重要内容，预计未来西南区域新的矿业权纠纷案件仍将处于高发态势。

2. 采矿权纠纷案件案由分布

在当前条件下采矿权纠纷案件案由分为民事类和行政类，民事类占主要部分，行政类相对较少。民事案由主要包括采矿权的转让、抵押、继承和出租等情形。采矿权的设立是行政审批的结果，因采矿权的取得和出让发生争议的案件一般属于行政案件。（见图3）

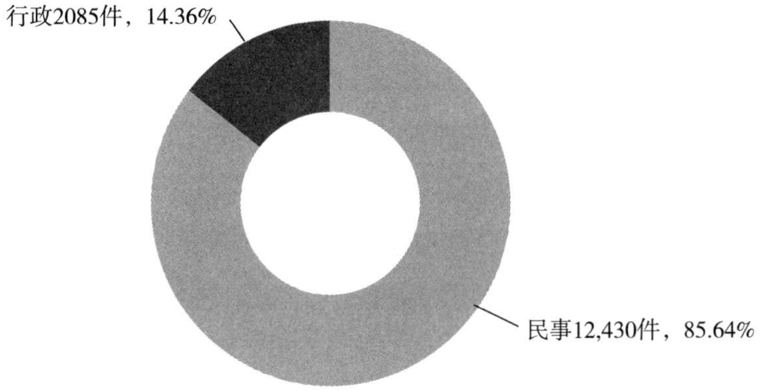

图3　案由分类

3. 采矿权纠纷案件所涉行业分布

从行业分类情况来看，当前纠纷案件涉及的行业主要集中在采矿业、批发和零售业、制造业、金融业、租赁和商务服务业、其他行业。（见图4）

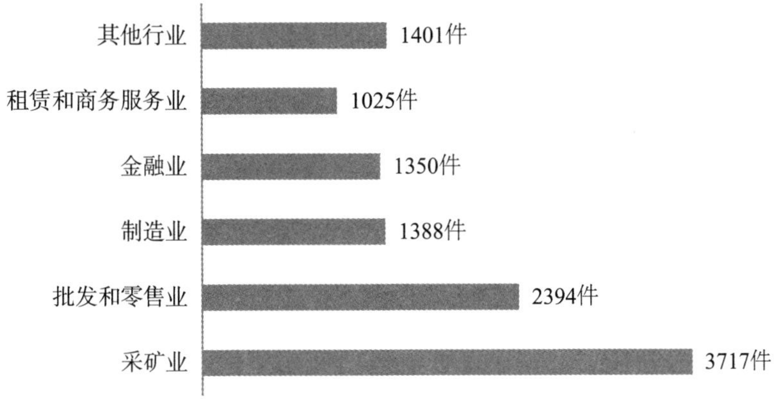

图4　案件行业分布

4. 采矿权纠纷案件诉讼程序分析

从案件的审级分布来看，一审案件有6833件，占比47.08%；二审案件有6209件，占比42.78%；再审案件有1473件，占比10.14%。（见图5）

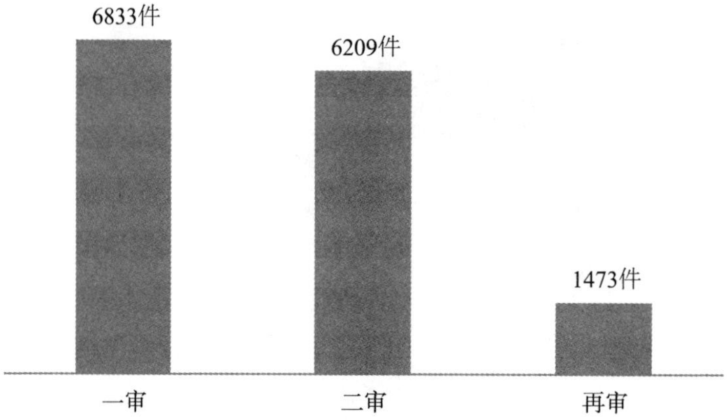

图5　案件审理程序分布

从图5数据可以看出，采矿权纠纷案件，由于专业性较强，绝大多数案件经历了二审，有一部分案件甚至经过再审程序。

5. 采矿权纠纷案件裁判结果分析

按照系统所提供的一审裁判结果的可视化分析可知，当前条件下全部/部分支持的有4624件，占比为67.7%；全部驳回的有1607件，占比为23.53%；驳回起诉的有388件，占比为5.68%。从该组数据可以看出，法院对当事人的诉讼请求全部/部分支持的情况占大多数。（见图6）

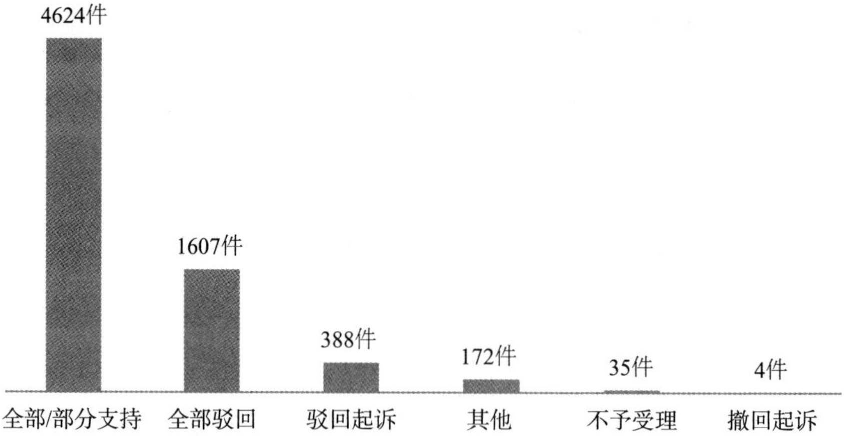

图6　案件一审裁判结果

按照系统所提供的二审裁判结果可视化分析可知，当前条件下维持原判的案件有 4362 件,占比为 70.25%;改判的有 1508 件,占比为 24.29%;发回重审的有 170 件,占比为 2.74%。(见图 7)

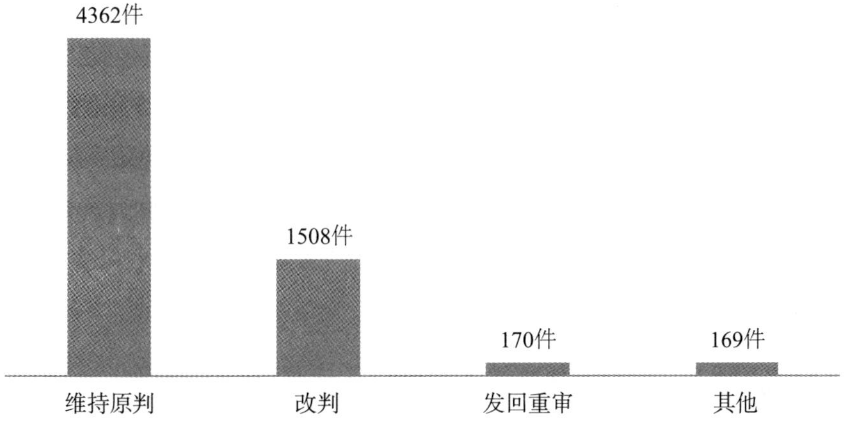

图 7 案件二审裁判结果

从图 7 数据可以看出,上诉案件中大部分上诉人的诉求没有得到支持,二审法院维持了一审法院的判决;另外,改判和发回重审的占比并不高,所以当事人应当在一审当中充分举证说明事实情况。

按照系统所提供的再审裁判结果可视化分析可知,当前条件下驳回再审申请的有 1093 件,占比为 74.2%;改判的有 190 件,占比为 12.90%;维持原判的有 82 件,占比为 5.57%。(见图 8)

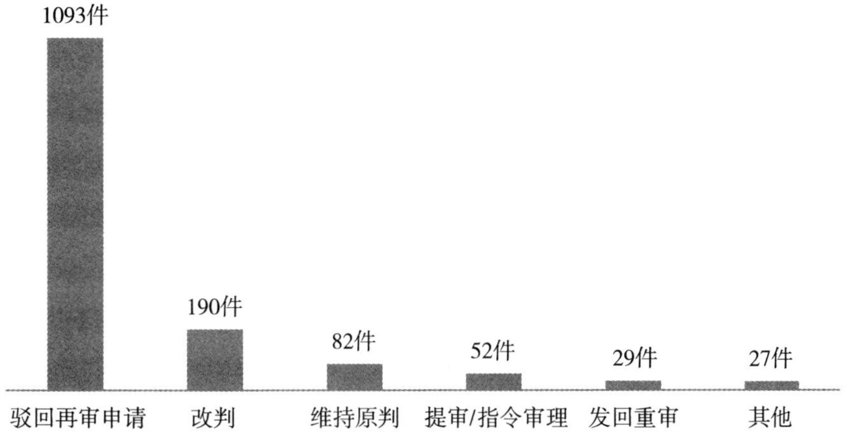

图 8 案件再审裁判结果

查阅案例可知,再审案件中有一审生效案件的再审,也有二审案件的再审,撤销原判决并改判的再审,而导致再审的重要原因之一系原审法院对案件的定性或法律适用不准确所致。

6. 标的额可视化

对标的额进行可视化分析可以看出,标的额为 100 万元至 500 万元的案件数量最多,有 2517 件,10 万元以下的案件仅次于 100 万元至 500 万元的案件,有 2194 件,10 万元至 50 万元的案件有 1476 件,50 万元至 100 万元的案件有 951 件,500 万元至 1000 万元的案件有 896 件。(见图 9)

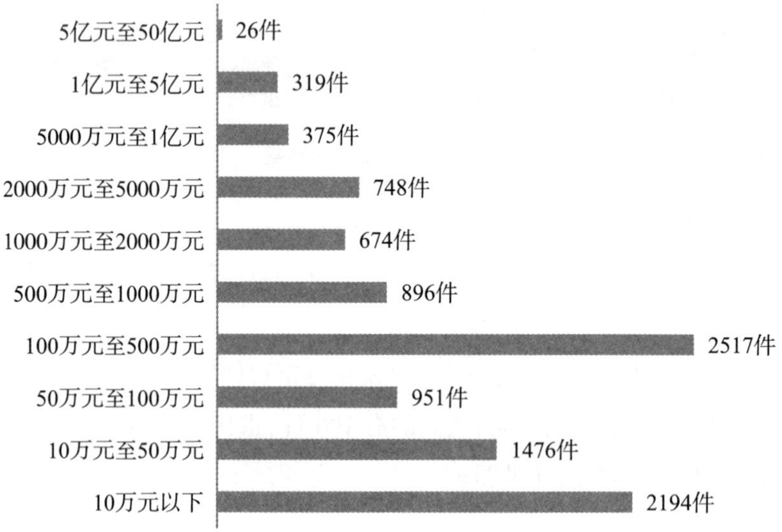

图 9　标的额区间下的案件数量

从系统所提供的数据来看,标的额在 500 万元以下的案件居多,达到 70.15%。通过查阅案例可知,采矿权纠纷案件中占比较大的为砂石、建筑材料的采矿权交易纠纷,而该类交易涉及的标的额较小。但标的额在 500 万元以上的案件量也达到了 29.85%。有的案件标的额甚至接近 50 亿元。

7. 采矿权纠纷案件审理期限可视化

从系统所提供的案件审理期限数据来看,审理时间在 180 天以内的案件有 7340 件,占比 78.50%;其中审理时间在 31 ~ 90 天区间内的案件量最多,有 4193 件,占比 44.84%;审理时间在 91 ~ 180 天区间的案件有 2351 件,占比

25.14%。审理平均时间为151天。(见图10)

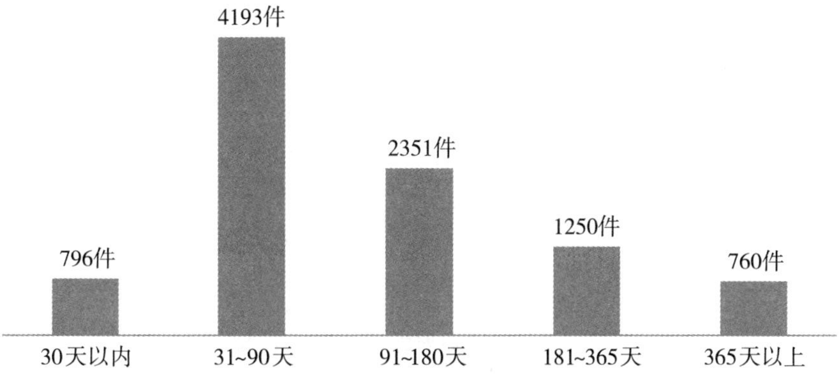

图10　案件审理期限

从审理期限数据可以看出,采矿权纠纷案件的审理期限一般较长,超过普通审判程序法定6个月审理期限的案件占比高达21.5%。采矿权纠纷案件一般案情较为复杂,且涉及专业性较强的矿产资源领域的知识,这是法院对该类案件需要较长审理期限的主要原因。

8.审理采矿权纠纷类案件法院分析

通过对法院的可视化分析可以看出,审理案件由多至少的法院分别为最高人民法院、贵州省高级人民法院、四川省高级人民法院、贵州省毕节市中级人民法院、四川省成都市中级人民法院。因矿业权纠纷案件处理难度大,最高人民法院审理矿业权案件的数量是最多的。(见图11)

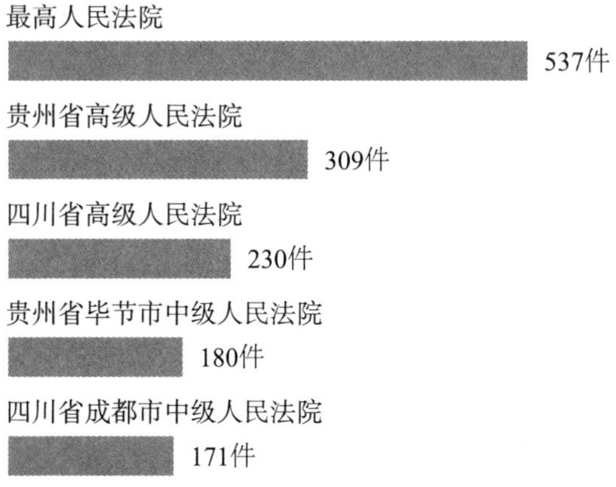

图11　案件审理法院分布

9. 采矿权出让纠纷案件被诉出让主体分析

采矿权的主体存在个体、集体、企业与政府并存的情况，较为复杂，因而这里主要针对采矿权出让引发的行政纠纷中被诉出让主体进行分析。

从被诉出让主体数量分布图可以看出，涉案较多的地方政府及主管部门依次是昆明市晋宁区自然资源局、安徽省萧县自然资源和规划局、中华人民共和国自然资源部、安徽省和县自然资源和规划局、湖南省攸县人民政府。（见图 12）

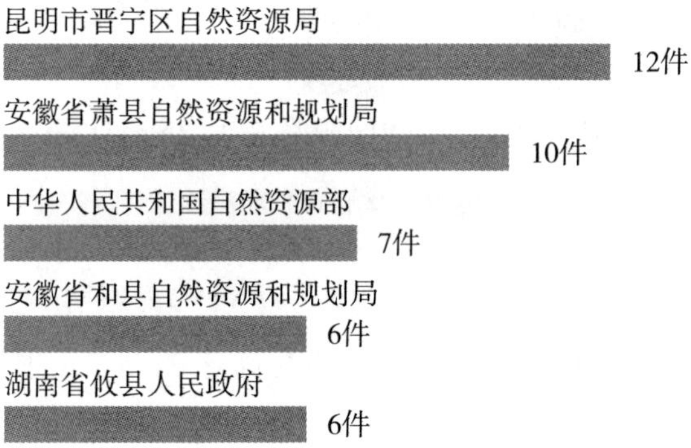

图 12　采矿权案件中政府方当事人数量分布

经查阅案例发现，这些政府机构涉诉的原因主要包括：被诉出让主体漏报采矿权出让项目导致企业无法获颁采矿权许可证、被诉出让主体在合同约定的服务年限届满前提前收回采矿权而未给予企业适当补偿等。

三、探矿权纠纷案件数据报告

（一）探矿权纠纷案件数据来源

时间：2017 年 1 月 1 日—2024 年 12 月 31 日

案例来源：Alpha 案例库

案由：民事；行政

检索条件：

审理程序：一审、二审、再审

文书类型：判决、裁定

全文：探矿权

法院认为包含:探矿权

案件数量:5264 件

数据采集时间:2025 年 1 月 23 日

(二)探矿权纠纷案件大数据报告分析正文

本次检索获取了自 2017 年至 2024 年共 5264 篇裁判文书。

1. 涉探矿权纠纷案件整体情况分析

从图 13 的案件数量走势可以看出,当前涉探矿权纠纷的案件数量呈现先增后减的趋势。2019 年案件数量有小幅度的增长,但 2019 年后案件数量开始递减,且 2021 年和 2019 年相比减少了一半以上。也可能近两年的案件数量因裁判文书同步网络的滞后性而低于实际案件量。

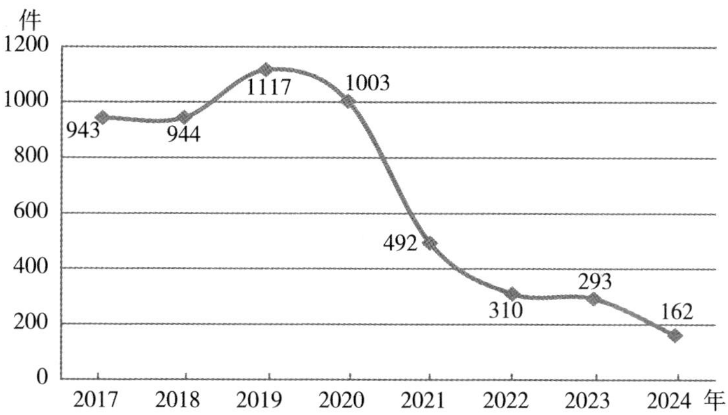

图 13 案件数量走势

从地域分布来看,当前案例主要集中在云南省、四川省、贵州省,分别为 592 件、459 件、347 件。其中,云南省的案件量最多。(见图 14)

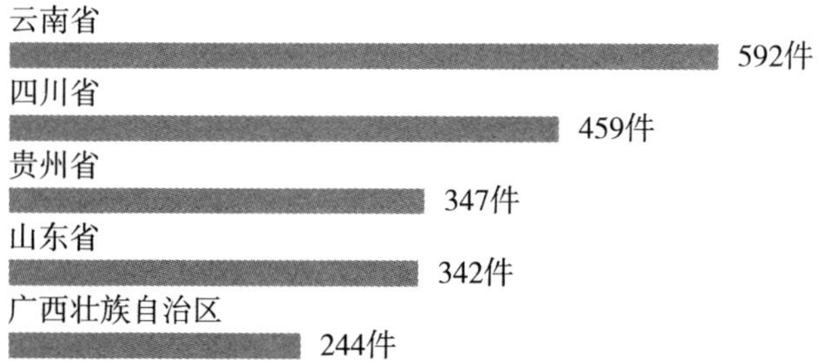

图 14 各省份案件数量

相较采矿权纠纷案件，涉及探矿权纠纷案件量最多的省份是云南省，云南以稀有金属资源闻名，如都龙锡矿、东川博卡金矿等矿驰名中外，吸引了大量自然人和企业前往探矿。

2. 探矿权纠纷案件案由分布

因探矿权引发的纠纷同样是民事案件占主要部分，行政案件量较少。（见图15）

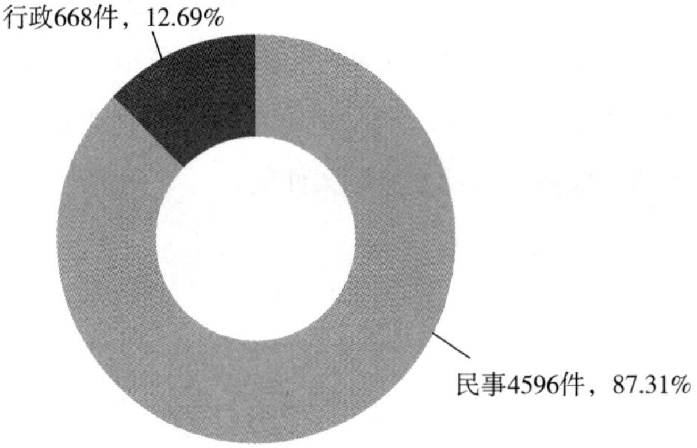

图15　案由分布

3. 探矿权纠纷案件所涉行业分布

从行业分类情况可以看出，当前的行业分布主要集中在采矿业，批发和零售业，制造业，租赁和商务服务业，科学研究和技术服务业，其他行业。（见图16）

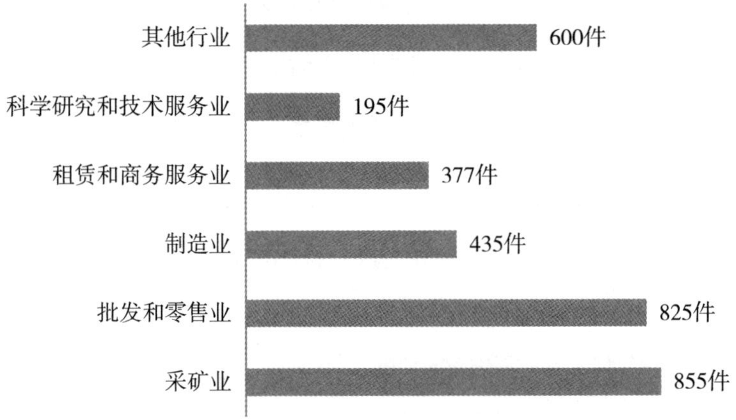

图16　案件行业分布

4. 探矿权纠纷案件诉讼程序分析

从程序分类统计可以看到当前的审理程序分布状况:一审案件有 2390 件,二审案件有 2352 件,再审案件有 522 件。(见图 17)

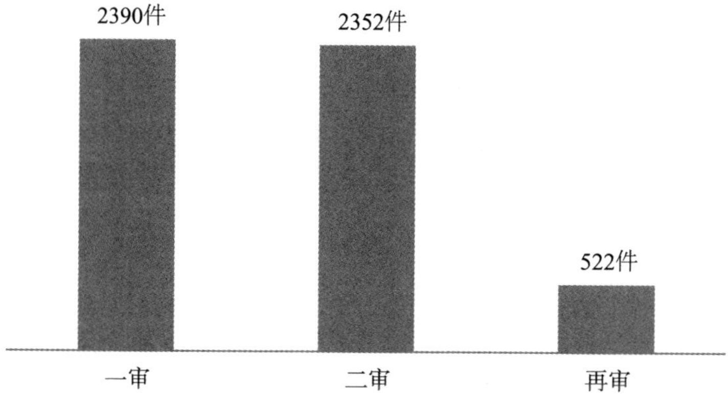

图 17　案件审理程序分布

5. 探矿权纠纷案件裁判结果分析

通过对一审裁判结果的可视化分析可以看出,当前条件下全部/部分支持的有 1606 件,占比为 67. 31% ;全部驳回的有 604 件,占比为 25. 31% ;驳回起诉的有 88 件,占比为 3. 69% 。(见图 18)

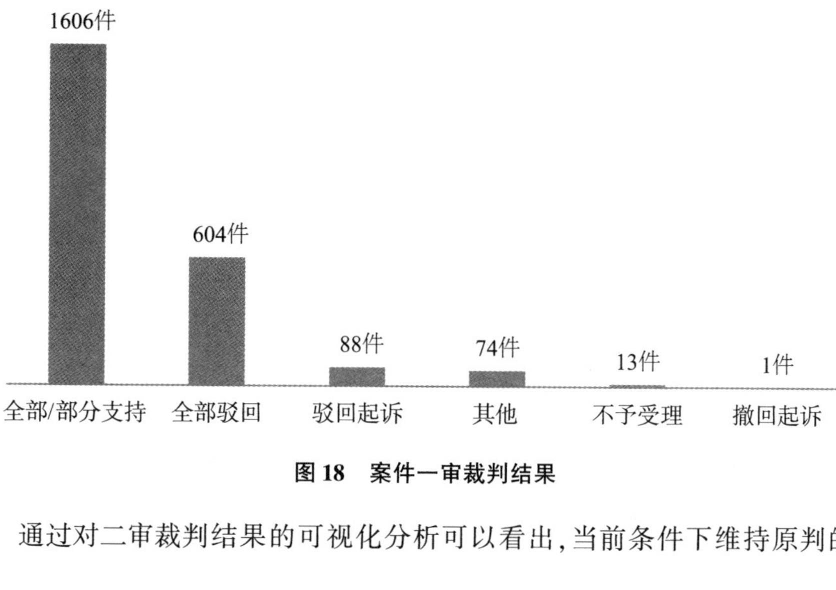

图 18　案件一审裁判结果

通过对二审裁判结果的可视化分析可以看出,当前条件下维持原判的有

1610件，占比为68.45%；改判的有609件，占比为25.89%；发回重审的有66件，占比为2.81%。（见图19）

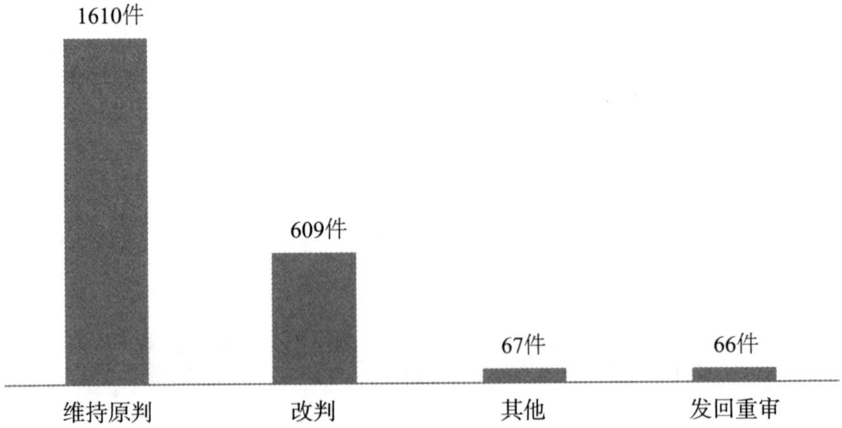

图19　案件二审裁判结果

通过对再审裁判结果的可视化分析可以看出，当前条件下驳回再审申请的有374件，占比为71.65%；改判的有61件，占比为11.69%；维持原判的有36件，占比为6.90%。（见图20）

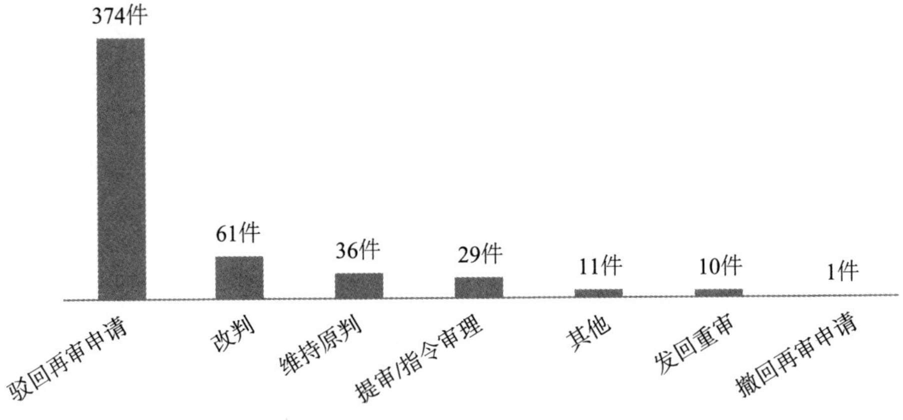

图20　案件再审裁判结果

在再审裁判结果中，进入再审实体审理程序直接改判的仅有11.69%。高达78.54%的探矿权纠纷案件的再审请求都未能获得再审法院支持，这说明了在经过多轮诉讼后，若无充分的申诉理由，想通过再审程序反败为胜的难度较大。

6. 标的额可视化

由标的额的可视化分析可以看出，标的额为 100 万元至 500 万元的案件数量最多，有 926 件，10 万元以下的案件有 888 件，10 万元至 50 万元的案件有 568 件，50 万元至 100 万元的案件有 386 件，500 万元至 1000 万元的案件有 319 件。（见图 21）

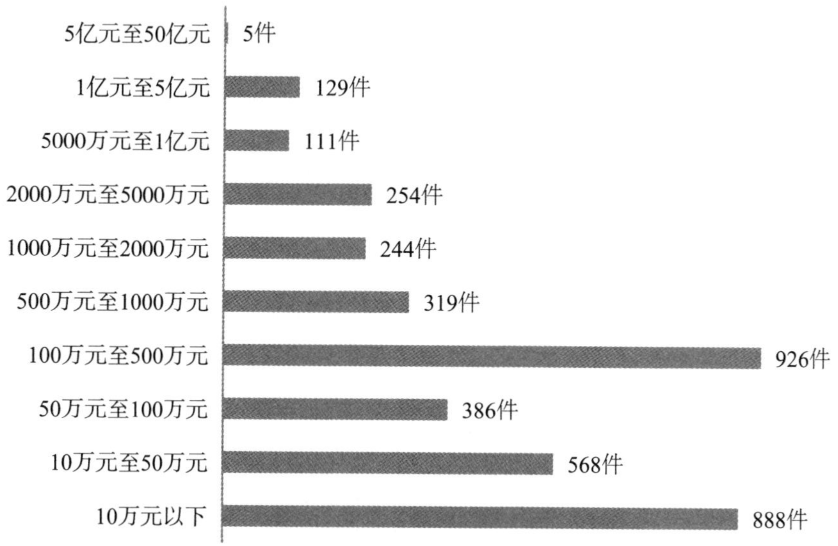

图 21　标的额区间下的案件数量

整体来看，标的额在 500 万元以下的案件居多，达到 72.27%，标的额在 500 万元以上的案件量占比为 27.73%。探矿权纠纷案件类同于采矿权纠纷案件的标的额分布。

7. 探矿权纠纷案件审理期限可视化

从案件的审理期限来看，审理时间在 180 天以内的案件有 2672 件，占比 77.72%；其中审理时间在 31～90 天区间内的案件量最多，占比 43.98%；审理时间在 91～180 天区间的案件有 877 件，占比 25.51%。审理平均时间为 157 天。探矿权纠纷案件审理期限的分布同样类同于采矿权纠纷案件。（见图 22）

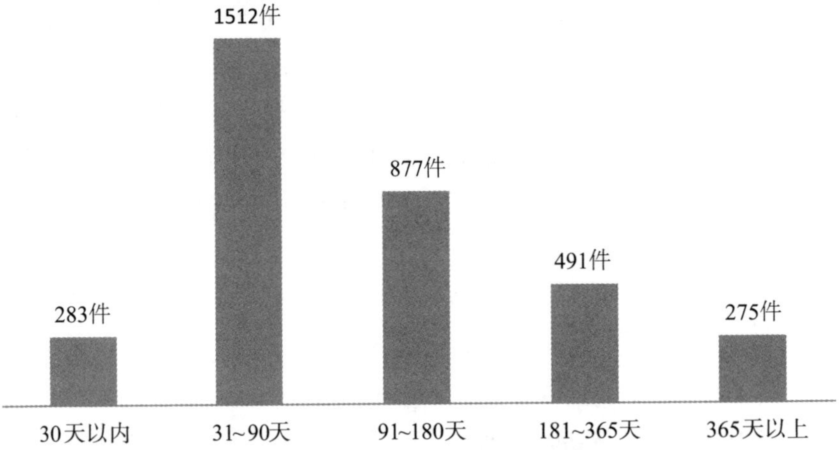

图22　案件审理期限

8. 审理探矿权纠纷类案件法院分析

通过对法院的可视化分析可以看出，审理案件由多至少的法院分别为最高人民法院、济宁高新技术产业开发区人民法院、贵州省高级人民法院、云南省昭通市中级人民法院、四川省高级人民法院。（见图23）

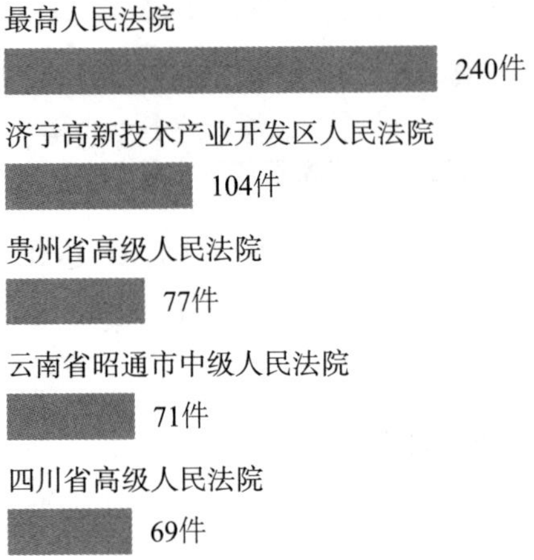

图23　案件审理法院分布

9. 探矿权出让纠纷案件政府方当事人分析

因探矿权案件所涉主体也较复杂，故也对探矿权出让情形引发的行政纠纷中政府方当事人进行分析。

从政府方当事人数量分布图可以看出,涉案较多的地方政府及主管部门依次是云南省自然资源厅、广东省自然资源厅、中华人民共和国自然资源部、内蒙古自治区自然资源厅。其中,云南省自然资源厅所涉案件远多于其他地方政府部门,这也与云南省探矿权案件发生量最多相符。(见图24)

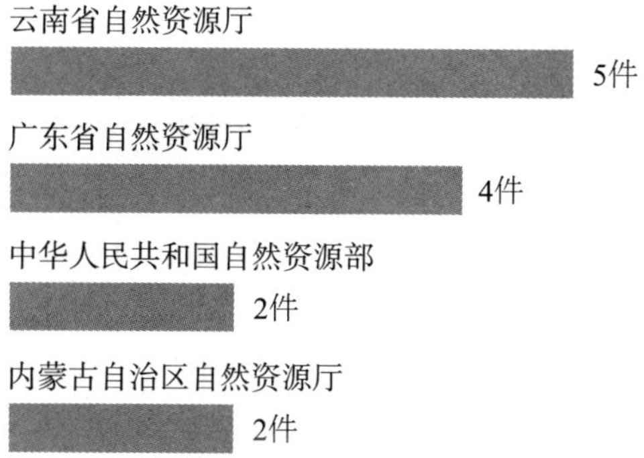

图24 政府方当事人数量分布

四、矿业权纠纷案件高频法条

此处统计了矿业权纠纷案件中所有被援引的高频法条,见表1。

表1 高频实体法条

序号	名称	条目数	对应名称变更	条目数	引用频次
1	中华人民共和国合同法	第六十条	中华人民共和国民法典	第五百零九条	2067
2	中华人民共和国合同法	第一百零七条	中华人民共和国民法典	第五百七十七条	1894
3	中华人民共和国民法总则	第一百四十四条 第一百五十三条 第一百五十四条 第一百五十五条	中华人民共和国民法典	第一百四十四条 第一百五十三条 第一百五十四条 第一百五十五条	1446
4	中华人民共和国合同法	第六十条	中华人民共和国民法典	第五百零九条	1437
5	中华人民共和国合同法	第四十四条	中华人民共和国民法典	第五百零二条	1294

续表

序号	名称	条目数	对应名称变更	条目数	引用频次
6	中华人民共和国民法总则	第一百五十七条	中华人民共和国民法典	第一百五十七条	1248
7	中华人民共和国矿产资源法(2009修正)	第三条	中华人民共和国矿产资源法(2024年修订)	第五条	1145
8	中华人民共和国矿产资源法(2009修正)	第六条	中华人民共和国矿产资源法(2024年修订)	—	994
9	中华人民共和国担保法	第十八条	中华人民共和国民法典	第六百八十八条	845
10	中华人民共和国合同法	第二百零六条	中华人民共和国民法典	第六百七十五条	836
11	中华人民共和国合同法	第二百零七条	中华人民共和国民法典	第六百七十六条	812
12	中华人民共和国合同法	第九十四条	中华人民共和国民法典	第五百六十三条	746
13	中华人民共和国合同法	第六十条第一款	中华人民共和国民法典	第五百零九条第一款	736
14	中华人民共和国合同法	第二百零五条	中华人民共和国民法典	第六百七十四条	726
15	中华人民共和国合同法	第九十七条	中华人民共和国民法典	第五百六十六条	718
16	中华人民共和国民法总则	第一百五十三条	中华人民共和国民法典	第一百五十三条	714
17	中华人民共和国担保法	第三十一条	中华人民共和国民法典	第七百条	621
18	中华人民共和国担保法	第二十一条	中华人民共和国民法典	第六百九十一条	473
19	最高人民法院关于适用《中华人民共和国民法典》时间效力的若干规定	第一条第二款	—	—	458
20	中华人民共和国物权法	第一百七十六条	中华人民共和国民法典	第三百九十二条	454

续表

序号	名称	条目数	对应名称变更	条目数	引用频次
21	中华人民共和国民事诉讼法(2021修正)	第二百六十条	中华人民共和国民事诉讼法(2023年修正)	第二百六十四条	4136
22	中华人民共和国民事诉讼法(2021修正)	第一百七十七条第一款第一项	中华人民共和国民事诉讼法(2023年修正)	第一百七十七条第一款第一项	2928
23	最高人民法院关于适用《中华人民共和国民事诉讼法》的解释(2020修正)	第九十条	最高人民法院关于适用《中华人民共和国民事诉讼法》的解释(2022年修正)	第九十条	1995
24	中华人民共和国民事诉讼法(2021修正)	第六十七条	中华人民共和国民事诉讼法(2023年修正)	第六十七条	1958
25	中华人民共和国民事诉讼法(2021修正)	第一百四十六条	中华人民共和国民事诉讼法(2023年修正)	第一百四十六条	1915
26	中华人民共和国民事诉讼法(2021修正)	第六十七条第一款	中华人民共和国民事诉讼法(2023年修正)	第六十七条第一款	1389
27	中华人民共和国民事诉讼法(2021修正)	第一百七十七条第一款第二项	中华人民共和国民事诉讼法(2023年修正)	第一百七十七条第一款第二项	1082
28	中华人民共和国民事诉讼法(2021修正)	第二百零七条第一款	中华人民共和国民事诉讼法(2023年修正)	第二百一十五条第一款	701
29	中华人民共和国行政诉讼法(2017修正)	第八十九条第一款第一项	—	—	665
30	中华人民共和国行政诉讼法(2017修正)	第六十九条	—	—	627
31	最高人民法院关于适用《中华人民共和国民事诉讼法》的解释	第三百九十五条第二款	最高人民法院关于适用《中华人民共和国民事诉讼法》的解释(2022年修正)	第三百八十八条	608

续表

序号	名称	条目数	对应名称变更	条目数	引用频次
32	中华人民共和国民事诉讼法(2021修正)	第二百六十条	中华人民共和国民事诉讼法(2023年修正)	第二百六十四条	531
33	中华人民共和国民事诉讼法(2021修正)	第一百四十五条	中华人民共和国民事诉讼法(2023年修正)	第一百四十五条	501
34	中华人民共和国民事诉讼法(2021修正)	第二百五十六条	中华人民共和国民事诉讼法(2023年修正)	第二百六十条	429
35	中华人民共和国民事诉讼法(2021修正)	第二百零七条第六项	中华人民共和国民事诉讼法(2023年修正)	第二百一十一条第六项	425
36	中华人民共和国民事诉讼法(2021修正)	第一百二十二条	中华人民共和国民事诉讼法(2023年修正)	第一百二十二条	408
37	中华人民共和国民事诉讼法(2021修正)	第二百零七条第六项	中华人民共和国民事诉讼法(2023年修正)	第二百一十一条第六项	404
38	中华人民共和国民事诉讼法(2021修正)	第一百八十四条	中华人民共和国民事诉讼法(2023年修正)	第一百八十四条	387
39	最高人民法院关于适用《中华人民共和国民事诉讼法》的解释(2020修正)	第九十条	最高人民法院关于适用《中华人民共和国民事诉讼法》的解释(2022年修正)	第九十条	336
40	中华人民共和国民事诉讼法(2021修正)	第一百五十五条	中华人民共和国民事诉讼法(2023年修正)	第一百五十五条	325

附录二　自然资源部新设矿业权、矿业权变更等事项办理流程图

附录二－1　新设采矿权登记(非油气类)办理流程图

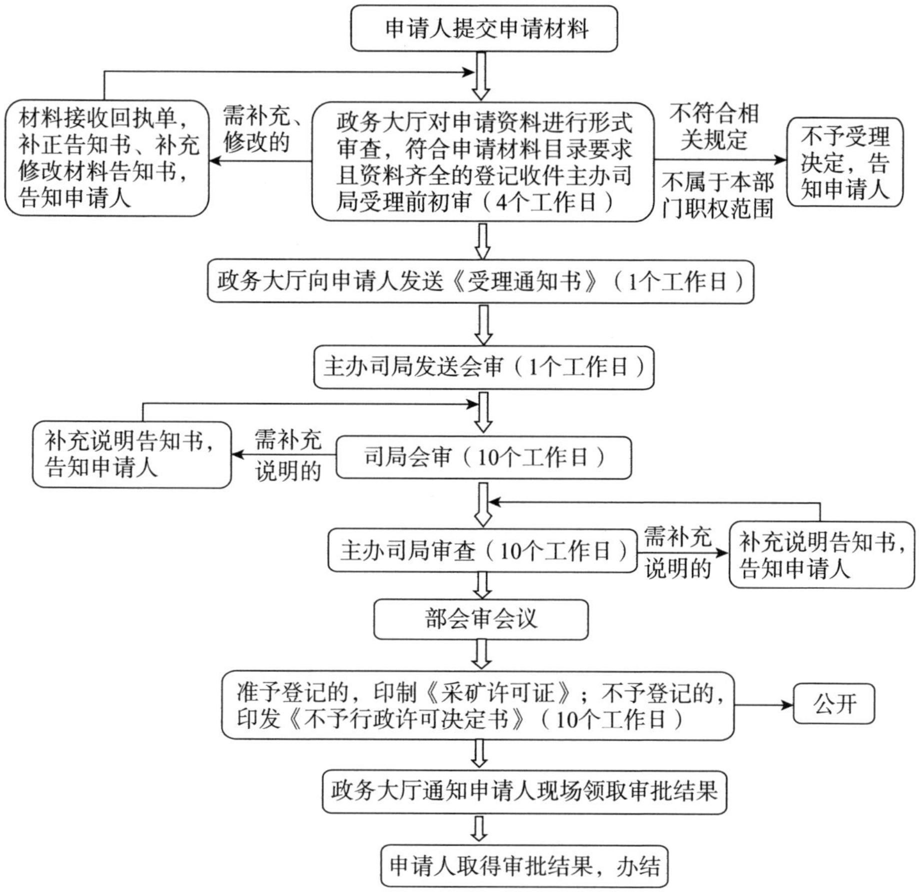

附录二－2　新设采矿权登记(油气类)审批服务指南流程图

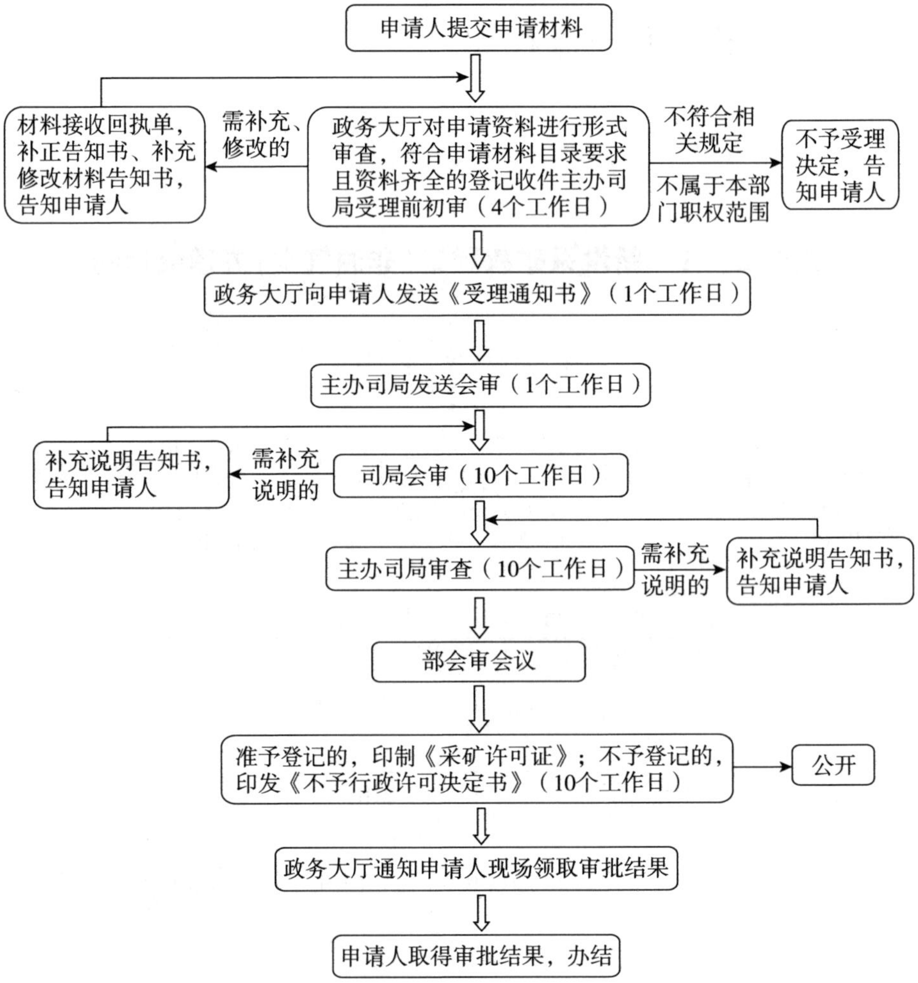

附录二－3 新设探矿权登记(非油气类)办理流程图

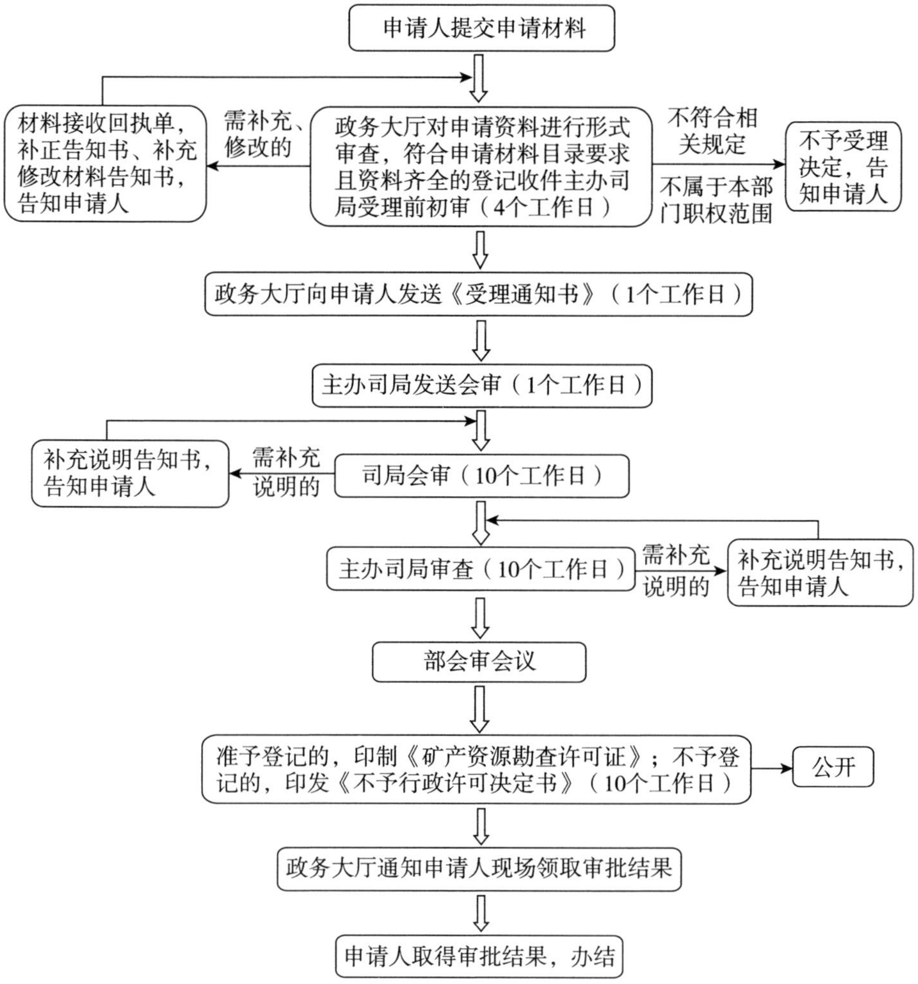

附录二－4　新设探矿权登记(油气类)审批服务指南流程图

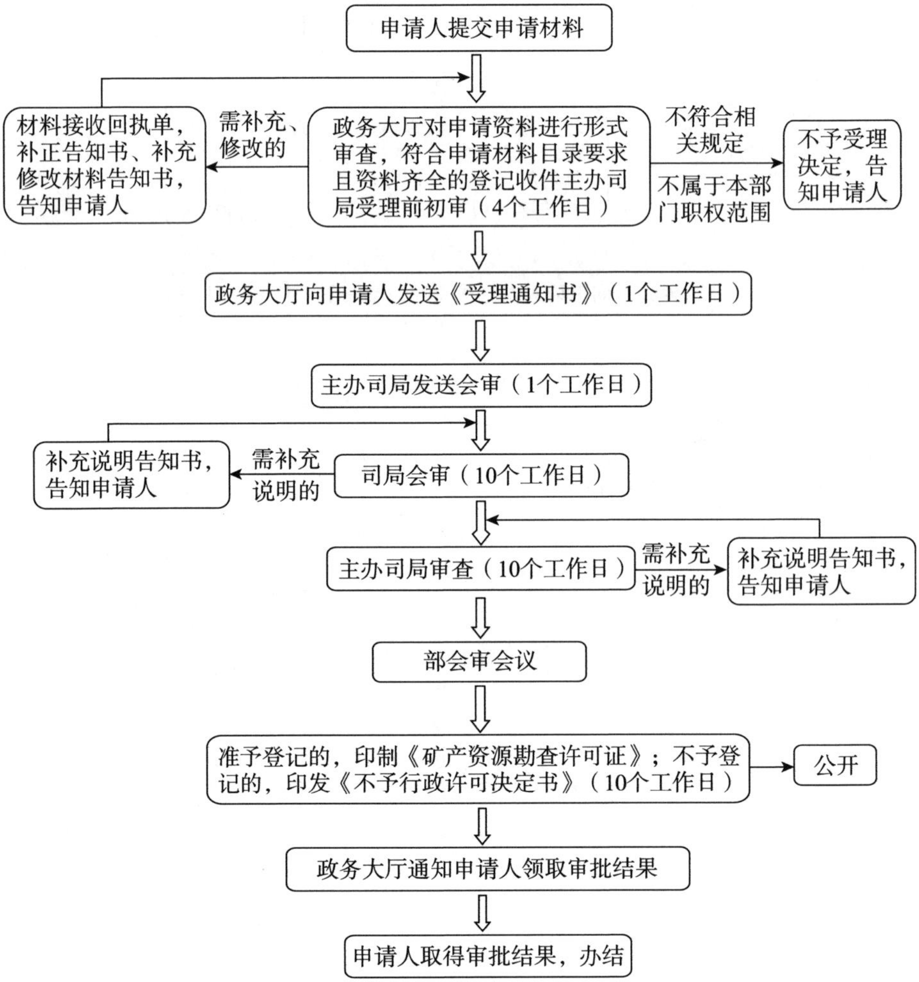

附录二 –5 采矿权转让(变更)登记(非油气类)办理流程图

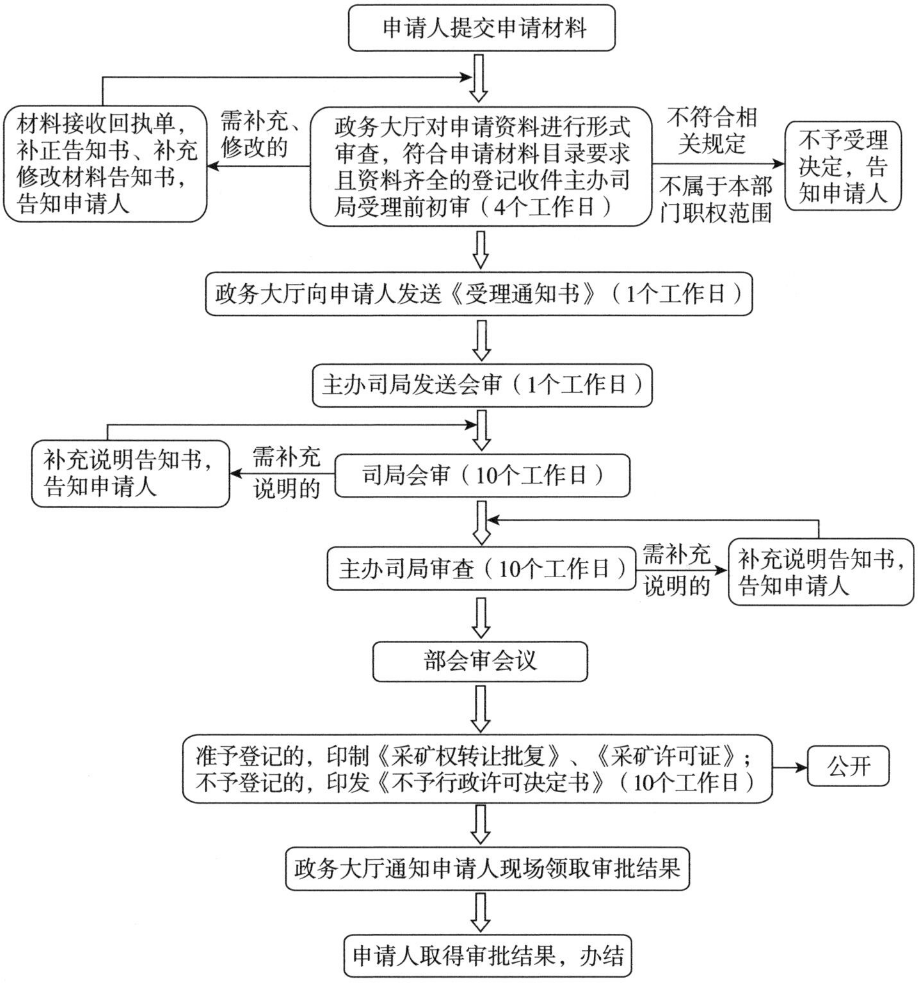

附录二－6　采矿权变更登记(油气类)审批服务指南流程图

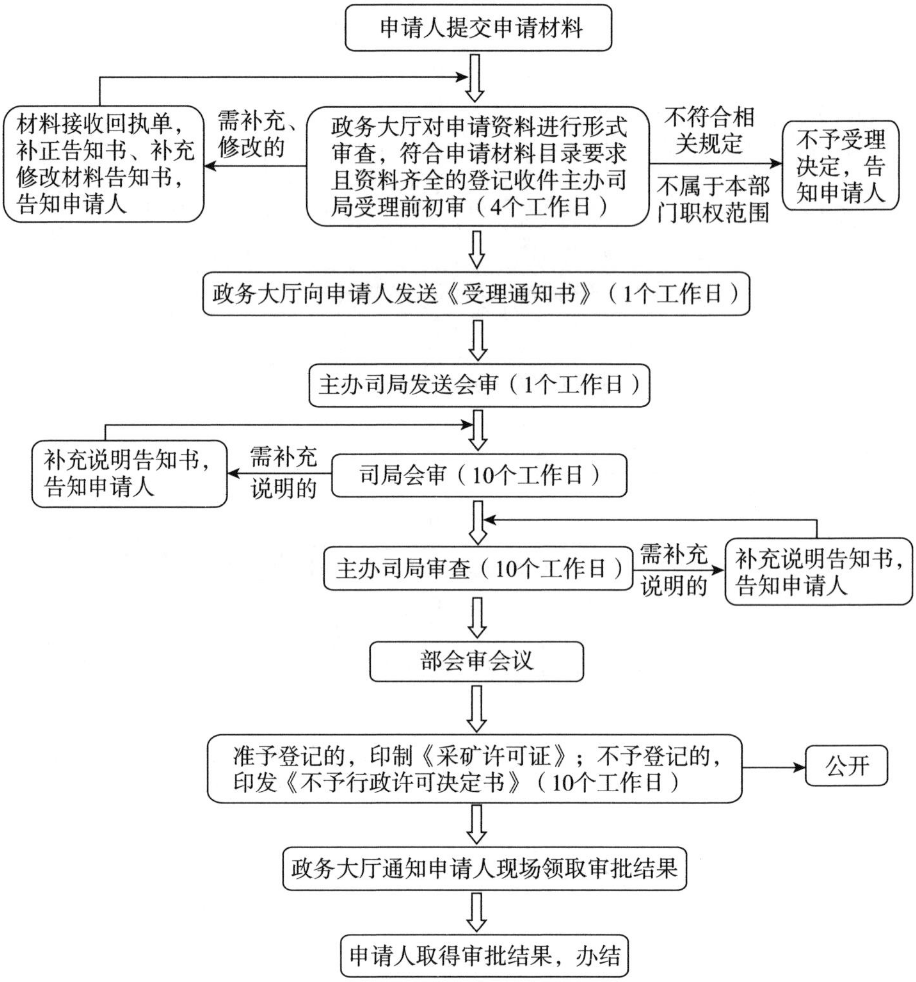

附录二－7　探矿权变更登记(非油气类)办理流程图

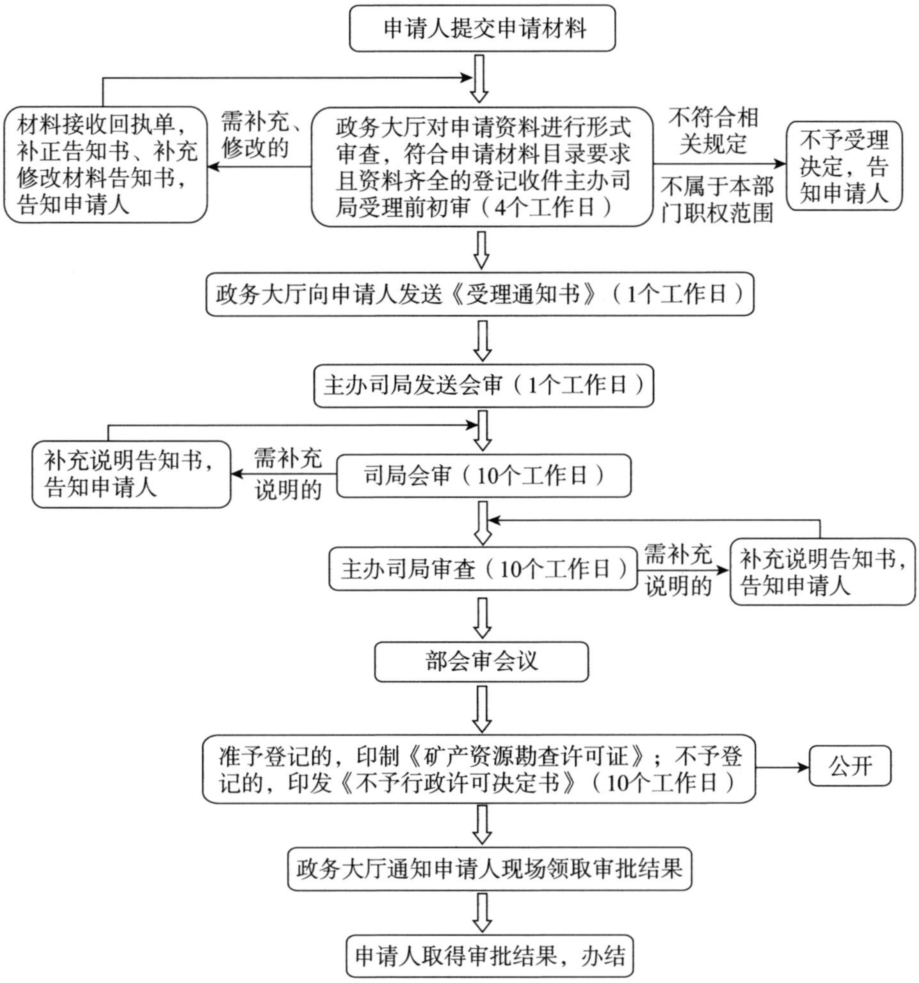

附录二 -8　探矿权变更登记(油气类)审批服务指南流程图

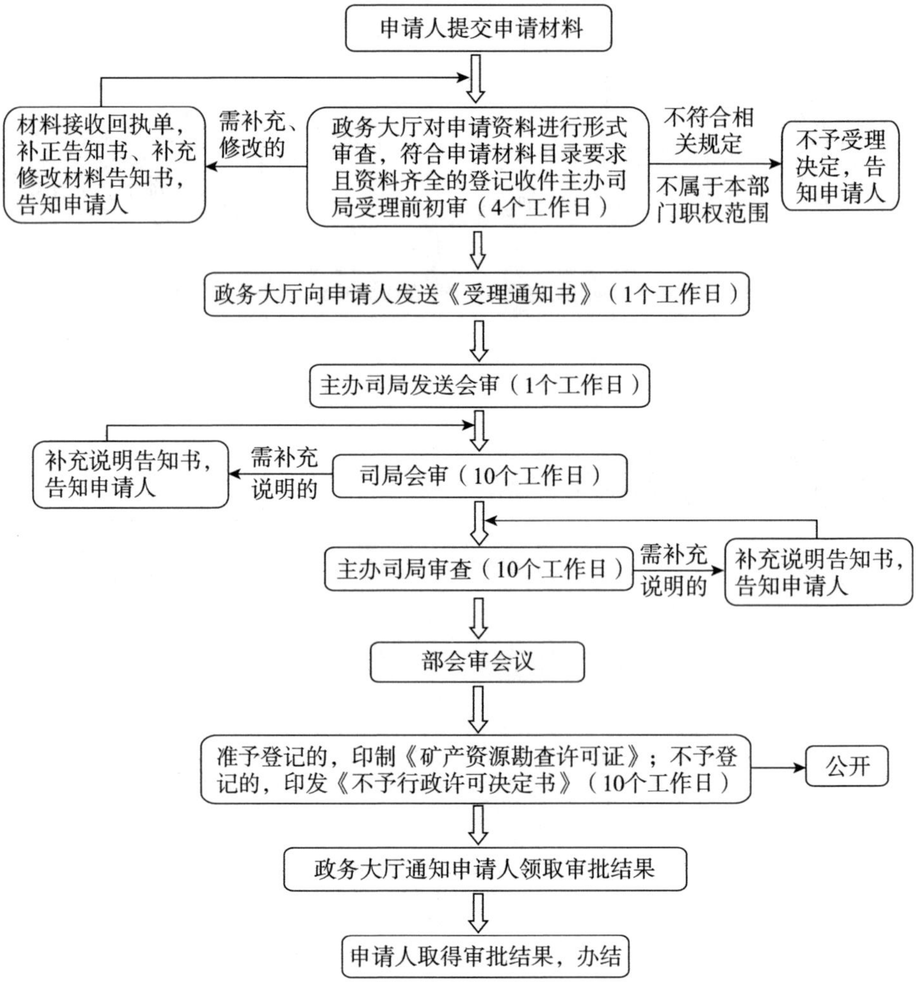

附录二 -9 采矿权延续登记(非油气类)办理流程图

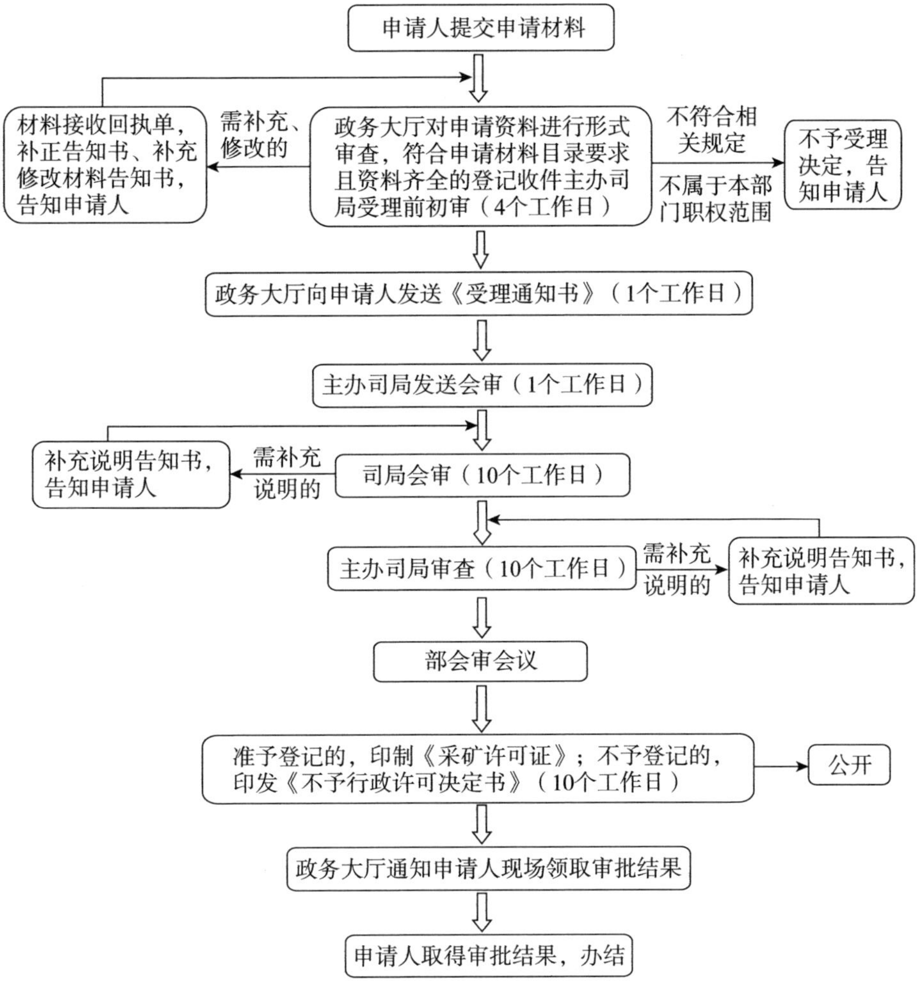

附录二－10　采矿权延续登记(油气类)审批服务指南流程图

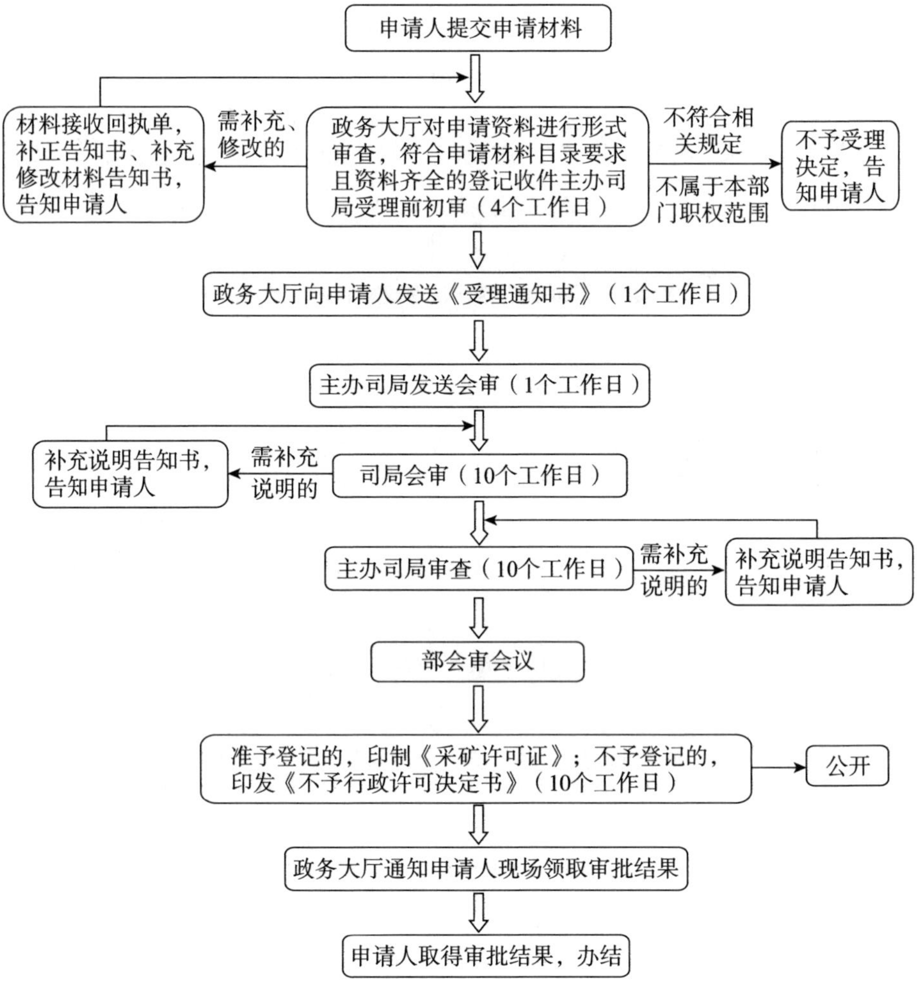

附录二-11 探矿权延续登记(非油气类)办理流程图

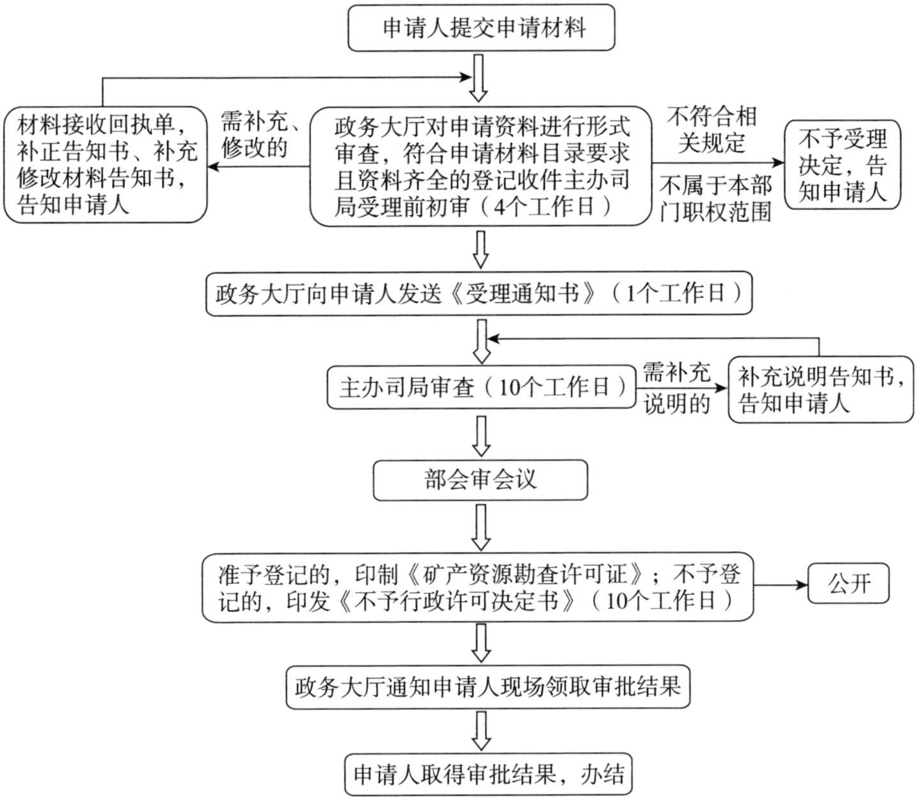

附录二－12　探矿权延续登记(油气类)审批服务指南流程图

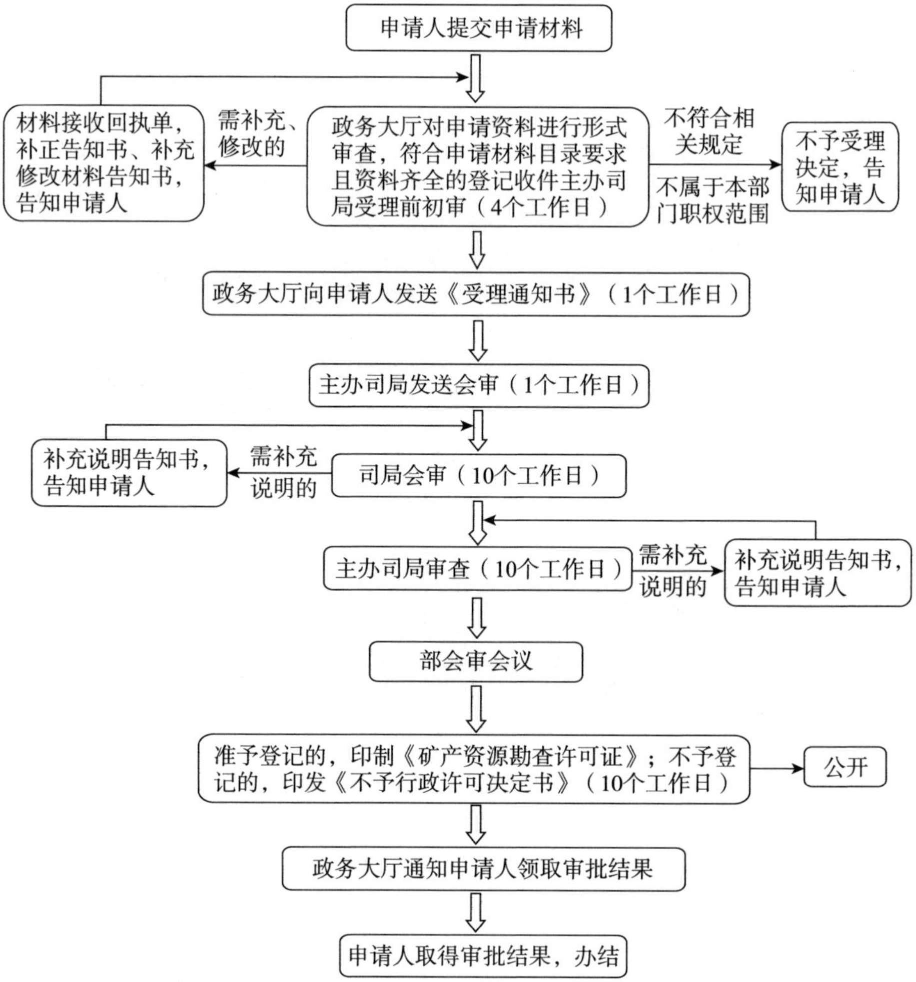

附录三　各地关于矿业权相关重要规定的文件名称

序号	文件名称	发文机关	文号	施行日期
1	内蒙古自治区人民政府办公厅《关于进一步加强国有企业矿业权合作转让管理有关事宜的通知》	内蒙古自治区人民政府	内政办发〔2020〕31号	2020年9月30日
2	贵州省人民政府办公厅《关于进一步深入推进全省煤矿企业兼并重组工作的通知》	贵州省人民政府	黔府办发〔2013〕46号	2013年8月29日
3	陕西省人民政府《关于“十二五”期间深入开展煤矿整顿关闭资源整合和淘汰落后产能工作的通知》	陕西省人民政府	陕政发〔2012〕42号	2012年9月21日
4	贵州省人民政府办公厅《关于转发省能源局等部门贵州省煤矿企业兼并重组工作方案(试行)的通知》	贵州省人民政府	黔府办发〔2012〕61号	2012年12月17日
5	青海省人民政府办公厅《关于印发青海省矿业权转让管理办法的通知》	青海省人民政府	青政办〔2007〕132号	2007年8月13日
6	贵州省自然资源厅《关于深入推进矿产资源管理改革若干事项的意见(试行)》	贵州省自然资源厅	黔自然资规〔2020〕4号	2020年9月4日
7	广西壮族自治区自然资源厅《关于深化矿产资源管理改革有关事项的通知》	广西壮族自治区自然资源厅	桂自然资规〔2023〕5号	2023年12月5日
8	新疆维吾尔自治区自然资源厅关于印发《新疆维吾尔自治区矿产资源管理若干事项暂行办法》的通知	新疆维吾尔自治区自然资源厅	新自然资规〔2021〕1号	2021年1月15日
9	《山东省“净矿”出让工作指导意见(试行)》解读材料	山东省自然资源厅		2021年12月15日

续表

序号	文件名称	发文机关	文号	施行日期
10	安徽省国土资源厅《关于进一步完善矿业权管理有关问题的通知》	安徽省国土资源厅	皖国土资〔2013〕200号	2023年9月9日
11	四川省国土资源厅关于贯彻实施《矿业权人勘查开采信息公示办法(试行)》的通知	四川省国土资源厅	川国土资发〔2016〕122号	2016年8月25日
12	宜宾市国土资源局关于进一步规范采矿权登记和矿业权出让管理工作的通知	宜宾市国土资源局	宜国土资发〔2016〕26号	2016年4月13日
13	四川省自然资源厅办公室关于印发《四川省自然资源厅矿业权出让工作规程(试行)》的通知	四川省自然资源厅	川自然资办发〔2023〕5号	2023年4月20日
14	四川省国土资源厅关于做好矿业权评估备案取消后相关工作的通知	四川省国土资源厅	川国土资发〔2015〕74号	2015年9月7日
15	四川省国土资源厅关于进一步确定矿业权评估和价款征收相关规定的通知	四川省国土资源厅	川国土资函〔2014〕119号	2014年1月13日
16	四川省国土资源厅关于印发《四川省矿业权实地核查成果检查验收办法》的通知	四川省国土资源厅		2009年12月29日
17	成都市国土资源局印发《关于进一步加强矿业权出让管理工作的意见》的通知	成都市国土资源局	成国土资发〔2016〕75号	2016年5月10日
18	重庆市规划和自然资源局关于规范局办件大厅矿业权行政审批事项的通知	重庆市规划和自然资源局	渝规资规范〔2019〕33号	2019年12月7日
19	重庆市国土房管局关于规范我市矿业权交易市场的通知	重庆市国土资源和房屋管理局	渝国土房管发〔2011〕218号	2011年12月5日
20	“川渝通办”矿业权登记服务指南	重庆市规划和自然资源局,四川省自然资源厅		2021年8月5日
21	重庆市规划和自然资源局关于印发《重庆市矿业权出让基准价》的通知	重庆市规划和自然资源局	渝规资规范〔2019〕31号	2019年12月7日
22	重庆市国土房管局关于加强地热资源矿业权管理有关问题的通知	重庆市国土资源和房屋管理局		2010年8月31日

续表

序号	文件名称	发文机关	文号	施行日期
23	重庆市规划和自然资源局、重庆市财政局关于自然保护区和“四山”管制区矿业权退出补偿有关事项的通知	重庆市规划和自然资源局，重庆市财政局	渝规资〔2018〕36号	2018年12月3日
24	重庆市规划和自然资源局关于开通市级矿业权审批登记网上办理方式的通告	重庆市规划和自然资源局		2020年2月10日
25	重庆市国土房管局关于严格控制和规范矿业权协议出让有关问题的通知	重庆市国土资源和房屋管理局	渝国土房管发〔2012〕145号	2012年9月27日
26	云南省国土资源厅关于进一步规范矿业权三级联网审批工作的通知	云南省国土资源厅	云国土资〔2017〕169号	2017年7月26日
27	云南省自然资源厅关于办理矿业权价款保证金转为矿业权价款相关手续的通知	云南省自然资源厅		2019年2月12日
28	云南省国土资源厅关于清退矿业权价款保证金的通知	云南省国土资源厅		2018年10月24日
29	云南省自然资源厅关于矿业权价款保证金逾期不办理相关手续作为该矿山企业矿业权价款直接上缴财政的通知	云南省自然资源厅		2019年2月20日
30	云南省自然资源厅关于精简调整矿业权登记等事项申请资料的通知	云南省自然资源厅		2023年8月3日
31	云南省国土资源厅关于加强矿业权申请资料真实性审查的通知	云南省国土资源厅	云国土资矿〔2010〕66号	2010年10月1日
32	云南省国土资源厅关于做好政策性关闭矿山矿业权价款退还等有关工作的通知	云南省国土资源厅	云国土资〔2018〕97号	2018年6月12日
33	云南省国土资源厅关于进一步完善矿业权三级联网审批相关工作的通知	云南省国土资源厅	国土资〔2014〕4号	2014年1月24日
34	云南省自然资源厅关于优化省级矿业权审批登记业务流程等有关事项的通知	云南省自然资源厅		2020年3月2日
35	云南省国土资源厅关于矿业权涉及各类保护区办理登记有关问题的通知	云南省国土资源厅	云国土资矿〔2016〕72号	2016年11月25日

续表

序号	文件名称	发文机关	文号	施行日期
36	云南省国土资源厅关于涉及各类保护区矿业权管理有关问题的紧急通知	云南省国土资源厅	云国土资〔2016〕131号	2016年9月9日
37	云南省国土资源厅关于进一步完善省级发证矿业权审批制度工作的通知	云南省国土资源厅	云国土资〔2012〕160号	2012年7月3日
38	云南省国土资源厅关于部分矿业权在评估备案过期后缴纳价款有关问题的通知	云南省国土资源厅	云国土资〔2016〕10号	2016年1月21日
39	普洱市人民政府办公室关于印发《普洱市国有矿业权转让管理办法(试行)》的通知	普洱市人民政府		2010年3月1日
40	云南省国土资源厅关于进一步做好采矿权抵押备案和协助司法机关查封矿业权有关问题的通知	云南省国土资源厅	云国土资〔2018〕146号	2018年8月1日
41	云南省国土资源厅关于进一步规范国有企事业单位矿业权转让评估工作的通知	云南省国土资源厅	云国土资〔2009〕117号	2009年4月10日
42	云南省国土资源厅关于国有企事业单位矿业权转让地质报告评审有关问题的通知	云南省国土资源厅		2010年3月29日
43	云南省国土资源厅关于印发云南省矿业权实地核查省级检查验收工作细则的通知	云南省国土资源厅		2010年1月8日
44	关于自治区矿业权交易服务收费标准的通知	新疆维吾尔自治区发展和改革委员会	新发改医价〔2011〕1847号	2011年6月30日
45	新疆维吾尔自治区国土资源厅关于印发《自治区矿业权招标拍卖挂牌委托管理规定(试行)》的通知	新疆维吾尔自治区国土资源厅	新国土资发〔2005〕184号	2005年4月1日
46	吴忠市人民政府办公室关于印发《吴忠市本级土地和矿业权供应会审制度(修订)》的通知	吴忠市人民政府	吴政办发〔2022〕9号	2022年3月22日

续表

序号	文件名称	发文机关	文号	施行日期
47	关于印发《宁夏回族自治区矿业权出让工作指南(试行)》的通知	宁夏回族自治区自然资源厅	宁自然资发〔2022〕243号	2022年12月8日
48	宁夏回族自治区自然资源厅关于优化矿业权审批有关事项的通知	宁夏回族自治区自然资源厅	宁自然资发〔2020〕3号	2020年1月8日
49	宁夏回族自治区自然资源厅关于进一步规范矿业权出让登记管理的通知	宁夏回族自治区自然资源厅	宁自然资规发〔2022〕3号	2022年5月1日
50	关于印发《宁夏回族自治区矿业权出让收益征收管理实施办法》的通知	宁夏回族自治区财政厅,宁夏回族自治区自然资源厅,国家税务总局宁夏回族自治区税务局	宁财规发〔2023〕16号	2023年12月27日
51	宁夏回族自治区国土资源厅关于自治区土地使用权和矿业权交易市场运行有关事项的通知	宁夏回族自治区国土资源厅	宁国土资发〔2011〕241号	2011年5月12日
52	关于做好国有建设用地使用权出让和矿业权交易领域突出问题专项治理发现问题整改工作的通知	宁夏回族自治区自然资源厅	宁自然资发〔2022〕184号	2022年9月8日
53	宁夏回族自治区人民政府关于印发《宁夏回族自治区土地使用权和矿业权交易市场管理办法》的通知	宁夏回族自治区人民政府	宁政发〔2011〕66号	2011年4月29日
54	关于处置矿业权价款有关问题的补充通知	内蒙古自治区国土资源厅		2015年5月11日
55	包头市人民政府办公室关于印发包头市自然保护区内矿业权退出办法的通知	包头市人民政府	包府办发〔2020〕81号	2020年12月14日
56	关于进一步规范矿业权延续、保留、注销等登记事项的通知	内蒙古自治区自然资源厅		2022年4月27日
57	内蒙古自治区国土资源厅关于切实做好矿业权价款处置有关问题的通知	内蒙古自治区国土资源厅		2015年4月1日
58	内蒙古自治区自然资源厅关于优化矿业权登记管理工作的通知	内蒙古自治区自然资源厅	内自然资字〔2023〕19号	2023年1月19日

续表

序号	文件名称	发文机关	文号	施行日期
59	内蒙古自治区自然资源厅关于进一步规范矿业权出让工作的通知	内蒙古自治区自然资源厅	内自然资字〔2024〕512号	2024年10月31日
60	兴安盟自然资源局关于进一步规范矿业权管理有关问题的通知	兴安盟自然资源局	兴自然资字〔2022〕49号	2022年5月18日
61	内蒙古自治区国土资源厅关于处置矿业权价款有关问题的通知	内蒙古自治区国土资源厅	内国土资字〔2012〕822号	2012年12月31日
62	兴安盟自然资源局关于优化矿业权出让收益委托评估工作流程的通知	兴安盟自然资源局	兴自然资字〔2022〕48号	2022年5月16日
63	呼伦贝尔市人民政府办公室关于印发《呼伦贝尔市自然保护区内矿业权退出补偿办法》的通知	呼伦贝尔市人民政府	呼政办发〔2020〕28号	2020年12月30日
64	内蒙古自治区人民政府办公厅关于进一步加强国有企业矿业权合作转让管理有关事宜的通知	内蒙古自治区人民政府	内政办发〔2020〕31号	2020年9月30日
65	呼和浩特市人民政府关于印发呼和浩特市自然保护区内矿业权退出补偿办法的通知	呼和浩特市人民政府	呼政发〔2019〕21号	2019年5月22日
66	内蒙古自治区国土资源厅关于规范自治区矿业权转让鉴证有关事宜的通知	内蒙古自治区国土资源厅	内国土资字〔2015〕133号	2015年3月27日
67	内蒙古自治区自然资源厅关于印发全区自然资源系统矿业权登记三级权责清单的通知	内蒙古自治区自然资源厅	内自然资字〔2022〕212号	2022年5月30日
68	内蒙古自治区财政厅、自然资源厅、国家税务总局内蒙古自治区税务局关于印发《内蒙古自治区矿业权出让收益征收管理实施办法》的通知	内蒙古自治区财政厅，内蒙古自治区自然资源厅，国家税务总局内蒙古自治区税务局	内财综规〔2024〕12号	2024年5月15日
69	内蒙古自治区自然资源厅关于印发《内蒙古自治区矿业权人和地勘单位信用监督管理办法》的通知	内蒙古自治区自然资源厅	内自然资规〔2020〕2号	2021年1月1日
70	包头市人民政府办公室关于印发《包头市进一步做好推进矿业权出让制度改革有关工作的通知》	包头市人民政府	包府办发〔2020〕81号	2020年12月14日

续表

序号	文件名称	发文机关	文号	施行日期
71	内蒙古自治区自然资源厅关于做好矿业权登记管理工作与储量评审备案政策相衔接有关事宜的通知	内蒙古自治区自然资源厅	内自然资字〔2022〕463号	2022年11月10日
72	内蒙古自治区人民政府办公厅关于印发《内蒙古自治区全面推进煤炭矿业权竞争性出让实施办法》的通知	内蒙古自治区人民政府	内政办发〔2020〕46号	2020年12月21日
73	内蒙古自治区自然资源厅、内蒙古自治区林业和草原局文件《关于进一步完善矿业权管理做好生态环境保护工作的通知》	内蒙古自治区自然资源厅,内蒙古自治区林业和草原局	内自然资字〔2022〕332号	2022年7月8日
74	长沙市自然资源和规划局、长沙市公共资源交易中心关于印发《长沙市矿业权网上挂牌出让规则》的通知	长沙市自然资源和规划局、长沙市公共资源交易中心	长资规发〔2019〕98号	2019年9月1日
75	长沙市国土资源局关于进一步规范矿业权管理有关问题的通知	长沙市国土资源局	长国土资政发〔2017〕183号	2017年10月31日
76	湖南省人民政府关于加快推进矿业权市场建设的通知	湖南省人民政府	湘政发〔2003〕16号	2003年9月8日
77	长沙市国土资源局关于清理规范矿业权审批和中介服务相关事项的通知	长沙市国土资源局	长国土资政发〔2016〕156号	2016年10月24日
78	湖南省国土资源厅关于印发《湖南省矿业权评估管理办法》的通知	湖南省国土资源厅	湘国土资发〔2010〕25号	2010年10月9日
79	桂阳县人民政府办公室关于印发《桂阳县国有建设用地使用权和矿业权网上挂牌出让规则》的通知	郴州市桂阳县人民政府	桂政办发〔2019〕5号	2019年4月28日
80	市国土资源局关于国有建设用地使用权和矿业权交易信息发布的有关规定	湘潭市国土资源局	潭国土资发〔2008〕138号	
81	海南省人民政府办公厅关于进一步加强矿业权管理的通知(2024修订)	海南省人民政府	琼府办〔2024〕12号	2024年6月18日
82	海南省人民政府办公厅关于进一步加强矿业权管理的通知	海南省人民政府	琼府办函〔2020〕351号	2020年11月28日
83	海南省国土资源厅关于实行矿业权人安全风险分级管控的通知	海南省国土资源厅	琼国土资储字〔2018〕111号	2018年8月29日

续表

序号	文件名称	发文机关	文号	施行日期
84	海南省自然资源和规划厅关于印发《海南省矿业权网上交易规则(试行)》的通知	海南省自然资源和规划厅	琼自然资规〔2021〕5号	2021年7月5日
85	海南省国土环境资源厅关于印发《海南省矿业权有形市场管理办法》的通知	海南省国土环境资源厅	—	2011年11月23日
86	关于开展矿业权和部分建设用地使用权网上交易工作的通知	海南省自然资源和规划厅	琼自然资函〔2021〕565号	2021年3月25日
87	海南省国土环境资源厅关于印发《土地使用权和矿业权出让有关业务委托办法》的通知	海南省国土环境资源厅	琼土环资法字〔2010〕13号	2010年10月21日
88	海南省国土环境资源厅关于印发《海南省国土环境资源厅矿业权出让方式管理暂行规定》的通知	海南省国土环境资源厅	琼土环资矿字〔2006〕10号	2006年5月10日
89	毕节市人民政府关于进一步规范矿业权审批和发证管理的通知	毕节市人民政府	毕府通〔2015〕16号	2015年10月16日
90	贵州省国土资源厅关于规范矿业权转让行为的通知	贵州省国土资源厅	黔国土资发〔2006〕46号	2006年5月9日
91	贵州省自然资源厅关于进一步加强矿业权监管工作的通知	贵州省自然资源厅	黔自然资函〔2022〕268号	2022年4月20日
92	贵州省自然资源厅关于印发非油气矿业权申请资料的通知	贵州省自然资源厅	黔自然资规〔2019〕5号	2019年9月5日
93	贵州省国土资源厅关于印发《贵州省矿业权交易暂行规则》的通知	贵州省国土资源厅	黔国土资规〔2018〕1号	2018年6月29日
94	关于矿业权价款办理程序的意见	贵州省国土资源厅	黔国土资发〔2006〕45号	2006年4月13日
95	贵州省国土资源厅关于承接煤层气矿业权审批登记工作的实施意见	贵州省国土资源厅	黔国土资发〔2018〕3号	2018年7月26日
96	贵州省自然资源厅、贵州省财政厅、国家税务总局贵州省税务局、中国人民银行贵阳中心支行关于贯彻落实《贵州省矿业权出让收益征收管理实施办法(试行)》的通知	贵州省自然资源厅,贵州省财政厅,国家税务总局贵州省税务局,中国人民银行贵阳中心支行	黔自然资规〔2019〕2号	2019年1月14日
97	关于印发《贵州省矿业权价款评估实施意见》的通知	贵州省国土资源厅	黔国土资发〔2006〕118号	2006年9月7日

续表

序号	文件名称	发文机关	文号	施行日期
98	贵州省国土资源厅关于进一步完善矿业权价款评估工作的意见	贵州省国土资源厅	黔国土资发〔2006〕44号	2006年7月26日
99	关于报省国土资源厅审批矿业权实行电子申报的通知	贵州省国土资源厅	黔国土资发〔2008〕122号	2008年11月1日
100	贵州省国土资源厅、贵州省监察厅关于进一步规范我省矿业权招拍挂工作有关问题的通知	贵州省国土资源厅，贵州省监察厅	黔国土资发〔2009〕115号	2009年8月20日
101	广西壮族自治区财政厅、广西壮族自治区自然资源厅、国家税务总局广西壮族自治区税务局关于明确广西矿业权出让收益征收管理有关事项的通知	广西壮族自治区财政厅，广西壮族自治区自然资源厅，国家税务总局广西壮族自治区税务局	桂财综〔2024〕22号	2024年4月25日
102	南宁市人民政府关于印发南宁市矿业权网上拍卖挂牌出让规则的通知	南宁市人民政府	南府规〔2021〕2号	2021年3月1日
103	广西壮族自治区财政厅、广西壮族自治区国土资源厅关于印发矿业权出让收益征收管理暂行办法的通知	广西壮族自治区财政厅，广西壮族自治区国土资源厅	桂财规〔2018〕8号	2018年8月1日
104	矿业权抵押公开工作指南	南宁市国土资源局		2017年3月21日
105	广西壮族自治区自然资源厅关于办理矿业权登记有关事项的公告	广西壮族自治区自然资源厅		2020年7月15日
106	合浦县人民政府关于进一步规范矿业权评估工作的通知	合浦县人民政府	合政发〔2018〕60号	2018年9月15日
107	关于广西自然资源厅矿业权缴费管理服务平台上线运行的通知	广西壮族自治区自然资源厅		2021年8月18日
108	广西壮族自治区国土资源厅办公室关于印发矿业权委托评估和备案管理工作制度的通知	广西壮族自治区国土资源厅	桂国土资办〔2014〕365号	2014年10月8日
109	广西壮族自治区国土资源厅关于加强矿业权评估备案管理有关事项的通知	广西壮族自治区国土资源厅	桂国土资发〔2013〕2号	2013年1月5日
110	广西壮族自治区自然资源厅办公室关于印发自治区本级矿业权出让领域政府信息主动公开目录的通知	广西壮族自治区自然资源厅	桂自然资办〔2018〕7号	2018年11月16日

续表

序号	文件名称	发文机关	文号	施行日期
111	广西壮族自治区国土资源厅关于进一步规范矿业权评估备案管理有关事项的补充通知	广西壮族自治区国土资源厅	桂国土资发〔2014〕70 号	2014 年 9 月 30 日
112	百色市人民政府关于印发百色市国有企业改制矿业权处置管理暂行办法的通知	百色市人民政府	百政发〔2009〕37 号	2009 年 7 月 28 日
113	广西壮族自治区国土资源厅关于印发《广西壮族自治区国土资源交易中心矿业权交易规则(暂行)》的通知	广西壮族自治区国土资源厅	桂国土资发〔2011〕71 号	2011 年 8 月 11 日
114	甘肃省财政厅、甘肃省自然资源厅、国家税务总局甘肃省税务局关于印发《甘肃省矿业权出让收益征收办法》的通知	甘肃省财政厅,甘肃省自然资源厅,国家税务总局甘肃省税务局	甘财资环〔2024〕5 号	2024 年 1 月 12 日
115	甘肃省国土资源厅关于进一步做好全省矿业权登记数据更新和换证工作的通知	甘肃省国土资源厅	甘国土资矿发〔2010〕149 号	2010 年 9 月 3 日
116	酒泉市土地使用权和矿业权拍卖代理机构监督管理暂行办法	酒泉市国土资源局	酒国资发〔2012〕212 号	2012 年
117	甘肃省国土资源厅关于做好探矿权采矿权登记与矿业权实地核查工作衔接有关问题的通知	甘肃省国土资源厅	甘国土资矿发〔2009〕85 号	2009 年 6 月 29 日
118	四川省国土资源厅关于矿业权避让退出变更登记有关要求的通知	四川省国土资源厅	川国土资发〔2018〕2 号	2018 年 1 月 11 日
119	宜宾市自然资源和规划局关于进一步完善市级颁证矿业权出让管理工作的通知	宜宾市自然资源和规划局		2022 年 4 月 8 日
120	阿坝州人民政府关于进一步规范全州矿业权交易的通知	阿坝藏族羌族自治州人民政府	阿府函〔2010〕189 号	2010 年 10 月 27 日
121	四川省自然资源厅关于进一步规范矿业权管理的通知	四川省自然资源厅	川自然资规〔2024〕2 号	2024 年 4 月 29 日
122	四川省自然资源厅办公室关于进一步规范矿业权登记工作的通知	四川省自然资源厅	川自然资办发〔2020〕33 号	2020 年 12 月 25 日
123	金阳县人民政府办公室关于进一步加强矿业权出让管理工作的通知	凉山彝族自治州金阳县人民政府	金府办发〔2023〕97 号	2023 年 8 月 31 日

续表

序号	文件名称	发文机关	文号	施行日期
124	四川省自然资源厅关于进一步精简和规范矿业权登记申请资料的通知	四川省自然资源厅	川自然资规〔2023〕7号	2023年12月13日
125	四川省财政厅、四川省自然资源厅、国家税务总局四川省税务局关于印发《四川省矿业权出让收益征收管理办法》的通知	四川省财政厅,四川省自然资源厅,国家税务总局四川省税务局	川财规〔2023〕10号	2024年1月1日
126	美姑县人民政府办公室关于进一步规范县级颁证矿业权招标拍卖挂牌出让管理工作的通知	凉山彝族自治州美姑县人民政府	美府办发〔2023〕28号	2023年9月26日
127	四川省财政厅、四川省国土资源厅、中国人民银行成都分行关于印发《四川省矿业权出让收益征收管理暂行办法》的通知	四川省财政厅,四川省国土资源厅,中国人民银行成都分行	川财投〔2017〕205号	2017年7月1日
128	关于对《贵州省煤矿企业兼并重组工作实施细则》的补充通知	贵州省能源局,贵州省公安厅,贵州省国土资源厅,贵州省环境保护厅,贵州省水利厅,贵州省工商行政管理局,贵州省安全生产和监督管理局,贵州省煤矿安全监督局	黔能源办〔2016〕9号	2016年1月15日